나는 조선이다

나는 조선이다

초판 1쇄 발행 · 2007. 12. 10.
초판 2쇄 발행 · 2008. 1. 5.

지은이 · 이한
발행인 · 이상용 이성훈
발행처 · 청아출판사
출판등록 · 1979. 11. 13. 제9-84호
주소 · 경기도 파주시 교하읍 문발리 출판문화정보산업단지 507-7
대표전화 · 031-955-6031 편집부 · 031-955-6032 팩시밀리 · 031-955-6036
홈페이지 · www.chungabook.co.kr   E-mail · chunga@chungabook.co.kr

ISBN 978-89-368-0367-4 03910

＊ 값은 뒤표지에 있습니다.
＊ 잘못된 책은 바꾸어드립니다.
＊ 독자 의견에 항상 귀 기울이고 있습니다.

世宗

나는 조선이다

이한 지음

조선의 태평성대를 이룩한 대왕 세종

청아출판사

나라를 나라답게 만드는 것은 무엇인가
또 왕을 왕답게 만드는 것은 무엇인가

조선의 4대 왕으로 22세에 즉위한 세종은 32년간 조선을 다스렸고, 많은 업적을 남겼다. 한글 창제를 비롯하여 6진 개척, 자격루의 제작, 정치와 사회제도, 법률, 문화, 음악, 과학, 출판에 이르기까지. 조선의 역사에서 가장 뛰어나고 다채로운 발전의 시간이었다. 하지만 이런 업적만으로 세종의 시대를 말하기에는 턱없이 부족하다.

지금 우리가 조선이라고 했을 때 떠올리는 것들, 즉 조선의 정체성이 바로 이때 만들어졌다고 해도 과언이 아니다. 나라의 제도, 예절, 세금 제도와 인재양성에 이르기까지 말이다. 세종 자신이 법으로 만들어놓았던 것도 있지만, 그가 했던 일이 전례가 되어 후대에서 이를 따르기도 했다. 그래서 조선을 창건한 것이 태조라고 해도, 조선을 조선답게 한 것은 세종이었다. 책의 이름에 세종과 조선을 함께 언급한 것은 바로 그 때문이기도 하다.

처음 이 글을 시작할 때만 해도, 세종의 시대를 알기 쉽게 정리하거나 혹은 간단명료하게 설명해보고 싶었다. 처음부터 끝까지 하나로 관통하는 일관성을 발견할 수 있다면 글을 쓰기에도, 읽기에도 훨씬 쉬울 것이라고 생각했다. 하지만 공부할수록 아는 것이 늘어갈수록, 결코 녹록치 않은 일임을 깨달았다.

세종은 위대한 왕이었다. 그는 평생에 걸쳐 주어진 현실에 만족하지 않았고, 많은 꿈을 꾸고 그것을 실현하고자 했다. 때로 한없이 불가능에 가까운 일이라 해도 공부하고, 궁리하고, 실현하고자 노력했다. 하지만 동시에 현실에서 완전히 벗어나지도 않았으며, 극단적이되지 않았다. 그러다 보니 세종의 행동 역시 변덕스럽기도 하고, 모순되기도 한다.

신하들의 토론을 통해 국정을 결정하고 백성들의 의견에도 귀를 기울였지만, 어느 때는 신하들의 의견을 묵살하며 심지어 감옥에 집어넣기도 했고, 애송이 유생들이 무엇을 알겠느냐며 성토하기도 했다. 또 조선의 것이 중요하다며 문자를 만들었지만, 중국에 대해서는 때로 비굴해 보일 정도로 저자세를 취했으며 미신을 믿거나 불교에 심취하기도 했다.

이처럼 혼란스럽기까지 한 세종이지만, 이는 결국 그 자신의 주관에 따른 것이었다. 그는 유학을 배웠지만 유학의 원칙에 매달리지 않았으며, 현실과 그때의 사정을 감안했다. 세종 시대의 연구가 때로 길을 잃고 방황하게 되는 것은, 결국 세종이라는 사람 자체가 자신만의 원칙을 가졌기 때문이었다.

세종이라는 사람이 그랬던 것처럼, 세종의 시대에는 개성이 분명한 인물들과 사건이 많이 있었다. 이들은 때로 모순되고, 좋은 점과 나쁜 점이 뒤섞여 있으며, 시간이 지나면서 진가가 드러나기도 했다.

그러다 보니 세종의 시대 전체를 한 눈에 바라보는 것은 결코 쉬운 일이 아니었다.

비유하자면 이 일은 천 송이의 꽃이 피어 있는 화단을 손바닥 만한 수첩에 그려내는 것과 다름없는 작업이었다. 꽃들도 가지각색이라, 큰 꽃이 있으면 작은 꽃이 있고, 눈에 익은 꽃이 있으면 특이하고 희귀한 꽃도 있다. 꽃을 모두 그리자니 여백이 턱없이 부족하고, 전체의 풍경을 그리자니 꽃 하나하나의 아름다움을 그릴 수 없었다. 어느 쪽을 선택하자니 다른 쪽을 버려야만 했다. 몇 번의 시행착오를 겪은 끝에, 내가 알고 있는 혹은 알아낸 사실들을 골라 세종대왕의 시대를 그려보기로 했다.

세종실록과 각종 문집에 실린 셀 수 없이 많은 사건과 이야기들 중에서, 때로는 모순되고 단절된 정보들 중 가장 적절하다고 생각되는 조각을 골라내어 맞추어보았다. 어디에 어떤 조각을 맞추느냐는 필자의 자의에 따랐다. 때로 야사나 개인문집을 인용하기는 했지만, 그래도 최대한 개인적인 감정을 배제하기 위해 되도록 출처가 분명하고 근거가 있는 사료들을 많이 인용하려 했다. 또 이제껏 잘못 알려졌던 사실도 가능한 한 소개하고자 했다.

과연 이 시도가 얼마나 성공적일지 자신하기 어렵다. 오히려 잘못된 모습을 그려냈다는 지적을 들을지도 모르겠다. 하지만 이를 찾아내려는 노력마저 쓸모없는 것은 아니다. 답이 나오지 않을지라도, 혹은 그렇게 얻은 답이 만족스럽지 않을지라도, 그것을 찾아내기 위해 노력하고 고민했던 시간들마저 무의미한 것은 아니기 때문이다. 훗날 율곡 이이가 세종의 시대를 이야기하며 선조에게 "아무것도 하지 않는 것보다 하는 것이 낫다."라고 말했던 것처럼.

지금 세종의 시대가 필자의 역량으로 소화해내기 어려울 만큼 수준 높은 것이라 해도, 이 책에 쓰인 세종의 시대는 필자가 내린 답이다. 이 시대를 공부하고, 고민하고 또 써내려간 시간들은 많은 지식을 빨아들이고, 타인의 생각을 접하며, 내 생각을 갈고 닦는 기회이자, 좋은 공부의 시간이었다.

이 책에 모은 정보가 아무리 작고 사소한 것이라도, 사람들에게 긍정이든 부정이든 새로운 생각을 할 수 있게 한다면, 그렇게 세종의 시대를 알고 싶어 하는 이들에게 도움을 줄 수 있다면, 그것만으로도 이 책은 의미가 있을 것이다.

이 책을 완성하기 위해 세종의 시대를 공부하고, 고민하고, 또 글로 만들어보는 시간을 가질 수 있었던 것이 다행이었다. 몇 번이나 벽에 부딪히고 포기하려는 마음마저 들었지만, 결국 마침표를 찍을 수 있었다. 이 자리를 빌어, 결코 쉽지 않은 작업을 마치기까지 많은 도움을 주며 함께 고생했던 청아출판사 편집부 여러분과 토론의 상대가 되어준 여러 친구들에게도 감사의 말을 전하고 싶다.

2007년 12월

이 한

1

인간, 세종

世宗

우리나라의 역대 왕 중, 가장 위대한 인물로 꼽히는 세종대왕은 조선왕조의 초엽인 1397년 태조6년, 4월 10일에 태어났다. 그런데 태조실록의 해당 일자에는 이 사실이 기재되어 있지 않다. 우리가 세종대왕의 탄신일을 알 수 있게 된 것은 세종실록이 기재하고 있기 때문이다. 조선 시대 제일의 성군으로 여겨지는 세종의 탄신이 태조실록에 실시간으로 기재되지 않은 까닭은 당시 상황으로 보자면 당연한 일이었다.

당시 세종의 아버지, 정안대군 이방원은 조선의 많은 왕자들 중 한 사람에 불과했다. 태조 이성계는 이미 정처들(그는 정실부인을 두 명 둔 특이한 경우였다)의 소생으로 아들이 여덟 명이나 있었고, 손자의 숫자는 그보다 훨씬 많았다. 태어난 직후의 세종은 할아버지 태조의 손자들 중 하나였을 뿐이니, 그 탄생이 주목받을 이유는 없었다.

게다가 세종은 궁궐에서 태어나지도 않았다. 태조는 둘째부인 신덕왕후 강씨의 아들 방석을 세자로 세웠으므로, 결혼한 왕자였던 이방원은 경복궁 바깥에서 살림을 차렸다. 세종실록에서도 세종이 한양(漢陽)

준수방(俊秀坊) 잠저(潛邸)에서 태어났다고 기록하고 있다. 왕이 되기 전의 사람을 일러 잠룡(潛龍)이라 하고, 살았던 집을 잠저라고 한다. 잠룡이란 물에 잠겨 있는 용이란 뜻이니, 왕으로의 즉위를 용의 승천에 빗댄 것이다.

지금 지하철 3호선 경복궁역에서 내려서 2번 출구(국립서울농학교 방향)로 나가서 걷다 보면, 화단과 가로등 옆에 조용히 서 있는 키 작은 비석 하나를 발견할 수 있다. 버스와 자동차가 다니고, 바삐 걸어가는 사람들로 가득한 거리에서 세종대왕이 태어났다는 사실은 비석의 짧은 문구 하나로 남아 있다.

"서울 북부 준수방(이 근처)에서 겨레의 성군이신 세종대왕이 태조 6년(1397) 태종의 셋째아드님으로 태어나셨다."

세종이 태어났을 때 정안대군 이방원은 30살, 부인 민씨는 32살이었다. 이미 세종에게는 세 살 위의 양녕대군과 한 살 위의 효령대군이 있었고, 누이도 있었다.

과연 세종대왕의 유년 시절은 어떠했는가가 궁금해지지만, 안타깝게도 세종에게 특별한 태몽이 있었다거나 혹은 유년 시절 이미 비범했다는 사실을 보여주는 일화 같은 것은 전해지지 않는다. 단지 아버지 태종은 훗날 과거를 회상하면서, 당시 정도전 일파들에게 정치적인 수세에 몰려 걱정 많던 시절에 세종을 얻었다고 했다.

태종은 앞서 얻은 아이를 셋이나 잃었기에 다시 자식들을 잃을까 걱정했다. 태종은 큰아들 양녕대군을 사돈댁인 민제의 집에 보내어 키웠고, 효령대군도 홍영리(洪永理)의 집에 맡겼다. 그러니 이들 부부가 데리고 있는 아이는 세종뿐이었다. 그래서 태종은 자신과 대비(민씨)가 어린 세종을 번갈아 안아주고 업어주며, 무릎에서 떼어놓지 않아 가장 도탑게 사랑했다고 말했다.

조선의 4대 임금이자, 만 원권 지폐에 초상화가 그려져 있는 위대한 인물도 사람인만큼 여느 집 어린아이처럼 배내옷을 입고 부모의 품 안에서 옹알이를 했던 시기가 있었다는 것은 당연하지만, 어쩐지 상상은 되지 않는다. 하지만 분명한 것은 지금 우리들이 알고 있는 위대한 세종대왕의 처음은 참으로 미약하고 볼품없는, 훗날의 위대한 군주의 면모를 찾아볼 수 없을 만큼 초라했다는 사실이다. 처음과 결과는 판이하지만, 이들을 연결시키는 과정이야말로 중요할 것이다. 그렇다면 우리가 알고 있는 세종대왕이라는 인물은 어떻게 만들어졌을까? 이제부터 그 이야기를 살펴보자.

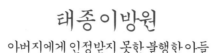

태종 이방원
아버지에게 인정받지 못한 불행한 아들

세종은 아버지 태종에게 두 가지의 커다란 은혜를 입었다. 하나는 부모로서 낳아준 은덕이요, 또 하나는 다음 대의 왕으로 선택해준 은덕이었다.

이미 잘 알려져 있는 이야기이기에 특별한 설명이 필요 없겠지만, 아버지 이방원(李芳遠), 훗날의 태종은 고려 말, 조선 초기의 걸물로 스스로를 왕으로 만들어낸 인물이었다. 일찍부터 정치문제에 개입하여 정몽주와 정도전 같은 명신들을 살해하고, 심지어 자신의 형제들도 죽음으로 몰아넣었으며, 아버지 태조를 마침내 권좌에서 몰아냈다. 또한 자신의 처가인 민씨 집안마저 멸문시키는 등 그가 왕이 되는 길에 죽어간 사람은 허다하다. 하지만 이런저런 기록들을 보면, 태종이 그렇게 냉혹하고 계산적이기만 했던 인물은 아니라는 사실을 알 수 있다.

고려 말, 명나라와의 외교적 마찰이 극심해졌을 때 최영은 요동 정벌을 계획하고 그 지휘관으로 이성계(李成桂)를 택했다. 1388년, 이성계가 군대를 이끌고 출정한 뒤 최영은 출정한 장수들의 가족을 모두 인질로 삼아두려고 했다. 행여 반란을 일으킬 마음이 있다 하더라도, 가족들의 목숨이 위태롭다면 함부로 행동으로 옮기지 못할 것이기 때문이다.

하지만 당시 전리정랑(典理正郞)이었던 21세의 이방원은 이 소식을 듣고 급히 포천의 가족들에게 달려가 어머니 한씨와 강씨를 모시고, 방번과 방석 등 아직 어린 이복동생들, 그리고 두 여동생들을 데리고 탈출했다. 그렇게 향한 목적지는 이성계의 본거지였던 함경도였다. 하지만 워낙 상황이 급박하게 돌아가던 지경이라 종들이 모두 도망가버렸다. 하는 수 없이 이방원은 직접 익힌 음식을 허리에 차고 다니며 식솔들을 먹였으며, 때로 민가에서 밥을 얻어먹으면서 고생스러운 길을 재촉했다. 행여 들키지 않도록 밤을 틈타 들판에서 잠을 자고, 사람들을 모아 가족들을 지킬 부대를 만들며 아버지 대신 가족들을 지켜냈다.

그때의 일화가 하나 있다. 본래 막냇동생 방석과 태종은 열다섯 살이나 차이가 나는 형제였다. 당시 방석의 나이는 여섯 살. 어른도 힘든 길이었을 텐데 어린 동생에게는 훨씬 힘들고 어려웠으리라. 못내 안쓰러웠던지, 이방원은 동생을 안아 올려 함께 말을 탔다. 불안해하는 동생을 위로하며 안전한 곳을 찾아 떠나던 이방원은, 설마 10년 뒤 자신이 안고 있는 동생을 자신의 손으로 죽게 만들리라고는 상상도 못했을 것이다. 결국 이방원은 조선 3대 왕으로 즉위했고 나라의 기틀을 닦은 위대한 왕으로 이름을 남겼다.

하지만 이처럼 성공한 야심가였던 태종은 불행한 아들이었다. 그의 많은 행동들은 자신을 위한 것이었지만, 다른 한편으로는 자식 많은 집의 다섯째 아들로 태어나, 아버지 태조 이성계에게서 인정받고 칭찬받기를 목말라하는 자식의 면모 역시 가지고 있었다.

고려 말, 이성계가 말에서 떨어져 부상을 입은 틈을 타서 정몽주가 반격을 시도했을 때, 난국을 타개하고 마침내 그를 선죽교에서 살해한 것은 이방원이었다. 이후로도 아버지를 도우며 결단력과 배짱, 그리고 사람들을 이끄는 카리스마까지 발휘했다. 덧붙여 태조의 아들 중 유일하게 과거에 급제한 경력이 있었으니, 글에도 뛰어났다. 실록에 기재된 이방원의 활약은 그가 왕으로 즉위한 이후 다소 부풀려졌다손 치더라도, 그가 고려 말 조선 초의 역경을 헤쳐나간 훌륭한 인재였다는 사실은 틀림없다.

하지만 태조는 이방원을 다음 대의 왕으로, 즉 자신의 후계자로 선택하지 않았다. 어째서였을까? 태조가 막내 이방석을 세자로 선택했던 이유에는 여러 가지가 있다. 알려진 대로 태조가 두 번째 아내인 신덕왕후 강씨를 깊이 사랑한 까닭도 있을 것이며, 이방원과 정치적으로 대립하던 정도전이 방석을 뒷받침해준 덕분이기도 하다.

그렇게 세자의 자리는 막냇동생 방석에게 돌아갔고, 이방원에게는 정안군(靖安君)이라는 왕족의 지위만이 주어졌다. 하지만 이방원은 자신의 운명을 고스란히 받아들일 만큼 고분고분한 인물이 아니었다. 술 마시고 한탄하기보다 그림자 속에서 발톱을 갈았다. 그 결과 이복형제들을 자기 손으로 죽이고, 아버지의 신하들을 살해하며 피묻은 옥좌로 스스로 올라섰다.

한때는 전장에 말달리던 용맹한 장수였지만, 이미 병들고 늙은 태조는 남은 생애 동안 살해당한 아들들의 죽음을 슬퍼하며 살았다. 왕자의 난 이후 아버지와 아들 사이에는 메울 수 없는 깊고 깊은 골이 생겼고, 여기에서 태조가 태종이 보낸 사람들을 활로 쏘아 죽였다는 함흥차사의 전설이 탄생했다.

태종이 가장 원하던 것은 아버지 태조 이성계에게서 인정받는 것이 아니었을까. 태종은 동생들의 죽음을 슬퍼하지는 않았다. 그러나 존경하던 아버지와의 뒤틀림만은 내내 마음에 남아 있었다. 세종에게 왕위를 물려주려 할 때에도 태조가 자신을 만나주지도 않았던 일을 한탄하며, 그럴 때마다 왕위를 버리고 싶었을 정도라는 심정을 토로하고 있다.

"… 그간에 태조가 매우 귀여워하던 두 아들을 잃고 상심(傷心)하던 것을 생각하면 비록 내 몸이 영화로운 나라의 임금이 되었지만 어버이를 뵙지 못하고, 혹은 백관(百官)들을 거느리고 전(殿)에 나아갔다가 들어가 뵙지 못하고 돌아올 때에는 왕위를 헌신짝을 버리듯이 버리고, 필마(匹馬)를 타고 관원 하나를 거느리고 아침저녁으로 문안 인사를 드려 나의 마음을 표(表)하고자 생각하였다."

사실을 말하자면, 아버지가 귀여워하던 두 아들을 죽음으로 몰아넣은 것은 태종이었다. 그러니 태조가 태종을 만나주지 않은 것도 어쩌면 당연하다. 엄연히 가해자이면서 불쌍한 척하는 태종을 보자니 견강부회(牽强附會)도 정도가 있고 염치가 있는 건지 궁금해지지만,

태종의 특기는 바로 이런 뻔뻔함이었다.

어쨌든 태조가 죽을 때까지 아버지와 아들 사이의 응어리는 완전히 풀리지 못했던 것 같다. 아버지의 사랑과 인정에 목이 말랐던 아들 태종은 곧 신덕왕후 강씨에게 그 분노를 돌렸다. 불행인지 다행인지 신덕왕후 강씨는 태조 5년인 1396년에 이미 세상을 떠났다. 그래서 자식들이 죽어가는 모습을 보지 않을 수 있었고, 살아서 수모를 당하지도 않았다. 태종 16년 8월 21일, 태종은 신하들에게 대놓고 말했다.

"정릉(신덕왕후)은 나에게 조금도 은의가 없다. 그저 아버지가 사랑했기에 제사를 지내줄 뿐이다."

이후로 신덕왕후는 엄연한 정실부인이었음에도 첩의 취급을 받게 되었다. 그 외에도 태종은 신덕왕후의 묘역을 크게 깎아버리고, 제사의 격을 낮췄으며, 본디 도성 안 정동에 있었던 무덤을 바깥으로(지금의 정릉동) 이장시키는 등 화풀이를 했다.

아버지에게 인정받지 못하고 형제의 피를 뒤집어 쓴 채 스스로의 길을 개척해야만 했던 태종은 아버지 태조를 원망하는 동시에 존경했다. 더하여 자식들은 자신처럼 만들지 않겠다는 마음 역시 있었다. 자식, 정확히는 양녕대군에게 쏟아 부어졌던 무진한 애정과 집착, 그리고 이제까지의 애정을 단호하게 쳐내고 충녕대군을 세자로 선택했던 것은 여기에서 기인됐다. 그리고 세종은 그런 아버지와 너무도 닮

지 않은 아들이었지만, 형제들 중에서 가장 아버지를 사랑했으며 가
장 많은 것을 물려받았다.

원경왕후 민씨
공평하게 사랑하지 못한 어머니

세종에게 또 하나, 깊은 영향을 끼친 사람이 있다면 두말할 것도 없이 어머니였다. 세종의 어머니 원경왕후(元敬王后) 민씨는 남편보다 두 살 위로, 열다섯 살에 두 살 어린 태종과 결혼한 뒤 네 아들과 네 딸을 낳았다. 태종이 세자도 아닌 그저 왕자였을 때부터 민씨는 아내이자 친구였으며, 동반자 겸 공모자였다. 왕자의 난 이전, 민씨는 몰래 무기를 숨겨놓거나 기지를 발휘해 함정에 빠진 정안대군을 구해내기도 했던 조선 초의 여걸이었다. 뿐만 아니라 의리가 두텁기까지 했다.

정안대군 이방원이 바로 위의 형인 회안대군 이방간과 내전을 벌인 제2차 왕자의 난 당시 집에서 조마조마하게 소식을 기다리던 민씨는, 전장에서 상처 입은 말이 돌아온 것을 보고 남편이 전쟁에서 패배했다고 생각했다. 그리고 시녀들의 만류에도 불구하고 전장으로 향했으니, 이는 함께 싸우다 죽으려는 뜻에서였다.

이처럼 원경왕후는 용감하고 강단이 있었으며, 또 그만큼 태종을 사랑했던 여인이었다. 하지만 그만큼 성격이 격렬했고 자기주장이 강했다. 태종 2년에 태종이 후궁을 들이려 하자, 원경왕후(당시에는 정비(靜妃))는 태종의 옷자락을 붙잡고 울며불며 이렇게 말했다.

"상감께서는 어찌하여 예전의 뜻을 잊으셨습니까? 제가 상감과 더불어 어려움을 지키고 같이 화란(禍亂)을 겪어 국가를 차지하였사온데, 이제 나를 잊음이 어찌 여기에 이르셨습니까?"

요약하자면 조강지처에게 어떻게 이렇게 할 수 있느냐는 것이다. 민씨에게는 자신이 남편을 왕으로 만들었다는 자부심이 있었다. 그렇지 않고서야 나라를 차지했다는 발언을 어떻게 할 수 있을까. 이때문에 태종이 즉위한 이래, 원경왕후의 투기가 심하다는 말이 몇 번 있었다. 그리고 태종 15년 12월 15일, 태종은 원경왕후를 폐해버릴 것을 공론화하기도 했다.

그 직접적인 원인이 된 것은 처남들의 문제였다. 원경왕후에게는 네 남동생들이 있었고, 이 중 민무구와 민무질은 태종의 쿠데타에 참여했던 공신이었다. 하지만 태종 7년, 태종은 세자 양녕을 마음대로 휘두르려 했다는 이유를 빌미로 옥사를 일으켰고, 두 처남은 서인이 되어 제주도로 유배되었다가 3년 뒤 자결했다.

그로부터 또 4년여가 지난 뒤, 태종은 남은 두 처남인 민무휼과 민무회를 죄인으로 몰아넣는 옥사를 일으켰다. 이때 빌미가 되었던 사건은 오래전 원경왕후 민씨가 태종의 후궁인 효빈(孝嬪) 김씨와 경녕군(敬寧君) 이비(李裶) 모자를 죽이려 한 사건이었다.

본디 경녕군의 어머니 김씨는 이방원이 세자가 되기 전부터 시녀로 있었다. 이후 태종이 즉위하면서 김씨는 궁인이 되었고, 그러다 태종 2년 승은을 입어 임신을 했다. 민씨는 김씨를 행랑채에 두었고, 12월 한참 추울 때 산통을 시작한 김씨를 문 밖으로 내쫓았다. 다른 종들이 불쌍하게 여겨 몰래 깔고 덮을 이부자리와 거적을 가져다줬는데, 이를 들은 민씨는 사람을 보내 그것마저 빼앗아버리고 산모와 갓난아이를 엄동설한에 내쫓아 이리저리 다니게 했다. 다행히 둘 모두 죽지 않고 목숨을 부지했다고 한다(태종 15년 12월 15일).

태종은 이 사건을 언급하며 원경왕후 민씨를 두고 음침하고 참람하며 교활하다(陰慘狡猾)라고 비난하였다. 이는 분명 원경왕후가 질투에 이기지 못해 벌인 화풀이이며, 정말로 김씨와 아이를 죽이려는 심산이었을 것이다. 그런데 잘 알려졌다시피 태종에게는 많은 비빈들이 있었다. 김씨와 마찬가지로 본래는 원경왕후의 여자종이었던 신빈(信嬪) 신씨도 태종의 아이를 여럿 낳았다. 하지만 원경왕후가 신빈에게 어떤 해코지를 저질렀다는 기록은 없다. 그러니 그토록 지독한 일을 한 특별한 이유가 있었던 게 아닐까.

태종과 원경왕후, 이들 부부의 생활은 결코 평온하지 않았다. 무엇보다도 조선 초기 정권다툼의 한가운데를 헤쳐 나가야 했기 때문이다. 태조 7년, 천신만고 끝에 태종은 제1차 왕자의 난에서 정도전 일파를 제거하고 둘째 형 방과를 정종으로 올리고 자신은 세제(世弟)의 자리에 앉았으며, 제2차 왕자의 난에서는 넷째 형 회안대군 방간을 몰아내고 지배체제를 굳혀 마침내 조선의 3대 왕으로 즉위했다. 그런데 태종 2년, 즉 원경왕후가 정비가 된 지 2년 만에 태종은 서자 경녕군을 얻었다. 처음으로 남편이 다른 여인에게 아이를 가지게 하자,

민씨는 지극한 배신감을 느꼈을 것이다. 그러니 남편의 첫 바람의 결과물인 김씨와 그 자식에게 지나치게 감정적으로 대한 게 아닐까.

그런데 문제는 경녕군의 일이 불거진 시점이다. 태종은 13년이나 지난 다음에야 이 일을 비로소 공론화했다. 그러면서 덧붙인 말이, 자신은 사건이 벌어졌던 당시 경녕군의 일을 몰랐었다고 변명했다. 아버지의 무관심 속에서 태어나자마자 죽을 고비를 넘긴 경녕군은 운이 좋게 살아남았다. 그런데 왜 태종은 오랜 시간이 흐른 후 갑자기 이야기를 꺼냈을까.

이유는 간단하다. 태종은 경녕군이 태어났을 때의 일을 빌미로 원경왕후와 처남들을 공격하는 명분으로 삼은 것이다. 이제 와서 경녕군의 일을 이야기하는 이유를 태종은 다음과 같이 말했다.

"만약 내가 말하지 않으면 사필(史筆)을 잡은 사람이 어찌 알까. 마땅히 역사책에 자세히 써서 후세에 보여, 외척으로 하여금 경계할 바를 알게 하라."

결국 이 사건은 원경왕후 민씨의 죄가 되어 원경왕후의 친정동생들을 사사하는 결과로 이어졌다. 첩을 두거나 서자를 가지는 일은 가족의 일이겠지만, 태종은 이 사건을 정치문제로 끌어올려 활용한 것이다. 외척의 문제를 거론한 것은 바람을 피운 남편의 치졸한 변명이 아니라, 왕권을 방해하는 하나의 가능성이라도 용서하지 않겠다는 집념의 발로였다. 설령 경녕군의 일이 없었더라도, 다른 어떤 이유를 들어서라도 민씨들을 제거했을 것이다. 훗날 세종의 처가인 심씨가 당했던 불벼락을 생각하면 더욱 그렇다.

태종은 천성이 무인으로 격렬하고 호쾌한 성격이었지만, 그 이상으로 치밀하고 참을성이 강했으며, 순간적으로 포착해서 상대방의 약점을 물고 늘어졌기에 더더욱 무서운 사람이었다. 태종은 누군가 총애와 친애를 통해 왕이나 왕족을 조종하려는 것을 가장 두려워했다. 그래서 자신의 처가는 물론, 세종의 처가마저도 화를 입었고, 한때 세자였던 양녕대군의 사돈인 김한로 역시 제제를 받았다. 과연 태종이 걱정했던 것만큼 민씨 집안이나 심씨 집안이 위협적이었을지는 의문이지만, 태종 자신은 아버지의 사랑을 등에 업은 신덕왕후 강씨에게 내몰려졌던 기억을 끝내 잊지 않았던 것이다. 무자비하고, 또 어떻게 보면 억지스럽기까지 한 죄명을 씌워 처남들을 죽였던 것은 이 때문인지도 모른다.

어머니의 피눈물을 지켜보았지만, 아들들은 외삼촌들을 위해 변명을 해주지 않았다. 제 형제를 죽이기까지 하며 왕이 되었던 태종이었다. 그러니 살아남기 위해서는 묵인하고, 태종의 뜻에 따를 수밖에 없었다. 당시 세자였던 양녕대군도 오히려 외삼촌들에게 역심(逆心)이 있다고 고하기까지 했다. 그리고 원경왕후 자신마저도 그에 부분적으로 동조했다. 동생들의 잘못을 고하되, 다만 친정어머니가 살아계실 동안만은 처형을 늦춰달라는 것이다. 사실 태종의 성미를 누구보다도 잘 알고 있는 것은 그녀 자신이었다. 이미 구할 수 없는 동생들 대신 아들들을 지킬 것을 선택했던 것일지도 모르겠다.

결국 원경왕후의 친정은 풍비박산 났고, 네 남동생들이 차례차례 비명에 갔다. 그런 와중에 폐비문제까지 불거졌지만, 원경왕후가 내조에 공이 있다 하여 시행되지는 않았다. 태종도 폐비문제는 원경왕후를 위협하기 위해 꺼내들었던 것에 불과했던 게 아닌가 한다. 새어머니 덕분에 온갖 설움을 겪었던 그이기에, 자신의 자식들을 위해서라도 새어머니를 맞아들이지는 않을 것이기 때문이다.

또 하나의 이유를 들자면 태종과 원경왕후, 두 사람이 '부부'였기 때문이다. 처남들이 몰살된 이후로도 태종은 원경왕후와 많은 대화를 나눴고, 그 내용을 스스럼없이 대신들에게 이야기했다. 특히 큰아들 양녕대군이 사고를 칠 때마다 두 사람은 머리를 맞대고 걱정했으며, 함께 눈물을 흘렸다. 이런 것이야말로 부부가 아닌가.

동생들이 죽은 이후로 원경왕후는 조용히 살았다. 젊은 시절의 격렬한 성격은 한풀 꺾였고, 이제 불공을 드리며 자식들을 걱정했다.

그런데 세종과 원경왕후와의 일화는 그리 많지는 않다. 민씨가 늘 걱정하고 눈물을 흘렸던 자식은 엇나간 큰아들 양녕대군과 일찍 죽은 막내아들 성녕대군이었다. 좋게 말하자면 세종은 착한 아들이라 어머니 속을 썩이지 않은 것이겠지만, 그만큼 어머니의 관심에서 벗어났던 게 아닐까 하는 생각마저 든다.

그래도 어머니에게의 사랑만은 극진했다. 세종은 원경왕후가 병이 들자 직접 모시고 다니며 손수 간병했고, 때로 양녕대군과 효령대군, 두 형님마저 물리치기도 했다. 어머니가 돌아가셨을 때에는 태종의 반대를 무릅쓰고 상복 입는 기간을 늘리고 무덤 한 자락에 절을 세우려고까지 했다.

세종이 어머니에게서 배웠던 가장 중요한 가르침은 가정의 행복이 아니었을까. 세종이 아내 소헌왕후 심씨를 일평생 사랑하고 아꼈던 사실은 실록 곳곳에서 드러나고 있다. 정작 그녀의 아버지와 친정식구들을 구해주지는 못했지만 말이다.

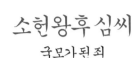

소헌왕후 심씨
국모가 된 죄

소헌왕후(昭憲王后) 심씨는 1408년, 열세 살 나이에 두 살 아래의 충녕대군과 부부의 인연을 맺고 경숙옹주(敬淑翁主)로 봉해졌다. 어린 신랑각시가 어떻게 지냈는지 모르겠지만, 충녕대군이 열여덟 살 때 첫 아이를 낳았고, 심씨가 방을 나가고 들어올 때마다 일어서 맞이하고 보낼 만큼 아내를 아끼고 존중했다. 그때까지만 해도 심씨는 설마 자신이 조선의 왕비가 되리라고는 상상도 못했으리라. 사실 그녀는 시어머니 원경왕후와 다르게 조용하고 부드러운 성격이었고, 그리 특별한 사회적인 활동을 하지 않았다.

1418년 6월 5일, 충녕대군이 세자로 책봉되는 동시에 심씨는 경빈(敬嬪)으로 봉해졌고, 이후 11월 10일 공비(恭妃)로 책봉되었다. 원래 세종은 아내 심씨의 존호를 '검소할 검' 자를 써서 검비(儉妃)라고 지었다. 물론 세종은 사랑하는 아내를 위해 고심해서 고른 말이겠지만, 태종은 아들의 작명 솜씨가 마음에 들지 않았는지, 발음하기에 나쁘다는 이유를 들어 '공손할 공' 자를 써서 공비(恭妃)라는 존호를 며느리에게 내려주었다(세종 즉위년 8월 14일). 어쩐지 여자를 대하는 솜씨에서부터 아버지와 아들의 차이가 나고 있다고 생각하는 것은 필자만의 생각일까.

　같은 해 세종이 즉위하게 되면서 소헌왕후는 조선의 국모 자리에
오르게 되었고, 왕후의 아버지 심온은 40대 초반의 젊은 나이에 영의
정으로 봉해졌다. 이로써 조선 시대 때 여인이 누릴 수 있는 최고의
영예를 누린 것이라고 하겠지만, 행복은 너무나도 짧았다. 바로 그해
겨울에 친정아버지 심온이 반역죄로 갑작스럽게 처형당했기 때문이
다.

　국모의 친정아버지가 처형당하는 대사건이 벌어졌지만, 시작은 굉
장히 소소한 일이었다. 당시 병조참판이었던 강상인이 태종이 아닌
세종에게 군정을 보고했다는 작은 일이 빌미가 된 것이다. 처음에는
강상인을 비롯한 병조의 관리들이 귀양 가는 것으로 사건이 일단락
되었다. 그런데 심온이 사신의 임무를 받고 중국으로 떠난 사이 태종
은 갑작스레 이 문제의 재조사를 명령했다. 그리고 마침내 역모로까
지 번지게 되었고, 이에 당시 심온이 했다는 말이 문제가 되었다. 심
온이 "나라의 권력은 한 군데서 나와야 한다."고 했다는 것이다. 이
는 곧 태종과 세종으로 국정이 나뉜 것을 비판한 말이었다. 심온이
정말로 이 말을 했는지 확인할 길은 없다. 다만 이를 발언한 사람은
물론, 찬성한 사람까지 역모죄로 몰렸다는 사실만 확인할 수 있다.

　당시의 조선에는 두 사람의 왕이 있었다. 이제까지의 왕 태종을 따
를 것인가, 아니면 새로이 등극한 왕인 세종을 따를 것인가? 신하들
은 갈팡질팡하고 있었다. 강상인은 어설프게 후자를 선택하려다가
태종의 노여움을 산 경우였다. 태종은 자신이 오직 군권만을 가지겠

다고 했지만, 즉위 직후의 세종은 국정의 중요사안들을 정리하여 태종에게 보고하고, 그의 인가를 받아 국정을 결정하는 이름뿐인 왕에 불과했다. 당연히 세종은 위축될 수밖에 없었다. 장자도 아니고 셋째 아들이면서 세자가 되고 즉위할 수 있었던 것은 아버지 태종의 결정 때문이었다. 바꿔 말하면 세종이 왕으로 있을 수 있는 명분은 태종에게서 나왔고, 태종에게 거역하거나 반대하는 것은 왕으로서의 자신을 부정하는 것이나 다름없었다. 세종은 살아생전 태종을 철저하게 받들어 모셨으며, 태종이 승하한 이후로도 감히 아버지를 거스르는 일을 하지 않았다. 강상인의 일도 마찬가지였고, 이때 세종은 자신의 일처럼 노발대발했다. 그런데 이것이 어느 틈에, 정확히는 태종이 자세한 조사를 하도록 명령한 이후 역모로 확대되었다. 심온의 "나라의 힘은 한 곳에서 나와야 한다."는 말은 태종의 양위 결정을 무시한 것과 다름없었다.

그런데 주목할 것은 역모사건이 조사되던 당시 심온은 사신으로 중국으로 떠나 있었고, 강상인을 비롯한 혐의자들은 물론, 심온 자신의 처형도 이상할 정도로 신속하게 벌어졌다는 것이다. 왕의 사돈이 아닌 보통 죄인의 처형이라고 해도 이처럼 빨리 처리되지는 않는다.

그러므로 심온이 죽은 이유가 왕의 처가이기 때문이라는 사실은 의심의 여지가 없다. 바로 시어머니 민씨의 친동생들이 죽은 이유와 마찬가지였다. 아버지 심온이 죽을 때, 그리고 어머니와 동생들이 관노비가 되어 뿔뿔이 흩어졌을 때 소헌왕후가 어떤 행동을 했는지는 기록이 없다. 하지만 아버지의 죽음과 친정의 재난이 다른 누구도 아닌 자신 때문이라는 사실을 잘 알고 있었을 것이다.

박종화의 소설《세종대왕》에서는 추운 겨울날 소헌왕후가 아버지의 일로 석고대죄를 하고, 이 일로 가슴 아파하던 세종이 성심껏 그녀를 위로해주는 감동적인 대목이 있다. 그러나 정작 실록에는 그런 기재가 없다. 다만 태종이 "밥을 먹으라."며 특별히 소헌왕후에게 말을 남겼을 뿐이다. 무릇 걱정과 슬픔과 눈물이 지나치면 밥 한 술 물 한 모금 넘길 수 없어지는 법이다. 그 몇 년 전에는 사랑을 위해 밥을 먹지 않으며 떼를 썼던 사람이 있긴 했지만(양녕대군이다), 소헌왕후는 감히 태종이나 세종에게 항의할 수 있는 입장이 아니었다. 친아버지라고는 해도 역모죄로 죽은 사람이니, 여느 사갓집처럼 목 놓아 통곡할 수도, 눈물을 보일 수도 없었다.

당연하지만 심온의 처형 직후, 조정에서는 죄인의 딸을 국모로 둘 수 없다며, 폐비문제가 거론되기도 했다. 하지만 그것을 막은 것은 태종 자신이었다. 그는 왕의 권위를 뒤흔들 수 있는 외척을 걱정했을 뿐, 며느리는 마음에 들어 했던 것이다. 게다가 심온에게 사약을 내린 것을 이유로 소헌왕후를 폐비하고 새로운 왕비를 간택한다면, 그것은 새로운 외척의 등장을 의미할 뿐이었다.

어쨌든 심씨 가문은 민씨 가문에 비하면 상대적으로 관대한 처벌을 받았다. 죽은 것은 심온뿐이었고, 심씨의 어머니 안씨와 다섯 남동생. 네 명의 여동생은 한때 귀양을 가거나 관노비가 되었고 향후 수십 년간 벼슬을 할 수 없게 되었다.

그렇다고는 해도 외척의 탄압이라는 사실만은 분명했고, 기댈만한 친정을 모두 잃은 소헌왕후는 좋게 말하면 왕의 선량한 반려자로, 나쁘게 말하면 후계자를 생산하는 역할 외에는 아무것도 할 수 없었다.

어쩌면 태종이 바라던 가장 이상적인 왕비의 모습이 그러했던 것일지도 모르겠다.

세종은 이러한 태종의 뜻에 따랐다. 심온의 역모 혐의가 불거지고, 또 관련자들이 도륙당하는 와중에서 세종은 여기에 반대하거나 불만을 드러내는 일 없이 멀쩡하게 일상업무를 수행했다.

하지만 세종이 단순히 효심만으로 아버지를 따른 것은 아니었다. 태종이 세상을 떠난 지 10여 년 뒤, 의정부에서 올린 심온의 신원 요청을 세종이 무산시켰다. 이것이 세종 13년 9월 8일의 일이다. 이러니저러니 해도 10년 전의 일이다. 태종도 이미 세상을 떠나 그 무덤에 풀이 무성히 자라났을 만큼 시간이 흘렀다. 이미 당시의 여론은 심온이 억울하게 처형당했다는 데 기울어져 있었다.

사실 사건의 전모를 살펴본다면, 누가 보아도 억울한 정황이기는 했으며, 현재 국모이자 세자의 어머니인 사람의 부모가 죄인이자 관노의 신분이라는 것은 상식적으로 불합리한 일이었다. 사건의 실상을 밝혀 심온의 억울함을 풀어주는 것은 아내 소헌왕후에게도 한풀이가 될 수 있었을 것이다. 하지만 세종은 국모의 친아버지를 죄인으로 둘 수 없다며 심온을 두둔하는 도승지 안숭선의 의견에도 수긍하지 않았다.

"심온의 본심이 아니었을 것입니다."
"다시 말하지 말라. 내가 기필코 듣지 않겠다."

세종은 자신이 죽을 때까지 장인 심온을 복권시키지 않았고, 처남들의 금고도 풀어주지 않았다. 이것을 풀어준 것은 아들인 문종과 세조였다. 문종은 즉위년에 외할아버지 심온을 복권시켜 돌아가신 어머니의 한을 풀어주었다. 세조는 특히 심온의 아들들을 외삼촌이라고 부르며 친근하게 대했고, 금고를 풀어주어 그중 한 사람인 심회(沈澮)의 벼슬이 영의정까지 이르게 했다.

장인어른과 처가에게 세종이 너무 매몰찼다는 생각이 들 법도 하다. 그러나 세종으로서는 아내에게의 미안함보다는 아버지에게의, 그리고 왕으로서의 책임이 앞섰다. 아버지 태종은 세종이 딛고 선 기반이었다. 심온을 복권시킨다면 그것은 태종이 잘못했다는 사실을 증명하는 것이나 다름없었다.

처가의 억울함을 알고 있었겠지만, 세종은 끝내 왕으로서의 선택을 지켰다. 하지만 그의 아들들은 그 문제에서 자유로웠다. 훗날 문종과 세조가 외가를 복권시켰던 것은 오래도록 어머니의 눈물을 지켜보았기 때문일지도 모르겠다.

이처럼 국모의 자리에 오르자마자 파란을 겪었던 소헌왕후는 1432년이 되어서야 비로소 왕비로 책봉되었다(세종 14년 5월 11일). 시어머니인 원경왕후가 태종이 즉위하면서 곧장 책봉을 받았던 데 비하면 너무나도 늦었는데, 그 이전까지 역모를 일으킨 죄인의 딸이었기에, 남편이 왕이고 아들이 세자라고 해도 소헌왕후의 위치는 불안했던 것이다. 생각지도 못하게 국모가 되었으며, 그 때문에 된서리를 맞은 그녀는 시어머니 원경왕후처럼 자기주장을 하거나 억울함을 호소할 수 있는 처지가 아니었다. 이후 소헌왕후는 철저하게 궁정 안에 파묻

혀서 출산을 거듭하고, 자식들을 키우며, 그들이 사고를 치거나 문제를 벌이는 것을 다독이는 것으로 평생을 보냈다.

그래도 소헌왕후에게 힘이 되었던 것은 남편의 애정이 아니었을까. 태종이 그랬던 것처럼 세종 역시 많은 비빈을 두었지만, 세종은 자기 품에 든 사람에게 변하지 않는 정을 주는 사람이었고, 그중 대표적인 예가 바로 소헌왕후였다. 자식의 숫자로 부부간에 사랑이 있냐 없냐를 따지는 것은 너무 즉물적인 것도 같지만, 세종의 자식 22명 중에 거의 절반인 열 명을 소헌왕후가 낳았고, 조선왕조에서 가장 많은 자식을 둔 왕비로 기록을 남겼다. 그리고 소헌왕후가 병이 들자 세종은 크게 걱정하며 온갖 방도를 강구한 적도 있었고, 나이 들어 부부동반으로 온천여행을 다녀오기도 했다.

사서에서는 소헌왕후를 투기하지 않았던 현덕한 여인으로 상찬하였다. 하지만 세상에 드러나는 일 없이 조용히 살았던 그녀의 마음속이 어땠을지는 그저 짐작해볼 뿐이다. 사실이 어떻든지 그래도 그들의 부부생활이 소헌왕후의 일방적인 희생만은 아니었다고 믿고 싶다. 언제나 흔들림 없는 나무처럼, 변하지 않는 돌처럼 굳건했던 세종이 뒤흔들리고 약해졌던 시기가 소헌왕후가 세상을 떠난 그 즈음이라는 것에서 의미를 찾고 싶을 정도로.

소헌왕후의 가장 큰 공헌은 세종의 아내이자, 그리고 다음 대 왕들의 어머니가 되었던 일이다. 그 시대의 여인으로서는 부족한 것 없는 소헌왕후에게는 여덟 명의 아들이 있었는데, 이들은 하나같이 걸출했다. 병 때문에 일찍 세상을 떠났지만 세종을 많이 닮았고 군사, 과학 분야 어디든 모자란 데가 없었던 문종이 첫째아들이었고, 훗날 세조가 되는 수양대군은 할아버지 태종을 빼다 박은 손자로, 글의 재능도 있었거니와 무관의 재능도 출중했다. 게다가 조선 4대 명필 중 하나이며, 예술적인 재능이 중국에까지 알려졌던 안평대군이 셋째였다. 아마도 할아버지의 무(武)의 재능과 백부 양녕의 예(藝), 그리고 아버지 세종의 문(文)의 재능이 골고루 뒤섞인 탓에 이처럼 다양한 아이들이 태어난 것이 아닐까. 이들 세 형들에게 가려지긴 했지만 다른 아들들 역시 아버지를 도와 과학, 정책 등에 참여했으며, 부모의 든든한 버팀목이 되어주었다. 이때만큼 왕족들이 번성한 시기는 이전에도 이후에도 없었다.

하지만 이것이야말로 새로운 비극의 씨앗이 되었다. 소헌왕후와 세종이 세상을 뜬 뒤, 조선에는 또다시 골육상쟁의 피바람이 불었다. 한 아버지와 한 어머니를 둔 형제 사이에 다툼이 벌어졌고, 세조, 곧 수양대군은 조카 단종과 동생 안평대군, 금성대군, 그리고 그 밖의 이복형제들을 살해했다. 어떻게 같은 부모 아래에서 태어나고, 어린 시절을 함께 지낸 형제들끼리 서로를 죽였을까. 세종의 생전 가정은 과연 평온했을까? 형제들은 피를 나눈 가족이 아니라 그저 정치적인 라이벌이었던 것일까? 그리고 소헌왕후는 정말 행복했을까? 마음속에 솟구치는 의문은 끊이지 않고 꼬리에 꼬리를 물건만, 이제 소헌왕후와 세종이 잠든 여주의 영릉(英陵)은 아무 대답을 해주지 않는다.

왕자이도
세종대왕의 어린 시절

세종은 정조와 더불어 조선의 왕 중에서 드문 학자 군주였다. 스스로 공부를 좋아했고 쉼 없이 노력했으며, 다양한 도전을 시도했고 또 그 만큼의 성과를 냈다. 결국 세종은 학문적, 과학적 성과의 대명사처럼 쓰이게 되었으니, 만 원짜리 지폐에서의 도안이나 남극의 기지 이름에 쓰인 것도 그렇다. 그렇다면 세종대왕의 어린 시절이 어떠했는지 궁금해지는 것도 당연하다.

아쉽게도 세종의 어린 시절의 일화는 거의 전해지지 않고 있다. 사람이 사람이다 보니 뭔가 어릴 때부터 총명했다든지, 똑똑한 말을 했다든지 하는 옛날이야기가 하나쯤은 있을 것도 같은데, 정말 아무런 이야기도 전해지지 않는다. 세종의 어린 시절이 너무도 평범했던 걸까. 아니면 미처 전해지지 않는 걸까. 부족하나마 세종의 결점이나 어린 시절을 이야기해주는 것은 아버지인 태종이다.

태종은 슬하의 자식이 29명으로 조선의 왕들 중 가장 많은 자식을 두었다. 물론 효령이나 충녕, 성녕대군은 조강지처인 원경왕후의 자식이니 다른 자식들에 비하면 그나마 나았겠지만, 그래도 세자에 비하면 비교적 관심에서 벗어나 있었다. 그 증거로 양녕, 곧 세자가 본격적으로 비뚤어지기 전까지 충녕대군에 대한 기록은 그렇게 많지 않다. 귀엽고 사랑스럽지만 기대를 걸지 않았던 자식. 태종에게 충녕대군은 그런 자식이었다. 태종에게 충녕대군은 젊었을 적 정도전과 대립하여 정치적인 수세에 몰렸을 때, 안고 어르면서 시름을 달랬던 귀여운 아들이었다. 그래서인지 아명도 막둥이[莫同]라고 지었고, 태종 13년 12월 30일, 태종은 충녕에게 이렇게 말했다.

"너는 할 일이 없으니 편하게 좋아하는 것을 마음껏 해라."

세종은 셋째아들이니 왕위를 이을 수 없었고, 종실 출신이니 벼슬로 현달할 수도 없다. 그런 것쯤이야 참으면 되는 일이지만, 행여 역모에 휩쓸리지 않도록 평생 살얼음 걷듯 조심스럽게 살아야 했다. 결국 욕심도 희망도 없으니, 바라는 것이나 마음껏 하라는 말이다. 아버지로서는 아들을 사랑해서 한 말이겠지만, 아버지에게 인정받고 싶은 아들에게는 더 없이 잔인한 말이었다.

생활은 풍족했지만, 노력을 할 필요도 없고, 고생할 필요도 없다. 그 대신 아무도 인정해주지 않으며, 무엇도 할 수 없고, 무엇도 허락되지 않았다. 오히려 숨죽이고 조용히 살아야만 천수를 누릴 수 있었다. 모든 이유는 큰아들이 아니라는 것 하나 때문이었다.

그렇다면 충녕대군에게 아무런 야심이 없었을까? 태종처럼 나라를 이을 수 있는 것은 나뿐이라며 군사를 이끌어 아버지를 치는, 그런 굉장한 야심이 아니라, 아버지에게 훌륭한 아들로 인정받고 주변 사람들에게 칭찬을 듣고 싶다는 그런 희망은 없었을까?

여덟 살 때부터 아버지와 나라의 기대를 한몸에 받아가며, 또 전폭적인 지원을 받아가며 후계자 교육을 받았던 양녕과는 달리, 충녕은 스스로 공부를 했다. 어린 시절부터 책 읽는 것을 좋아했고, 충녕대군은 천생 공부벌레였다. 비록 왕위를 계승할 수는 없었지만, 왕족이라는 신분은 마음 놓고 공부를 할 수 있는 여건을 마련해주었다.

하지만 세종은 평생동안 모든 일을 할 때 결코 쉬운 길을 선택하지 않았다. 힘들고 멀리 돌아갈지언정 반드시 정석을 밟아나갔고, 모든 것이 끝날 때까지 결코 멈추는 일이 없었다. 그런 성격은 적어도 세종 자신을 만들어내는데 충실하게 작용했다. 세종 스스로 한 번 보면 모든 걸 외운다고 말한 적이 있었고, 수많은 신하들의 이름, 내력, 가문 등등을 모두 외워두어 설령 몇 년 보지 못했더라도 한 번 보면 곧장 기억해냈다고 한다. 하지만 머리가 좋은 것 외에도 세종 본인이 끊임없이 노력하고 배웠던 것을 되살리는 인내와 끈기에 힘입은 바가 컸다.

세종은 스스로 말하기를, 한 번 잡은 책은 100번씩 읽었다고 했다. 설령 《좌전(左傳)》과 《초사(楚辭)》 같이 어렵고 복잡한 내용의 책이라고 해도 그렇게 많이 읽는다면 외우지 못할 일이 없었을 것이다. 명문장으로 유명했던 윤회(尹淮)가 '고작' 30번 읽고 모든 책을 외웠다는 것에 비하면 세종은 굉장히 성실한 노력파였다.

세종이 아직 세자가 아닌 충녕대군이었을 때 병이 났지만 계속 책을 읽자, 태종이 걱정한 나머지 환관들을 시켜 책들을 모두 빼앗아버렸다는 일화는 잘 알려져 있다. 이때 유일하게 《구소수간(歐蘇手簡)》

이라는 책이 남아 있어, 세종은 이 책을 보물처럼 아껴 읽었다는 이야기가 전한다(세종 5년 12월 23일). 《구소수간》은 본디 구양수와 소동파의 편지 모음집인데, 구양수는 중국의 역사서인 《신당서》의 저자이자 고려에 좋은 책을 건네줘서는 안 된다는 고약한 발언을 했던 사람이고, 소동파는 〈적벽부(赤壁賦)〉를 지은 시인이자 미식가로 중국요리 동파육의 유래가 된 사람이기도 하다. 기실 그 사람들의 편지모음이라니 특별히 재미가 있을 것 같지도 않다. 하지만 세종은 아픈 몸을 이끌면서도 열심히 그 책을 읽었다니, 어쩌면 활자중독증이 아니었을까.

이 이야기가 후대에도 길이 전해지는 미담이 된 것은 사실인데, 한 가지 재미있는 점은 세종이 이 책을 몇 번이나 읽었느냐는 것이 시대에 따라 조금씩 달라진다는 사실이다. 세종은 일찍이 대제학 벼슬을 지낸 윤형(尹炯)과 대화를 하면서, 자신이 《구소수간》을 30번밖에 안 읽었다고 밝히고 있다(단종 1년 6월 13일). 그런데 명종 때에는 세종이 《구소수간》을 1,000번이나 읽었다는 전설로 바뀌었다. 야담들을 모아둔 《해동야언》에서는 한술 더 떠서 병을 앓던 충녕대군이 병풍 사이에 우연히 남아 있던 《구소수간》을 찾아내어, 이 책만을 1,100번을 읽었다는 말이 전한다. 시대가 흐르면 흐를수록 상황은 더욱 드라마틱하게 바뀌고, 읽었던 숫자가 부풀려지고 있다. 하지만 정말 몇 번이나 읽었을까, 라는 질문은 속되다. 책은 한 권이라고 해도 성실하게 읽기 어려운 법이고, 읽은 횟수가 천 번이든 삼십 번이든 세종의 업적에 누가 되지는 않을 것이다. 다만 조금 과장될 뿐이다.

아무튼 세종은 스스로 회고한 바에 따르면, 밥을 먹으면서도 책을 읽었고, 궁정에 있더라도 한가로이 지내는 적이 없었다고 할 만큼 일을 찾아서 하고 공부 자체를 즐기는 사람이었다. 스스로 잘난 척하는 이야기라고 하자니, 이후 세종이 평생 공부하고 연구하였다는 것을 생각하면 그저 꾸며낸 이야기만은 아닌 듯하다.

어떻게 보면 충녕대군은 왕가 별종이었다. 할아버지 태조 이성계는 물론이요, 아버지 태종까지도 모두 무가(武家)의 출신으로 글보다는 무예에 탁월한 재능을 보였고, 몇 대에 걸쳐 함경도를 활동무대로 삼아 말을 달렸던 집안이었다. 물론 태조도 책 읽기를 좋아했다고 하고, 태종 역시 젊은 시절 과거에 급제한 경력도 있었다. 하지만 충녕대군은 공부를 좋아하되, 반대로 몸 움직이는 것을 싫어했다. 실제로 세종이 즉위한 뒤, 상왕인 태종이 사냥을 권하면서 이렇게 말할 정도였다.

"주상은 사냥을 좋아하지 않으시나, 몸이 비중(肥重)하시니 때때로 밖에서 놀아 몸을 존절히 하셔야 하겠으며, 또 문과 무에 어느 하나를 편벽될 수 없으니, 장차 주상과 더불어 무사(武事)를 강습해야겠다."

그렇게 본다면 세종은 게으른 사람이 아니었을까 하는 오해가 들 수도 있지만, 그렇게 많은 책을 읽고 공부를 하려면 밖으로 쏘다니기보다 방 안에 틀어박히는 것도 자연스러운 결과였다. 그리고 젊었을 때나 훗날 왕으로 즉위한 이후로나 세종의 성품은 침착하고 과묵했다. 학식은 물론 열의까지도 웬만한 신하들을 능가했으며, 무엇보다도 잠을 줄여 책을 읽고 업무를 보았을 정도로 성실했다. 하지만 이러한 세종의 장점들은 양녕대군이 엇나간 뒤, 그리고 즉위하고 나서야 드러난 것들이고, 그 이전까지는 그저 글공부 좀 열심히 하는 별난 왕족이었을 가능성이 크다.

태종이 그를 선택했다는 점에서, 세종은 곧잘 행운아처럼 여겨질 수도 있다. 하지만 양녕을 폐하고 다음의 세자로 충녕대군을 선택했을 때 그 선택을 받아들인 사람이 세종이라는 사실을 잊어서는 안 된다. 셋째아들인 세종은 부모의 기대를 받지 못했지만 아무도 칭찬해주지 않는 일을, 아무도 관심을 가져주지 않을 일을 스스로 선택했다. 만약 왕족으로서의 안온한 삶에 만족했다면, 혹은 양녕대군이 비뚤어지지 않았더라면, 충녕대군은 학문을 좋아하고 예술에 조예가 깊은 왕족으로서 일생을 마쳤을지도 모르며, 원래 그래야만 했다.

하지만 충녕대군은 이 같은 사실에 절망하거나 나태해지는 대신 노력했다. 그러한 그의 모습은 차츰 무너져가는 큰형 양녕의 행실과 비교되어 더욱 빛났으며, 결국 유교국가의 원칙이나 다름없는 적자계승원칙을 깨고 첫째와 둘째 형을 제치고 왕위를 계승하게 되었다. 타고난 재능과 노력, 그리고 본인의 의지를 합하여 세종은 현실에 절망하거나, 혹은 무력으로 야심을 성취하지 않고 자신이 가장 잘 할 수 있는 일을 찾아냈다. 빼어난 학식을 아버지에게 자랑하고, 엇나가는 형을 야단칠 수 있었던 충녕대군의 마음속에는 큰형보다도, 작은형보다도 빼어나고 훌륭한 아들이 될 수 있다는 자신감과 긍지가 깔려 있지 않았을까?

때문에 나라의 세자라는 무거운 짐이 갑자기 어깨 위에 놓였을 때도 망설이지 않고, 방황하지도 않았다. 이처럼 각박한 현실에 굽히지 않고 긍정적으로 스스로의 길을 찾아냈던 것이 세종의 능력이었다. 결국 셋째일 뿐이었던 충녕대군은 오히려 큰형보다도 뛰어난 왕재임을 아버지와 신하들에게 납득시킬 수 있었다. 더하여 이후 수십 년간 조선의 관리들은 부지런한 일벌레 임금 밑에서 감히 농땡이 피울 틈 없이 열심히 일했으며, 마침내 조선이라는 나라가 만들어졌다.

양녕대군과 효령대군
두 사람의 형

세종이라는 인물이 만들어지는 동안, 중요한 기여를 했던 인물로 형제들을 빼놓을 수 없다. 태종의 아들들은 참으로 개성이 만발한 이들이었다.

이들 형제의 어린 시절에서 가장 잘 알려진 이야기는 공부를 좋아하는 충녕과 그렇지 않았던 양녕이다. 충녕대군은 태종이 건강을 상할까 걱정이 되어 일부러 책을 치웠을 정도로 지독한 책벌레였다. 하지만 양녕은 공부에 소홀했고,《대학연의》의 공부에도 몇 년이 걸렸으며, 매번 수업을 빼먹고 사냥을 다녔다고 했다.

그런데 태조 이성계는 물론, 그의 아버지 이자춘 역시 무장이었고, 그 윗대의 조상들도 대대로 칼을 잡고 싸워왔던 장수였다. 태종도 무장으로 더 유명했고, 세자 시절은 물론 왕이 되어서도 사냥을 굉장히 좋아했다. 바꿔 말하면 이렇듯 철두철미한 무골가문에서 글을 좋아했던 세종이 돌연변이였지, 양녕은 오히려 가문의 전통을 제대로 이은 자식이었다고 할 수 있겠다.

훗날 태종은 자신이 젊었을 적에 놀기만 하고 배운 게 없어 거동에 절도가 없었다고 회고했다(태종 5년 10월 21일). 즉 과거에 급제한 이후로 공부에 소홀했다는 것이다. 사실 고려-조선 교체기의 격동을 몸소 헤쳐나간 이방원이었으니, 마음 놓고 공부할 겨를도 없긴 했다. 결국 태종 역시 무반가문 출신이라는 콤플렉스에서 완전히 벗어날 수 없었고, 대신 자식이자 다음 대의 왕이 공부를 잘 하고 지성을 갖춘 군주가 되기를 바랐다.

그래서 태종은 일찍부터 양녕대군의 교육에 굉장한 공을 들였는데, 그야말로 치맛바람이 따로 없을 정도였다. 태종은 당시 조선 최고의 학자들을 세자의 스승으로 두었다. 그리고 몇 번이나 세자 주변의 환관들을 야단치고 꾸짖으면서, 심지어 서연(書筵, 왕세자에게 경서를 강론하던 자리)에서 세자의 교육방침을 직접 정하기까지 했고, 쉽게 읽을 수 있는 간략교재를 따로 만들게 할 정도였다. 이때 세자가 공부에 흥미를 잃지 않도록 재미있고 어렵지 않게 공부할 수 있게 한다는 교육방안을 조선 중신들과 함께 의논했으니, 나라를 위해서라고는 하나 참으로 지극한 부정이었다.

목적을 위해 아버지를 실각시키고 동생마저 죽게 만든 비정한 태종도 자기자식이 못내 귀여워 어쩔줄 모르는 고슴도치 아버지였다. 태종은 양녕대군이 공부를 싫어하는 것을 걱정하면서도, 또 한편으로는 자신을 닮았다며 대견해하기도 했다. 실제로 세자가 활쏘기와 말달리기를 배우지 않아도 능숙하다며(태종 12년 9월 18일) 은근슬쩍 아들 자랑을 하기도 했다.

그런데 공부를 좋아하지 않았다고 하여 양녕대군의 머리가 나쁜 것은 아니었다. 태종 13년 9월 9일, 태종은 유성, 진주, 계룡산 등 지방순행을 나서며, 세자가 공부를 열심히 하고 행실을 고친 다음에 만나보겠다는 말을 남겼다. 여기에 자극을 받은 양녕대군은 아버지를 만나겠다는 일념에 《대학연의》를 한 달 만에 끝냈다(태종 13년 10월 7일). 이에 시학관(侍學官)과 조관(朝官)은 기뻐하는 동시에 탄식하였다.

"진작 이렇게 했더라면 어째서 이 책을 떼는 데 6년이나 걸렸겠습니까."

결국 양녕은 너무나 전형적인, 머리는 좋은데 게을러서 공부를 안하는 타입이었다.

하지만 양녕대군의 가장 큰 문제는 게으름보다는 급한 기질이었다. 태종은 인내심이 강하면서 필요에 따라 자신을 굽힐 수 있는 사람이었고, 세종은 의지가 굳고 참을성이야 조선왕조의 어느 임금들과 비교해도 상위권에 들 사람이었다. 하지만 양녕대군은 급한 성미로 욱하고 밀고 나가 일단 사고를 쳤다. 혈기왕성한 젊은 시절은 물론이거니와, 세종이 즉위한 이후로도 무던히 굵직한 사건을 벌였다. 굳이 왕족이 아니라 해도 말썽 많은 자식이었으며, 이상할 정도로 철이 없던 인물이었다. 특히 세종에게 절연하자고 떼를 쓰거나, 아버지 태종의 상 중에 사냥을 다니는 등 여러 기행을 펼쳤다.

세종실록 내 기재된 양녕의 기록들을 보면, 끊임없이 사고를 치고, 그 사고를 세종이 수습하기 위해 진땀을 흘리는 것의 연속이다. 그나마 젊었을 때, 그러니까 세자 시절에는 후회하고 뉘우치고 태종에게 용서를 빌었지만, 세종에게는 뻣뻣하게 나서면서 작정한 것처럼 사고를 쳤다. 양녕이 사실은 총명했지만, 왕이 되지 않기 위해 일부러 나쁜 짓을 하고 다녔다는 이야기는 여기에서 나왔을 것이다.

만약 왕자의 난과 같은 내란이나 몽골 혹은 명나라의 침입 등 전쟁이 수십 년 더 지속되었다면, 양녕대군은 아버지 태종의 오른팔로 성장하여 전장에서 맹활약했을지도 모른다. 하지만 그것은 어디까지나 가정일 뿐이고, 그때의 조선은 활 잘 쏘는 창업의 영웅보다도 조선의 기틀을 닦을 수성의 행정가를 필요로 했다. 시대를 잘못 타고난 것, 그것이 양녕의 가장 큰 불행이었다.

한편 둘째인 효령대군은 형제 중에서 가장 존재감이 없다 해도 과언이 아니다. 그래도 몇 가지 야사가 전하는데, 가장 유명한 이야기는 세자 자리를 마음에 둔 효령이 공부하는 시늉을 하자, 양녕대군이 찾아와 책을 발로 걷어차며 말했다는 것이다.

"어리석구나, 충녕에게 성덕이 있는 걸 모르느냐."

이에 효령은 비로소 깨우치고 절간에 들어가 북이 늘어질 때까지 맨주먹으로 두들겼다고 한다. 이로써 첫째 형과 둘째 형이 모두 셋째의 현명함을 알고, 일부러 왕위를 양보했다는 미담이 완성된 것이다.

딱히 이런 이야기가 새빨간 거짓말이라는 것은 아니다. 다만 실제의 효령은 어떠했을까. 나이는 세종의 한 살 위이니, 연년생이었다. 양녕이나 충녕과 마찬가지로, 효령의 어린 시절 이야기는 전하지 않는다. 다만 양녕대군은 세자 시절 사고를 칠 때 자주 둘째의 이름을 갖다 대곤 했다. 맘에 드는 기생을 부를 때 "효령대군이 부른다."(태종 17년 2월 15일)라고 둘러대거나, 공부를 안 하고 거문고를 탄다고 스승 이래가 꾸짖자, 그 거문고는 효령대군의 것을 빌린 것이니 돌려보내 겠다(태종 11년 10월 17일)고도 했다. 좋게 말하면 효령대군이 친근했던 것이고, 나쁘게 말한다면 만만했던 것이리라.

아무튼 양녕대군이 세자 자리에서 폐해지고 충녕이 책봉되었다고 는 말하지만, 이는 효령대군 역시 세자 경쟁에서 밀려났다는 것을 뜻 한다.

순서대로 본다면 당연히 둘째인 효령대군의 순위가 높다. 어째서 효령대군이 아니라 충녕대군이 선택되었을까? 태종으로서도 이 문 제를 고심했던 것 같다. 새로운 세자를 선택하면서 태종은 효령대군 이 왕으로 적합하지 않은 결점을 몇 가지 거론했는데, 그중 하나는 술을 전혀 마시지 못한다는 것이다. 의외의 사실 같지만, 중국의 사 신이라도 온다면 잔치의 주인으로 임금도 술을 마셔야 한다는 것이 태종의 주장이었다. 양녕이야 절간에까지 술을 가져올 정도로 유명 한 술고래였으며, 세종은 아버지 태종이 직접 밝힌 바에 따르면 보통 4~5잔이 주량이었던 것 같다. 사실 음주의 여부와 왕의 능력을 결부 시키는 것은 아무래도 억지이다. 결국 둘째를 제치고 셋째를 세자로 책봉하기 위해 어쩔 수 없이 둘째 효령대군을 깎아내려야 했던 태종 의 고충이 엿보이는 대목이다.

그리 생각하면 말썽꾸러기 형과 잘난 동생에게 치여서 편한 날이 없었을 것도 같지만, 효령대군은 상대적으로 조용한 삶을 지냈다. 세 종이 즉위한 뒤로도, 효령대군은 양녕대군처럼 심각한 문제를 벌이진 않았다. 성품이 온유했던 그는 종실의 대표로 행사를 집행하거나 제사, 행사 등에서 왕을 성실하게 보좌했다. 하지만 효령대군은 주변 사람들의 부탁에 휘둘리는 일이 잦았고, 그의 위세를 믿은 가신과 노비, 하인들이 부정축재를 하는 등(세종 8년 10월 3일, 10년 1월 16일) 문제가 끊이지 않았다. 게다가 효령대군은 불교에 심취했기에, 직접 절에서 수륙재를 지내거나, 강연을 하기도 하여 특히 억불을 주장하는 유학자들에게 많은 비난을 들었다. 하지만 양녕에게 그리했듯 세종은 효령의 일이라면 팔 걷어붙이고 옹호하며 편을 들어주었다.

과연 두 대군이 동생에게 왕위를 넘긴 것이 나라를 생각한 결정이었는지, 혹은 마음부터 우러난 형제애에서 비롯되었는지는 분명하지 않다. 그러나 두 형들은 오래도록 살아 동생이 자신들보다 먼저 세상을 떠나는 것을, 그리고 또 조카가 세상을 떠나는 것을, 조카손자가 왕위에서 쫓겨나고 또 다른 조카가 왕이 되는 과정을 모두 지켜보아야 했다. 형제, 그중에서도 본래 왕위 계승자가 되어야 했던 양녕대군과 세종과의 관계는 긴 이야기가 될 듯하니, 다음 장에서 좀 더 자세히 살펴보도록 하자.

양녕대군 vs 충녕대군
세자 책봉 정책

태종 18년 5월 11일. 당시 세자로 있던 양녕은 궁궐 담을 넘어 놀러가는 등 여러 가지 패악스러운 일을 거듭한데다, 곽선(郭璇)의 첩으로 있던 기생 어리(於里)를 세자전에 들여와 놀아난 일로 태종의 미움을 한껏 받고 있었다. 태종의 명령으로 어리는 궁 밖으로 쫓겨나게 되었지만, 양녕의 장인 김한로가 손을 써서 어리는 다시 궁에 들어가게 되었고, 아이까지 낳았다. 이 사실을 알고 머리끝까지 화가 난 태종은 세자의 장인인 김한로를 의금부에 가두었고, 세자를 홀몸으로 한성으로 돌아가게 했다. 큰아들이자 다음 왕이 될 세자를 혼자 길을 가게 하다니, 얼마나 화가 났기에 그런 무책임한 명령을 내렸을까. 어쨌든 혼자 말을 달려가던 세자는 마침 절에 다녀오던 중인 충녕대군과 길 위에서 마주쳤다.

"어리의 일을 네가 아뢴 게 틀림없다."

화가 잔뜩 난 세자의 외침에 충녕대군은 아무 대답도 하지 않았다.

실록은 더 이상 자세한 상황을 적지 않고 두 사람이 헤어져서 각각

한성, 개성을 향해 갔다는 말만 기재하고 있다. 그렇다면 어째서 양녕은 자신의 잘못을 일러바친 것이 충녕대군이었다고 생각했던 것일까? 무엇보다도 이 사건이 제대로 정리되기는커녕 한층 더 커져서 결국 한 달 뒤인 6월 3일 세자가 폐위되었다는 점을 생각한다면, 더욱 그 이유가 궁금해진다.

이제까지 세자는 자신의 잘못 때문에 태종에게 용서를 빌었고, 한동안 동생들과 열심히 공부를 하는 등 성실한 모습을 보였다. 비록 세자의 품행이 나쁘고 사냥을 좋아하며, 때로 궁궐 담을 넘어 천한 것들과 어울린다곤 해도 이미 책봉된 지 십수 년이 지난 때였다. 약간의 잡음으로 끝날 것처럼 보였지만 이 모든 일이 돌이킬 수 없는 지경에까지 치달은 것은 어리 사건 때문이었다.

세간에는 양녕대군이 충녕대군에게 성군의 기질이 있는 것을 보고 일부러 왕위를 버렸다는 이야기도 있다. 그렇게 생각한다면 양녕대군은 참으로 멋있는 인물이다. 특히 그런 과정을 통해 우리나라 성군의 대표격인 세종이 즉위했다는 것을 생각하면 더욱 그렇다.

그런데 '될 성 싶은 나무는 떡잎부터 알아본다'고 하지만, 세자 자리에서 물러났을 당시 겨우 20대였던 양녕대군이 그만한 사람 보는 눈을 가지고 있었을까? 특히 양녕대군이 수많은 세월에 걸쳐 저지른 사고와 말썽들을 찾아본다면 그게 과연 그의 본심이었을지 믿기 어려워진다. 물론 역사는 승리자들의 기록인 법이니, 세종이 즉위한 뒤 양녕의 평가를 일부러 나쁘게 적었을 것이라는 의견이 있을 수도 있다. 아니, 세종을 위해서도 양녕은 도저히 왕위를 계승할 수 없을 정도로 어리석은 인물이 되어야만 했다. 하지만 이렇게 일관되게, 평생에 걸쳐 지치지도 않고 말썽을 거듭하는 것 역시 재주였다.

앞서 어리의 사건에서 세자(양녕대군)는 자신의 잘못을 아버지 태종에게 일러바친 것을 충녕대군이라 생각하고, 당장이라도 멱살을 잡을 듯이 험악한 분위기마저 조성했다. 만약 왕위를 충녕에게 양보하는 대신 자유로운 삶을 선택한 양녕대군이었다면, 어리 사건 때 오히려 충녕대군의 어깨를 두드리며 "아우님, 이제 거의 다 되었으니 조금만 기다려라."라고 말하지 않았을까?

게다가 진정으로 동생을 왕으로 만들려면, 양녕대군은 살아 있어서는 안 되었다. 양녕대군의 존재 자체가 세종의 왕권은 물론이거니와 조선왕조를 위협하는 존재였고, 이후 수십 년에 걸쳐 신하들이 죽자사자 물고 늘어진 세종의 약점이었다.

그러니 양녕대군이 '일부러' 왕위를 물렀다고 보기에는 무리가 있다. 그러나 아버지 태종만큼이나 동생 세종의 속을 썩여온 철없는 형님 덕분에 이 시대의 역사가 훨씬 더 재미있어진 것은 사실이다.

그렇다면 여기에서 다시 되짚어볼 필요가 있다. 아버지 태종과 두 아들, 양녕과 충녕 사이에 얽힌 복잡한 관계를 말이다. 지금 우리는 역사의 결말을 알고 있다. 때문에 양녕대군이 폐세자가 되고 충녕이 즉위한 것이 참으로 다행한 일이었고, 태종의 탁월한 선택이었다고 생각할 수 있다. 하지만 그 시대에 살았던 사람들에게 세자 교체란 말 그대로 하늘과 땅이 뒤집히는 파천황(破天荒)의 사건이었다. 태종에게는 아마 왕자의 난 이상으로 위험한 승부수를 던진 도박이 아니었을까.

큰아들을 후계자로 세우는 이유는 유교에서의 적장자 계승 원칙도 원칙이지만, 본질적으로 그것이 자연스럽기 때문이다. 가장 첫 번째 태어난 자식이기에 사회생활도 많이 했고, 친구나 원조자를 비롯한 동료도 많이 가지게 된다. 그보다 어린 동생들은 늦게 출발했기에 큰 형보다 준비가 부족해진다. 여기에 유교의 명분이 더해지게 되면, 장남의 기득권은 확고 불변, 누구도 침해할 수 없는 것이 된다. 단적으로 말한다면 조선의 4대 임금의 자리는 양녕대군이 태어나면서부터 가지고 있었던 본연의 자리였다.

양녕은 태종과 원경왕후 민씨 사이에서 태어난 큰아들이었고, 태종의 뒤를 이을 후계자로 일찍부터 내정되어 있었다. 태종 4년 8월 6일, 태종은 당시 8세였던 양녕을 세자로 책봉했다. 그리고 아들의 교육을 조선 최고의 수준으로 내려줄 수 있도록 정성을 기울였다. 즉 태종이 큰아들에게 건 기대는 여느 부모 못지않았고, 오히려 더욱 극진했다.

그래서 태종은 우선 하륜(河崙)과 성석린(成石璘)을 스승으로 삼게 했고, 훗날의 명재상으로 유명한 황희와 글 잘 쓰는 변계량도 세자의 사람으로 삼았다. 그리고 세자의 교육문제를 나라의 중요한 현안으로 다뤄 여러 신하들과 세자를 어떻게 공부시킬지를 논의할 정도였다. 태종 9년 9월 4일에는 세자가 공부를 싫어하니 쉽고 재미있게 배울 수 있는 일종의 대안교과서까지 만들게 했다. 훌륭한 왕으로 키워내기 위해 최고의 스승에 최고의 교육을 모두 챙겨준 것이니 참으로 지극한 부정이었다.

게다가 양녕은 사냥을 좋아하고 무예에도 뛰어나 아버지 태종을 쏙 빼닮은 아들이었다. 자신을 닮은 자식이 사랑스럽지 않은 부모란 없다. 그래서 태종은 황희를 비롯한 신하들이 반대했지만, 세자가 활을 쏘며 기분을 풀 수 있도록 배려해주었고, 이후 몇 번이나 사고를 저지르고 잘못을 했어도 용서하고 또 용서했다.

그에 비한다면 충녕대군은, 그리고 또 다른 아들인 효령대군은 명백한 찬밥신세였다. 태종은 차남과 삼남에게도 스승을 붙여주기는 했다. 하지만 두 명의 대군을 한꺼번에 가르쳤던 스승 이수(李隨)는 태조 5년 때 생원시에서 장원급제하여 성균관에서 공부하고 있었지만, 아직 회시(會試)에는 급제하지 못한 상태였다. 물론 이수의 학식이나 성품이 못났다는 것은 아니지만, 당시 조선 최고의 석학과 행정가들을 곁에 붙여준 양녕에 비한다면, 너무나도 큰 차이였다.

하지만 그것도 어쩔 수 없었다. 당시만 해도 조선 초기였고, 왕자를 비롯한 종실들의 교육제도가 완전하게 마련되지 않았던 터였다. 이것이 한스러웠던지 후에 세종은 자신의 아들들과 친척들을 가르치기 위한 교육체계인 종학(宗學)을 마련해서 공부를 권장하였다. 덕분에 아들들은 모두 성균관에 입학해서 공부했지만, 이것은 나중의 이야기이다.

어쨌든 관심을 받지 않아도 혼자서 잘 장성한 충녕대군은 왕실의 가족으로 사회 활동을 시작하게 되었다. 충녕은 받은 기대도 없고 주어진 것도 없었지만, 그 이상으로 무시무시하게 노력했다. 충녕대군의 자질이 드러나게 된 것, 다시 말해 실록에 충녕대군이 본격적으로 나타나기 시작한 것은 태종 16년경이었다.

이때 세자(양녕대군)는 국정회의, 곧 계사(啓事)에 참여해 국정의 일부를 분담하고 있었지만, 이미 그 훨씬 전부터 엇나가고 있었다. 세자의 잘못은 공부를 싫어한다는 것과 사냥을 좋아한다는 것, 여색을 밝힌다는 것 등등이었다. 하지만 세자의 이런 성정은 엄밀하게 따진다면 아버지인 태종을 닮은 탓이었다. 세자는 궁궐에 사냥개와 매를 들여왔다고 여러 차례 야단을 맞았지만, 태종부터가 엄청난 사냥광이었다. 여자를 좋아한 것도 마찬가지다. 공부문제 역시, 태종이 형제 중 유일하게 고려왕조의 과거에 급제했었으나, 스스로 젊었을 적 놀기만 했다고 회고했다.

태종은 양녕대군에게 한없이 물렀던 것은 아니다. 태종은 세자가 잘못을 저지를 때마다 다그치고, 때로 세자를 엇나가게 한다는 죄목으로 친한 사람들에게 벌을 주거나 심지어 죽이기까지 했다. 양녕도 여러 차례 아버지에게 용서를 빌고, 때로 마음을 잡아 공부하기도 했다. 심지어 종묘에 나가 조상들 앞에서 성실하게 살겠다는 약속까지 했다. 그러나 오래지 않아 또다시 탈선했고, 다시 야단맞고 용서 빌기를 반복했다. 정몽주와 이복동생 및 처남들을 가차 없이 처단하여 나라의 왕이 된 태종이 자식에게만은 속수무책이었으니, 이것은 희극이라고 해야 할까 아니면 그동안 지은 죄의 대가를 여기에서 받는다고 해야 할까. 하지만 태종이 아무리 애를 써도 양녕대군의 천성은 바뀌지 않았다.

"나에게 잘못이 있는 게 아니라, 일러바치는 사람이 있어서이다."

태종 17년 3월 23일, 양녕대군은 이렇게 푸념했다. 그렇게 말썽을 피우고도 자기반성을 하지 않았던 것이다. 아버지 태종과 그토록 많이 닮았던 양녕이 단 하나 물려받지 못했던 게 있다면, 바로 인내심이었다. 다섯째아들로 태어나, 태조와 정도전의 아래에서 절치부심하며 한발 한발 딛고 올라온 태종은 한 순간의 격정을 참아내고 자신을 숙일 줄 알았다. 하지만 태어나자마자 맏이로 모든 혜택이 갖춰졌던 세자 양녕대군은 그것을 배울 수 없었다. 그래서 모든 것을 하고 싶은 대로, 내키는 대로 했으며, 이런 점은 나이 들어서도 변함이 없었다. 기생 어리의 일도 마찬가지였다. 양녕대군은 인내하는 대신 마음 내키는 대로 사고를 쳤고, 자기 잘못을 탓하기보다는 남의 탓으로 미루었다. 누군가가 아버지와 자신의 사이를 이간질한다고 생각했고, 그 사람이 동생 충녕이라고 지목한 것이다.

그렇다면 양녕대군과 충녕대군, 이 두 형제간의 우애는 그렇게 나빴을까? 뜻밖에도 '처음에는' 좋았다. 야사도 아니고 실록에 실린 일화에 이런 것이 있다. 태종 16년 1월 9일, 세자 양녕이 화려한 옷을 차려 입고 주위 사람들에게 물었다.

"내 모습이 어떠냐?"

모두가 멋지다고 입을 모았지만, 충녕대군만은 먼저 마음부터 바로잡은 뒤 모습을 가다듬으라고 통박을 놓았다. 이에 주변 사람들마저 충녕대군의 현명함에 탄복했다고 하는데, 기껏 좋은 옷을 차려입고 폼을 잡던 세자로서는 참으로 기분 잡치는 일이었을 법도 하다. 하지만 이때까지 세자는 연장자로서의 여유를 가지고 충녕대군을 칭찬하기까지 했다.

"충녕의 현명함은 우연한 것이 아닙니다. 나라의 큰일을 함께 의논하겠습니다."

다른 사람도 아닌 어머니 원경왕후에게 이렇게 말했으니, 이 말은 아마도 양녕대군의 진심이었으리라. 하지만 이는 어디까지나 자신이 왕이고, 충녕대군은 신하라는 입장을 바탕으로 해서 나온 말이었다.

세종이 태어난 것은 태조 6년인 1397년이다. 형 양녕대군은 1394년 출생으로 3살 위였고, 효령대군은 1396년에 태어난 연년생 형이었다. 그러니 세자와 충녕대군은 세 살 차이로, 그리 많지도 적지도 않은 나이 차였다. 세자 양녕대군은 충녕대군에게 금슬을 타는 법을 배우기도 했고, 어느 때는 술에 취한 채로 충녕은 보통 사람이 아니라[非常人]고 말하기도 했다(태종 14년 10월 26일). 즉 뛰어난 사람이라는 의미이다. 아무래도 여기에서 양녕대군이 일부러 충녕에게 왕위를 물려주려고 했다는 이야기가 생겨난 듯한데, 정작 태종은 그런 말을 전해 듣고 불편해했다. 예전에는 세자의 자리를 국본(國本)이라고도 했다. 나라의 근본이란 뜻이니 그만큼 중요한 자리였다. 그런데 세자가 왕위 계승의 라이벌이기도 한 동생을 크게 칭찬하다니, 이는 자기 무덤을 자기가 파는 일이나 마찬가지였다.

하지만 시간이 흐를수록 엇나가는 왕위 계승자와 공부 잘하고 성실한 왕자의 대립구도가 사람들의 눈에 띄었다. 때로 세자의 스승과 빈객들은 세자를 자극하려는 심산으로 충녕대군과 비교하며 세자를 야단치기도 했고, 충녕대군은 세자를 쫓아다니며 이것저것 잔소리를 했다. 앞에서 언급한 옷 문제를 비롯해, 할머니인 신의왕후 제삿날 세자가 아랫사람들과 바둑을 두고 있자, 충녕대군은 소인배들과 함부로 어울려서는 안 된다고 말했다. 또 종친의 첩이었던 기생 칠점생을 데려가려는 것도 말렸다. 이렇게 충녕대군이 세자(양녕)를 말린 일이 한두 번이 아니었다고 하니, 알려진 것보다 더 많은 사건이 있었을 것이다.

양녕대군은 잔소리를 무던히 싫어했다. 스승 이래(李來)만 봐도 머리가 아프다고 토로할 정도였고, 마찬가지로 충녕대군의 잔소리는 노골적으로 싫어했다. 그렇다고 자신의 행실을 고친 건 아니었지만.

그런데 상황이 점점 바뀌기 시작한다. 세자는 계속해서 여자문제를 일으키고 천한 사람들과 놀았지만, 충녕대군은 모범적인 생활과 뛰어난 학식으로 태종에게 거듭 칭찬을 받았다. 태종 16년 4월 18일, 태종은 상왕이던 정종과 함께 경복궁의 경회루에서 연회를 베풀었다. 이런저런 이야기가 오가던 중 충녕대군이 《서경》을 인용해 말하자, 태종은 감탄하고는 곁의 세자를 돌아보았다.

"네 학문은 어째서 저만 못하냐?"

일가친척이 모두 모이고, 신하들마저 있는 앞에서 형제와 비교해서 망신을 줬으니, 이야기를 들은 세자의 표정이 밝지만은 않았을 것이다. 이때만은 왠지 양녕대군에게 동정심이 느껴지지만, 어쨌든 마냥 어리게만 보았던 동생이 자신을 치고 올라오는 것에 양녕이 위협을 느끼지 않았을 리가 없다. 앞서 경회루 연회가 있기 두 달 전인 태종 16년 2월 9일, 태종이 세자와 함께 사람들을 품평하던 와중 충녕대군의 이야기가 나왔다.

"충녕은 용맹하지 못합니다."

세자의 평가에 태종은 수긍했지만, 동시에 대의를 함께 의논할 것은 충녕 만한 인재가 없다고 했다. 태종 16년, 정확히는 양녕대군이 폐세자되기 2년 전부터, 충녕대군은 이미 왕세자와 맞먹는 왕재로 주목받았다는 말이다. 그렇다면 세자가 한 말도 단순히 품평이 아니라, 경계를 하고 있던 것은 아닐까. 왜냐하면 용맹, 곧 무(武)의 전문은 세자였기 때문이다.

그렇다면 태어난 이후로 내내 부모의 사랑을 독차지해왔고, 사람들의 관심을 받았던 첫째 형과 비슷한 위치로 떠오른 이때, 충녕의 마음은 어떠했을까?

그리고 어째서 충녕대군은 세자에게 잔소리를 했을까? 누가 보아도 세자의 탈선은 확연한 것이었고, 몇 번이나 야단을 치고 처벌을 받으면서도 나쁜 버릇은 고쳐지지 않았다. 충녕대군은 자신의 곧바른 성품 때문에 엇나가는 형을 보고 있을 수 없었던 것은 아닐까.

그런데 왕으로 즉위한 이후, 세종의 태도는 완전히 바뀌었다. 이제는 양녕대군의 탈선을 못 본 척하고 오히려 적극적으로 감싸준 것이다. 세종 1년 2월, 세종이 사냥을 나가 양녕대군을 초대하자, 양녕대군은 기뻐하며 이렇게 말했다.

"나에게 항상 이리했다면 내가 왜 도망 다녔겠습니까."

이후 평생을 이어간 양녕과 세종의 우애는 역사적으로도 유명하지만, 양녕대군이 세자였을 때와 왕으로도 즉위한 뒤의 세종의 태도는 달라도 너무 다르다. 어쩌면 충녕대군은 잔소리를 통해 형인 세자의 권위에 도전한 것은 아니었을까?

그렇다면 잠깐 충녕대군의 입장에서 생각해보자. 정말로 아무런 욕심이 없었을까? 충녕대군도 왕의 아들이었다. 고려 말의 혼란기를 돌파하고 스스로를 왕으로 만든 태종과 여장부 원경왕후의 자식이었다. 비뚤어진 형과 자신의 뛰어난 능력. 하지만 셋째아들이라는 이유만으로 모두에게 관심을 받지 못했으며 몸을 숙이고 잠잠히 살아야 했다. 이대로 셋째 왕자의 위치에서 편안하고 걱정 없지만 무기력한 생을 살아갈 것인가? 충녕대군이 내린 결정은 '현실에 만족할 수 없다'는 것이 틀림없다. 그렇기에 알아주는 사람 없어도, 기대하는 사람 없이도 자신을 갈고 닦아온 것이다.

그래서 훌륭한 스승도 없이 축적된 충녕대군의 학식은 신하와 학자들을 놀라게 할 정도였고, 태종 역시 기뻐했다. 무엇보다도 충녕대군은 무반 출신이라는 집안의 콤플렉스를 완벽하게 벗어난 돌연변이 인재였다.

세종이 잠저 시절 어떤 심정으로 지냈는지를 스스로 말한 적은 없다. 하지만 충녕대군의 마음속 깊이 '나라면 세자보다도 훨씬 더 잘할 수 있다. 내가 세자보다도 뛰어나다'는 생각이 깔려 있었을지도 모르겠다. 하지만 양녕의 왕위 계승은 '적장자가 아니었던' 태종이 못내 원하던 꿈이었고, 무엇보다도 유학을 배웠던 충녕 자신이 가장 잘 알고 있었다. 그러니 원래대로라면 셋째인 충녕대군이 후계자가 될 가능성은 한없이 '0'에 가까웠다.

이때 터진 것이 어리 사건이었다. 태종이 화를 낸 것은 기생첩을 들였다는 이유보다 세자가 자신의 믿음을 또다시 어겼기 때문이었다. 이제까지 양녕은 수많은 첩을 두었고 문제도 벌였지만, 태종은 세자가 마음을 고쳐먹기를 기다리고 또 기대했다. 이와 같은 태종의 극진한 사랑이 오히려 세자를 엇나가게 한 것인지도 모르겠다. 너무 많은 관심, 너무 많은 사랑, 너무 많은 기대. 양녕대군은 여기에 취해 현실을 보지 못하게 되었고, 다음에도 잘못을 고치기는커녕 용서받겠거니 하고 안이하게 생각한 게 아니었을까. 그렇지 못했던 충녕대군이, 그리고 오래전의 태종 자신이 열심히 노력해서 저 밑바닥에서부터 한 걸음 한 걸음 올라섰던 것과는 전혀 달랐다.

그렇다고 해서 태종이 자식을 잘못 키웠다고 단정 짓기도 어렵다.

태종은 자신이 받지 못했던 아버지의 관심과 애정을 세자에게 쏟아 부었던 것이다. 고려 말기, 태종은 아버지를 도우면서 그토록 노력했지만, 태조 이성계는 둘째부인인 신덕왕후 강씨와 그 자식만을 사랑해서 막냇동생 방석을 태자로 삼았고, 태종은 소외당했다. 그 결과가 제1차 왕자의 난이었다. 태종은 이복형제들의 피로 뒤덮인 옥좌 위를 스스로 걸어 올랐다. 하지만 동시에 이런 일이 다시는 벌어지지 않기를 바랐을 것이다. 단순히 군주로서가 아니라, 자식들의 아버지로서도 말이다. 그래서 태종 9년 5월 19일, 태종은 세자 양녕대군을 비롯하여 효령대군, 충녕대군, 그리고 당시 살아 있었던 성녕대군까지 불러 형제끼리 서로 우애 있게 지내라고 눈물을 흘리며 당부하였다.

하지만 그런 아버지의 애정을 저버린 것은 세자 쪽이었다. 어리의 문제가 크게 불거진 뒤, 격노한 태종은 앞서 말한 대로 당시 수도인 개성에 있던 세자를 한성, 곧 지금의 서울로 보냈다. 당시만 해도 세자를 폐한다는 생각보다는 세자에게 머리를 식힐 시간을 주겠다는 의도였던 것으로 보인다. 하지만 세자는 후회하는 대신 환관 박지생(朴枝生)을 통해 아버지에게 그동안 서운하고 답답한 감정을 가득 담은 수서(手書. 친필 편지)를 보냈다.

"전하(殿下)의 시녀(侍女)는 다 궁중(宮中)에 들이는데, 어찌 다 중하게 생각하여 이를 받아들입니까? … 지금에 이르도록 신(臣)의 여러 첩(妾)을 내보내어 곡성(哭聲)이 사방에 이르고 원망이 나라 안에 가득 차니, 어찌 도리어 여러 몸을 구(求)하지 아니하겠습니까? 선

(善)함을 책(責)한다면 이별해야 하고, 이별한다면 상(祥)스럽지 못함이 너무나 클 것인데, 신은 이와 같은 일이 없었던 까닭으로 악기(樂器)의 줄을 끊어 버리는 행동을 차마 할 수가 없었고, 장래 성색(聲色)을 마음대로 할 계책을 오로지 뜻에 따르고 정(情)에 맡겨서 지금에 이르렀습니다. … 전하는 어찌 신이 끝내 크게 효도하리라는 것을 알지 못하십니까? 이 첩(妾) 하나를 금하다가 잃는 것이 많을 것이요, 얻는 것이 적을 것입니다. 어찌하여 잃는 것이 많다고 하느냐 하면, 능히 천만세(千萬世) 자손(子孫)의 첩(妾)을 금지할 수 없으니, 이것은 잃는 것이 많다는 것이요, 첩(妾) 하나를 내보내는 것은 얻는 것이 적다는 것입니다. … 숙빈(淑嬪)이 아이를 가졌는데 일체 죽(粥)도 마시지 아니하니, 하루아침에 변고(變故)라도 생긴다면 보통 일이 아닙니다. 원컨대 이제부터 스스로 새 사람이 되어, 일호(一毫)라도 임금의 마음을 움직이지 아니할 것입니다."

이 편지의 골자를 요약하자면, 아버지인 왕도 첩을 두는데 자신을 어째서 이렇게 핍박하냐는 내용이었다. 틀린 말은 아니다. 태종은 많은 첩들이 있었고, 그만큼 많은 자식을 두었다. 그렇지만 아들이 아버지에게 할 말이 아니었고, 세자가 왕에게 할 말은 더더욱 아니었다. 무엇보다도 태종이 이제까지 세자에게 내렸던 그 많은 애정과 걱정들을 그저 자신을 못살게 군다는 것으로 치부해버리고, 동시에 태종의 여러 잘못들을 들췄으니, 이는 아버지의 가슴에 대못을 박는 편지였다. 게다가 마지막 부분에는 양녕대군의 정처, 곧 세자빈인 숙빈이 걱정으로 밥을 먹지 않는데, 유산하면 어쩌겠냐는 투로 협박까지

해대고 있다.

이제까지 세자의 잘못과 진지하지 못한 사죄를 모두 용서하고 받아들인 태종이었지만, 이 편지를 마지막으로 더 이상 견딜 수 없게 되었다. 태종은 양녕의 편지를 영의정 유정현, 좌의정 박은 등 여러 신하들에게 두루 보이고, 함께 논의한 끝에 폐세자를 결정했다.

만약 양녕대군이 충녕대군에게 왕위를 물려주기 위해 일부러 패악질을 부렸다는 게 사실이라 해도, 아버지의 마음을 이토록 괴롭게 한 것은 지독한 불효였다.

태종 18년 6월 6일, 폐세자의 사실을 알리는 사자를 서울로 보내면서 태종은 목이 메도록 통곡했다. 이것만은 왕도, 정치가도 아닌, 애끓는 부정(父情)에서 나온 눈물이었다. 언제나 굳건했던 아버지의 통곡소리와 함께 세자의 자리에 올라야 했던 충녕대군의 심정 역시 편하지는 않았을 것이다. 그나마 위안이 있다면, 계승자 교체에서 어버이의 눈물이 흘려졌을지언정 피 한 방울 흘려지지 않았다는 것이다. 이것은 세종의 아버지 태종과 그의 아들 세조가 이루지 못했던 일이었다.

이런 과정을 거쳐서 적장자가 아니면서도 아버지의 뒤를 이은 셋째 세종은 형의 실책과 아버지의 결단, 그리고 본인의 노력 덕분에 왕위 계승자로 급속하게 부상했다. 세종을 세자로 올린 것은 태종 본인의 뜻이었다. 아버지이자 왕인 태종은 엇나가는 양녕을 세자로 둘수 없다고 결정했다. 그런데 이 기준은 세종에게도 적용되어 양녕처럼 엇나가거나 잘못된 행동을 한다면, 세종의 자리도 위태로웠을 것이다. 폐세자 양녕을 도성 바깥으로 쫓아내고, 세자 책봉을 한 지 몇 달이 지나지 않아 태종이 세종에게 왕위를 넘긴 것은 적장자가 아니면서 세자로 책봉되었던 세종의 불안한 위치를 염두에 둔 것이리라.

솔직히 세자 책봉 및 즉위 당시 세종의 이미지는 왕족치고는 공부를 열심히 하며 양녕이나 효령보다는 그나마 나은 왕자였고, 태종의 갑작스러운 결정으로 형들을 밀치고 조선의 후계자 자리에 오른 사람 이상은 아니었다. 때문에 즉위한 직후 세종이 의지할 수 있는 명분은 아버지 태종의 선택 외에는 없었다.

태종은 상왕으로 물러앉았다. 그가 과연 무슨 생각을 하고 있는지는 세종조차도 짐작할 수 없었다. 이제 그 자신의 능력을 보이고, 인정받지 않으면 안 되었다.

그럼 여기에서 한 가지 의문이 남는다. 과연 태종은 글공부를 잘했다는 사실만으로 충녕대군을 세자로 책봉한 것일까? 하지만 글을 읽고 외우는 것만으로 훌륭한 군주가 될 수는 없다. 이는 조선 건국 직후의 아수라장을 거친 태종 스스로가 잘 알고 있었을 것이다. 충녕대군의 어디가 미더웠던 것일까? 부모가 자식을 과대평가하는 것이야 흔한 일이지만, 이미 태종은 후계자였던 양녕을 세자 자리에서 단호하게 내쳤고, 다음 순서인 효령대군을 고르지도 않았다. 그렇다면 과연 충녕대군은 후계자로 합당할까?

세종대왕이라는 이름을 너무나도 잘 알고 있는 우리에게는 당연하게 여겨진다. 하지만 당시 조선에게 있어 세자로 책봉된 지 15년이나 되었던 양녕대군을 폐위하고 충녕대군을 세자로 삼은 것은 굉장히 파격적인 결정이었다. 더구나 양녕과는 달리 후계자 교육을 전혀 받지 못했던 충녕대군은 세자로 책봉된 지 겨우 두 달 만에 왕위에 올랐다. 갑작스레 왕자에서 세자, 세자에서 왕이 되어버린 초고속 계승이었다.

왕위 선위

경복궁의 주인이 바뀌던 날

태종은 특이하면서 재미있는 사람이었다. 그는 속내를 쉽게 드러내지 않았지만, 한편으로는 이웃집 아저씨처럼 사소하고 잡다한 이야기를 늘어놓곤 했다. 어느 때는 아무것도 모르는 듯이 미적거리다가, 호기를 잡는 순간 무시무시한 추진력으로 밀고 나갔다. 음흉한 속내를 보였다가도, 어떤 때는 나이 든 아저씨답지 않게 애교도 부렸다. 하지만 그가 터뜨리는 분노의 대부분은 치밀한 계산 아래에서 나온 것으로, 한때의 공신이나 처남들을 제거하는 데도 눈 하나 깜짝하지 않았다.

태종의 이런 변화무쌍한 성격은 그가 살아간 시대가 왕조 교체기의 격변기라는 것도 크게 작용한 것이겠지만, 생긴 지 얼마 안 된 왕조의 활발한 생명력을 드러내주는 것이기도 하다. 그래서 태종을 모신 신하들도 굉장히 스펙터클한 관직생활을 지냈다. 총애를 받다가 내쫓기기도 했고, 갑작스레 옛날옛적의 일로 화를 당하기도 했으며, 심지어 과거의 장원을 '뽑기'로 뽑았다는 일화도 있다. 태종은 자신의 18년 즉위기간을 돌아보며 '호랑이를 탔다'라고 표현했지만, 사실 그 호랑이는 태종 자신이 아니었을까.

태종은 왕위 계승마저도 박진감 넘치게 진행했다. 물론 아들과 손자들 중에서 누구를 세자로 삼느냐의 문제는 신하들과 심각한 논의를 거친 끝에 (자기 마음대로) 결정하기는 했지만, 왕위를 세자에게 선위하는 것은 이보다 훨씬 급격했다. 실록 중에서도 이 부분은 한편의 소설을 읽는 것처럼 흥미진진하다.

태종 18년 8월 8일, 태종은 전격적으로 왕위를 세종에게 물려줬다. 얼마나 전격적이었냐면, 세종은 옥새를 받기 전까지 그런 일이 생길지 전혀 몰랐을 정도였다.

태종은 왕위를 물려 주기 앞서, 지신사(知申事) 이명덕(李明德), 좌부대언(左副代言) 원숙(元肅), 우부대언(右副代言) 성엄(成揜) 등을 경회루에 불러다놓고 세자에게 선위할 뜻을 밝혔다. 왕이 된 지 18년 동안 자신은 덕이 없었지만 왕이 되었고, 아버지 태조와의 불행한 나날로 왕자리에 있기 괴로웠으며, 그리고 무엇보다 병이 심해지는데 갑작스레 자신에게 일이 생기면 어쩔 도리가 없다는 것이다. 태종이 이런저런 병을 앓은 것은 사실이지만, 그보다는 특히 세종의 약한 명분을 걱정한 듯하다. 만약 자신이 병으로 쓰러지거나 하면, 그 틈을 노려 양녕이나 다른 왕자들이 들고 일어날지도 모른다는 것이다.

"양녕(讓寧)이 비록 지극히 친근해서 변란을 일으킬 의심은 없으나, 어제까지 명분(名分)의 지위에 있다가 이제 이에 폐출(廢黜)되어 외방에 있으니, 어찌 틈을 엿보는 사람이 없겠는가?"

그리고 태종은 중국에 말할 변명까지 준비해놓은 뒤 왕위 계승, 즉 선위(禪位)를 결정했다. 대언들은 반대했지만, 태종의 결심은 굳건했다. 결국 이명덕은 눈물을 흘리며 정부와 육조의 관리들에게 왕위 계승이 있을 거라는 사실을 알렸다. 신하들은 앞다투어 태종에게 달려와 명령을 거둘 것을 청했다. 사실 이전에도 태종이 왕위를 세자(당시는 양녕대군이었지만)에게 물려주겠다고 한 것은 한두 번이 아니었고, 신하들은 그리 심각하게 생각하지 않았을지도 모른다.

그러나 이번만은 상황이 달랐다. 태종은 환관 최한(崔閑)을 시켜 승정원에 말을 전하게 했다.

"오늘 개인(開印)할 일이 있으니, 대보(大寶)를 속히 바쳐라."

대보란 곧 왕이 쓰는 도장이자 국권을 상징하는 것이다. 우리가 알고 있는 옥새를 말한다. 개인이란 도장을 쓴다는 말이지만 왕이 선위를 하겠다는 말을 이미 했으니 이 옥새를 어디에 쓰겠는가. 눈치를 챈 대언(代言)들은 울며 통곡하면서도 옥새를 가져왔고, 영의정 유정현을 필두로 한 관리들은 옥새를 붙들고 바치지 못하게 하며 내선선위를 그만두어 달라고 통곡했다. 태종은 임금의 명령이 있는데 신하가 듣지 않는 게 의리냐며 윽박질렀고, 이명덕은 어쩔 수 없이 옥새를 태종에게 바쳤다.

이때까지 세자, 곧 충녕대군은 어떤 일이 벌어지고 있는지 전혀 몰랐다. 아버지인 태종이 불렀지만 무슨 일로 불렀는지 말이 없었고, 도착해보니 보평전 문 앞에서 신하들이 모여 울고 통곡하고 있었다.

영문을 알 수 없던 세자는 허둥지둥 서쪽에 있던 지게문으로 들어갔다. 안에는 옥새를 가지고 있는 태종이 기다리고 있었다.

"아이야, 이제 옥새를 주겠으니 이걸 받아라."

참으로 이럴 때는 실록이 한자로 쓰였다는 게 한스러워진다. 태종은 허겁지겁 달려온 세자 충녕을 보고 아이야〔兒乎〕라고 불렀다. 그런데 이때 태종은 아기라고 불렀을까, 아들이라고 불렀을까, 애라고 불렀을까. 한 나라의 대권을 주고받는 자리에서, 태종은 아들을 세자라는 딱딱한 명칭으로 부르는 대신 자신의 아이라고 불렀던 것이다. 세상의 여느 아버지가 아들을 부를 때 당연히 그러거늘, 이들은 왕과 세자라는 관계였다. 직책이 있고 체면으로 얽어매여져 있는. 하지만 나라 왕권의 상징인 옥새를 안아들고 태종은 세자를 불렀다. 평범한 아버지가 아들을 부르듯이. 그런데 그런 부름을 한자로는 재미없게 아이(兒)라고만 적었다.

이제까지 누가 옥쇄를 차지하느냐를 놓고 형제들끼리, 때로는 아버지와 아들끼리 피를 흘리며 원망하고 증오해왔었다. 무엇보다도 태종 자신은 이 옥새를 가지기 위해 동생들과 형님마저 제거했던 사람이었다. 그런데 이제 그렇게 받아낸 옥새를 자신의 아이에게 스스럼없이 내어준다는 것이다.

세자는 그 자리에서 엎드렸다. 그리고 일어나지를 못했다. 그동안 셋째아들이라고 해서 아무것도 할 필요 없다고 했었다. 항상 아버지의 관심 밖에 있었고 큰 형이 모든 사랑을 독차지했다. 아버지의 사

랑도, 그리고 나라의 옥새도, 모두 본래는 이 자리에 없는 형 양녕대
군이 가져야 했던 것이다. 그런데 이제는 나이 들어 머리가 하얗게
센 아버지가 황금빛 찬란한 옥새를 들고, 마치 좋은 선물이라도 되는
듯이 자신에게 내밀고 있었다.

　세자는 아버지 앞에 엎드린 채 끝내 자리에서 일어나지 못했다. 태
종은 세자의 소매를 손수 잡아 일으켜서 그 손에 옥새를 들려주었다.
그리고는 이내 안으로 휘적휘적 들어갔다.

　이렇게 왕위 계승은 끝났다. 세자, 아니 세종은 옥새를 받아든 채
어쩔 줄 모르다가, 결국 옥새를 안(案)에다 올려놓은 채 아버지의 뒤
를 따라 내전으로 들어갔다. 드디어 말문이 트였는지, 세종은 거듭해
서 왕위를 사양했다. 그리고 보평전을 둘러싼 신하들의 울음소리는
점점 더 높아졌다.

　하지만 태종의 뜻은 이미 굳어져 있었다. 아직 새로운 세자는 중국
에서 인준을 받지 못했던 처지였다. 신하들이 이를 들어가며 왕위 계
승이 너무 급박하니 결정을 되돌릴 것을 청했지만, 태종은 이미 자신
이 국왕(세종)과 서로 마주 앉았으니 다시 청하지 말라고 했다. 그리
고 임금만 쓸 수 있는 홍양산(紅陽傘)을 세종에게 내려주고, 자신은
홀가분하게 하인들 10여 명을 이끌고 경복궁을 떠나, 연화방(蓮花坊)
에 있던 옛 세자궁(世子宮)으로 옮겨갔다.

　이제 신하들은 다시 세자궁으로 찾아가, 그곳의 뜰에 모여 전위를
취소할 것을 눈물로 호소했다. 세종도 옥새를 받들고 세자궁으로 찾
아가서 왕위를 사양했다. 이러다 보니 시간이 흐르고 흘러 이미 밤이

되었건만, 태종은 자신의 결정을 번복하지 않았다.

"나의 뜻을 유시(諭示)한 것이 이미 두세 번이나 되는데, 어찌 나에게 효도할 것을 생각하지 않고 이같이 어지럽게 구느냐? 내가 만일 신료(臣僚)들의 청을 들어 복위(復位)하려 한다면, 나는 장차 그 죽음을 얻지도 못할 것이다."

그러면서 태종은 두 손을 잡고 북두칠성을 가리키면서, 다시 복위하지 않을 것이라고 맹세했다. 자신이 천지와 종묘의 조상들에게 맹세하고 고했는데, 어떻게 바꾸겠느냐는 것이다. 아버지의 말에 세종은 마침내 당황하고 걱정스러운 나머지, 마침 옆에 있었던 이명덕을 돌아보며 물었다.

"어찌할까?"

얼마나 놀라고 당황했으면, 신하에게 이렇게 물었을까. 물어보는 세종만큼이나 이명덕도 당황해 있었지만, 침착하게 대답했다.

"성상의 뜻이 이미 정하여졌으니, 효도를 다하심이 마땅합니다."

세종은 이명덕에게 옥새를 받들게 하고, 경복궁으로 돌아갔다. 이날 저녁 원경왕후 역시 경복궁을 나와 세자궁으로 옮겨갔다. 궁궐의, 아니 나라의 주인이 이렇게 바뀌게 되었다.

하지만 이는 세종의 승리나 앞으로 펼쳐질 탄탄대로를 의미하는 것은 아니었다. 오히려 새로운 시련의 시작이었다. 처음 조선이라는 나라가 들어선 이래, 아직까지 단 한 번도 적장자가 정식의 절차를 거쳐 즉위하지 못했고 이는 세종도 마찬가지였다.

이른바 '정당한 왕'이 아닌 것이다. 권위도 없을 뿐더러 준비도 되지 않았다. 과연 세종은 훌륭한 군주가 될 것인가. 아버지 태종의 손에 이끌려 곤룡포를 입고 익선관을 쓰고 왕위를 물려받았을 때, 그것을 자신하는 사람들은 얼마나 됐을까. 훗날의 위대한 성군이 되리라고 아무도 기대하지 않았을 만큼 초라한 시작이었다.

세종과 태종
동시대를 다스린 두 사람의 왕

세종이 즉위하게 되면서, 곧장 세종의 시대가 시작된 것은 아니었다. 왜냐하면 상왕인 태종이 버티고 있었기 때문이다. 사실 태조도, 그리고 그 다음의 정종도 모두 상왕으로 물러앉은 전적이 있었으니 태종의 결정이 그렇게 특별한 것은 아니었다. 하지만 세종이 세자로 있었던 기간은 고작 2개월여에 불과했고, 상왕이 되었을 때 태종의 나이는 51세로, 그리 많은 나이는 아니었다. 4년 뒤, 55세로 승하했으니 상왕의 시기는 그리 길지 않았지만, 당시만 하더라도 태종은 충분히 국정을 담당할 수 있을 것으로 믿어졌다. 그래서 태종이 상왕으로 물러앉고 세종이 왕위에 오른 시기는 이른바 두 명의 왕이 통치한 시기라 할 수 있다. 두 사람의 왕이 있으니 정치적으로 대단히 불안할 수 있었으나, 실제로는 그렇지 않았다.

태종은 상왕으로 물러나면서 군사 부문만은 세종이 장년이 될 때까지 자신이 담당하겠다고 선언했다. 하지만 실제로 곧 정치의 대부분도 태종이 장악하고 있었다.

이 시기에 세종은 철두철미하게 태종에게 복종했다. 특별히 날씨가 궂지 않은 이상, 매일같이 아버지 태종에게 문안인사를 드렸으며,

국정의 중요사를 보고했다. 그러니까 국정의 사안들을 자신이 결정하지 않고, 관련 내용을 정리해서 태종에게 보고한 뒤 결정을 받아 이것을 다시 신하들에게 통보하는 형식이었다. 왕이 아니라 비서라고 해도 될 만했다.

그래서인지 세종 즉위 초년은 (후에 세종이 말했던 대로) 세종의 치세라 하기보다는 태종의 시기였고, 따라서 관련 기록은 태종실록에 편입시켜도 될 정도다. 이때 나라의 진정한 왕은 세종이 아니라 상왕 태종이었다. 세종의 이런 무기력함은 심지어 자신의 장인인 심온이 처형당하고, 아내 소헌왕후의 폐위문제가 거론되는 동안에도 마찬가지였다. 매일 같이 사람들이 고문당하고 죽어나가는 시기에도 세종은 경연을 나가거나 문안인사를 드리는 등 별다른 동요 없이 일상 업무를 수행했다.

그것은 본인의 성격 탓도 있겠지만 동시에 피할 수 없는 선택이었다. 즉위한 직후 세종의 주변에 있었던 것은 박은, 유정현, 황희로 대표되는 아버지의 중신들이었던 것이다. 그래서 세종은 아버지가 살아서든 죽어서든 아버지의 것들을 버리거나 급격하게 고치지 않았다. 어찌 보면 답답하기까지 했지만, 그런 덕분에 태종과 세종의 갈등은 나타나지 않았다.

그런데 어째서 태종은 이렇게 빨리 퇴위를 하게 되었을까? 태종은 스스로 풍병을 앓기 때문이라고 말하고 있다. 실록을 본다면 그가 정말로 병을 앓던 것은 사실이지만, 상왕이 된 이후 사방팔방으로 사냥을 하며 쏘다녔다는 기록을 보면 정말 아팠던 것이 맞는지 의문이

든다. 한편 양녕을 제치고 새롭게 세자의 자리에 오른 충녕은 그 자체로 불안한 위치에 있었다. 세자에게 끊임없이 잔소리를 하고 비판을 하던 아랫사람을 이제 윗사람의 자리에 앉혔으니, 기대만큼의 능력을 발휘할 수 있을지 걱정하는 것은 당연한 일이며, 이에 따른 반대 여론 및 혼란이 얼마든지 생길 수 있었다. 그래서 태종은 고심 끝에 후계자는 세종이라는 사실을 기정사실화하여 초고속으로 왕위를 이양한 것 같다.

왕이 되기 위한 수업의 기간이 짧을 뿐더러, 자신이 꾸릴 정부의 주축을 이룰 사람들이 자신의 사람이 아니었기에 세종은 당연히 태종에게 의지할 수밖에 없었다. 형님들을 제치고 셋째아들로서 즉위하게 된 명분도 문제였지만, 아무리 책을 많이 읽고 공부를 했다고 해도 이론과 정치와 행정을 실제로 운영하는 것은 하늘과 땅 만큼의 차이가 있었다. 그러니 세종은 평생에 걸쳐 정치실력을 쌓아온 태종에게 정치의 실제를 배울 수 있었던 것이다.

더군다나 세종의 초기는 그리 평온하지도 않았다. 왠지 세종이 즉위하는 동시에 펼쳐지는 것은 태평성대요, 풍요로움이 가득할 것도 같지만, 현실은 그와 전혀 달랐다. 국경에서는 왜구와 야인의 문제가 들끓었고, 중국의 무리한 조공요구는 계속되었으며, 심지어 자연재해 역시 거듭되었다.

세종이 처음 즉위한 해, 전례가 없는 지독한 가뭄이 조선에 찾아들었다. 몇 년 뒤에는 한성에 큰 불이 일어나 집 2,500여 채가 불타기도 했다. 그런데 당시에는 왕의 잘못 때문에 날씨가 나쁘거나 비가 오지 않는다는 믿음이 있었다. 실록에는 별다른 기록이 없지만, 세자를 몰아내고 왕이 된 셋째왕자의 나쁜 소문도 없지는 않았을 것이다. 궁궐을 드나드는 사람들이야 양녕의 나쁜 행실과 왕 되기에는 부족하다는 사실을 알았겠지만, 그렇지 않은 사람들은 오랫동안 세자이던 형님을 몰아내고 자기가 왕이 되어버린 못된 동생이라고 생각했을 수도 있지 않을까? 어쨌든 즉위 첫해부터 찾아든 가뭄은 기우제를 몇 번이나 지내도 소용이 없었다. 이렇게 땅이 타들어가고 사람들의 가슴이 타는 가뭄이 계속되니 세종 역시 불안해했다.

"날이 이토록 가무니 어떻게 나라를 다스리란 말인가?"

세종이 이렇게 답답함을 토로할 정도로, 새로운 왕의 시작은 어렵고 힘들었다. 이때 아버지 태종의 존재는 부담인 대신 도움이고 버틸 수 있는 기둥이었다. 태종은 세종을 어루만져 감싸고 보호하는 대신, 앞으로 내세우고 자신은 뒷받침을 해주었다. 그 대신 세종이 명령을 내렸다가 상왕(태종)의 반대에 부딪혀 철회한 적도 있었다.

태종과 세종 사이의 힘의 차이를 명백하게 결정했던 계기는 즉위 직후 있은 심온의 처형이었다. 세종이 태종의 간섭과 힘에 반발하지 않고 순종했던 것은 바로 자신의 약점을 누구보다도 잘 알고 있었기 때문이었다. 세종에게의 명분은 오로지 태종뿐이었다. 그리고 부정할 수 없는 사실은, 세종은 아직 왕으로서는 성숙하지 못했던 것이다.

새로운 왕 세종의 서투름과 노년에 접어든 태종의 노련함을 가장 여실하게 보여주는 사건이 바로 대마도 정벌이다. 왜구는 이미 고려 시대부터 큰 문제였으며, 태종의 시기는 물론 세종 시대까지 그 피해 가 심각했다.

세종 1년 5월 14일, 세종은 각 도와 포구에 병선이 있지만 그 숫자 가 많지 않고 방비마저 허술해서 대항하지도 못하는 형편이니 병선 을 두는 것을 폐지하고 육지만을 지키자고 했다. 그러나 이종무나 정 역 등 참여한 사람들은 바다가 삼면을 두른 나라에서 배가 없어서는 안 된다는 사실을 공통되게 말해 젊은 왕에게 해군의 중요성을 주지 시켰다.

같은 날, 태종은 대마도 정벌을 결정하고 신하들에게 방책을 의논 하게 했다. 태종은 자신이 물러나기 전에 골칫거리인 왜구들을 정리 하려는 의도가 있었고, 또 세종에게 전쟁이라는 가장 크고 어려운 국 난을 간접적으로 경험해보게 하려는 의도도 있었던 것 같다. 또 한 가지 젊은 시절 고려의 장군으로 왜구를 토벌했던 태종의 아버지 태 조의 경력도 이 결정에 간접적으로 영향을 끼쳤다. 아버지가 성공했 던 왜구 정벌을 시행한다. 태종의 마음 한 구석에는 이런 생각이 있 었던 건지도 모른다. 그래서 전쟁의 발안은 태종이 하였고, 삼도통제 사인 이종무가 중심이 되어 시행되었다.

대마도 정벌은 비록 승리하기는 했지만, 그렇게 영광스러운 승리 를 일궈낸 전쟁은 아니었다. 출병의 과정도 이런저런 실수투성이였 다. 조선 정벌군은 바람의 방향이 나쁜 탓에 같은 선로를 오락가락하 기도 하고, 복병의 습격을 받아 일단의 군대들이 전멸하기도 했다. 60일 어치를 가져온 군량은 다 쓰지도 못하고 돌아왔다.

이러한 문제점들이 있었지만, 대마도 정벌이 아무 소용없었다고 판단하는 것은 성급하다. 경상도나 전라도는 물론, 충청도 내륙이나 서해의 백령도까지도 왜구의 피해를 입는 일이 흔했고, 많은 백성들이 죽거나 잡혀서 노예가 되곤 했다. 왜구들은 본래 크지 않은 작은 규모이고, 그 대신 군데군데 널리 흩어져 있는 터라 완전히 뿌리를 뽑고 피해를 근절시키기란 대단히 어려운 일이었다. 대마도 정벌은 이러한 해적들의 주요 근거지였던 대마도를 공격하여, 조선이 군사 정벌을 강행할 수도 있다는 사실을 국제적으로 보여주는 데 의의가 있었다.

그리고 무엇보다도 태종은 세종이 다스리고 있던 와중, 전쟁 동원의 훈련을 시킨 것이기도 했다. 오래전 세자였던 양녕대군이 충녕을 "용맹하지 않다."고 했던 것처럼, 세종은 군사문제에서는 확실히 약했다. 태종의 대마도 정벌이 긴급하게 시행되었던 것도, 이 문제에 우려를 느낀 탓도 있었을 것이다.

대마도 정벌은 비록 세종대에 있었다고는 하지만, 대다수가 태종의 업적으로 치고 있는 조선 초기의 군사 업적 중 하나이다. 이후 조선이 외국에게 적극적인 공격을 주도한 일은 드물었다. 더구나 대마도와 간도, 함경도 등 외국과의 국경분쟁이 일어났을 때, 조선은 이것을 공격하여 차지하는 대신 차라리 그 영토를 포기하는 정책을 시행했다.

어쨌든 대마도 정벌의 중요한 점은 그때까지 인턴 왕 노릇을 하고 있던 세종에게 귀중한 전쟁 경험이었다는 것이다. 전쟁의 동원 및 진군 계획을 짜고, 장수를 임명하고, 군사를 부리며 보급을 하는 것들은 책에 나와 있는 대로만 굴러가지 않는 현실적 문제였다. 이런 일들은 경험해보지 않는 한 알 수 없는 것들이며, 세종은 이 기회를 놓치지 않았다.

이후 세종은 해군 육성책을 적극적으로 시행하고, 조선 시대의 무술 훈련인 강무(講武)를 중시해서 몸소 나갈 정도였으며, 때로 스파르타식 훈련도 서슴지 않았다. 물론 세종은 뛰어난 전략가나 정복자는 아니었다. 군사를 움직이는 것에도 고민이 많았고 조심스러웠으며, 저 드넓은 만주 벌판을 말로 달려 영토를 크게 넓히는 일을 하지도 않았다. 그래도 야인 토벌과 4군6진 개척이라는 성과를 일궈내기까지 했으니, 이 정도면 세종은 자신의 약점인 무(武) 분야를 성공적으로 보완했다고 할 수 있을 것이다.

그런데 언제나 순종했던 세종이 아버지 태종에게 반항을 한 것은 어머니 원경왕후 민씨를 위해서였다. 세종 2년, 원경왕후는 심한 학질에 걸렸다. 56세로 지금 기준으로는 그리 많은 나이는 아닌듯 하지만, 몸이 쇠약하고 병이 특별히 심했다.

세종은 하던 일을 모두 내팽개치고, 어머니의 간병에 온갖 열과 성을 다했다. 직접 음식과 약을 올린 것은 물론이었고, 내시 두 사람만 거느리고 심한 병에 걸려 차츰차츰 쇠해가는 어머니를 모신 채 이곳저곳을 전전하기도 했다. 둔갑술을 쓴다는 승려를 불러오기도 했고, 다른 두 아들 양녕대군과 효령대군이 왔어도 만나게 하지 못하고 손수 간호했을 정도였다. 이렇게 세종이 어머니를 모시고 돌아다닌 것은, 당시 학질이란 병은 이곳저곳 옮겨다녀야 병이 떨어진다고 믿어졌기 때문이다. 미신을 믿지 않는다고 공언했던 세종에게는 조금 뜻밖의 면모라고 하겠는데, 하나밖에 없는 사랑하는 어머니의 병이 낫는다면 무슨 일이든 못했겠는가. 그래서 마침내 온 나라 안에서 왕이간 곳을 아무도 모른다는 초유의 사태까지 벌어졌고, 그동안 복잡하고 까다로운 정무를 아들에게 맡기고 신선놀음을 하고 있던 태종이다시 업무(나라일)에 긴급 투입될 정도였다.

세종은 막냇동생 성녕대군이 병을 앓을 때에도 직접 의서를 읽고치료방법을 찾았을 정도로 의술에 관심을 가지고 있었다. 성녕대군이나 원경왕후는 낫지 못했지만, 가족을 생각하는 세종의 마음만은참으로 지극했다.

자식으로서의 세종에게는 참으로 안 된 일이지만, 정작 어머니 원경왕후가 가장 걱정하고 마음에 두었던 것은 양녕대군과 죽은 성녕대군이었다. 실제로 민씨가 자식들 중에서 가장 곧고 바르게 자라난셋째아들을 사랑하고 아꼈다는 이야기는 단 한마디도 없다. 세종은다른 형제들에게 애정의 순번이 밀렸다는 사실과 그 상실감을 부모에게 적극적으로 효도함으로써 채우려 했던 게 아닐까 하는 생각마저 든다. 죽어가는 원경왕후가 세종에게 어떤 말을 했을지는 궁금하다. 대견하게 자라줬지만 끝내 아무것도 해주지 못한 셋째아들에게고마움을 느꼈을까, 미안함을 느꼈을까.

세종 2년, 마침내 원경왕후는 세상을 떠났다. 남겨진 세종은 눅눅해진 바닥에 앉아 하염없이 어머니를 위해 통곡을 했다. 습기에 찬바닥 때문에 병에 걸릴까 저어한 신하들이 몰래 기름종이를 깔아 두자, 용케 그걸 알아차리고 그걸 걷어버릴 정도였다. 어머니의 죽음에 세종은 그의 생애 중에서 보기 드물 만큼 감정적이 되었고, 또 적극적이 되었다. 태종이 최복(衰服), 즉 상복을 입는 기간을 줄이라고 권유했을 때도 세종은 어머니를 위해서라는 명분으로 고집을 부렸다.

한편 어린 시절부터 오래도록 함께 지내왔던 원경왕후가 세상을 떠났으니 태종도 마음 헛헛하지 않았을 리 없다. 다만 세종이 너무 슬퍼하며 원경왕후의 일만 생각하자, 대신 나라 일을 도맡게 된 태종은 그에 대한 불만이 있었던 것 같다. 이즈음에 세종은 아버지를 비롯한 신하들에게 대응하는 방법을 깨우쳤는지도 모른다. 흔들림 없는 대의명분 앞에서는 웬만한 반대는 무력해진다는 사실을.

그리고 두 왕이 다스리던 시기를 지나, 태종에게서 세종으로의 실제적인 권력 이양은 별 탈 없이 이루어졌다.

상왕이 된 태종은 곧잘 여행을 다니고 사냥을 다녔다. 이렇게 나돌아다니는 태종에게 모든 정치적 문제의 재결을 얻기란 어려운 일이었고, 따라서 차츰 세종이 스스로 해결할 수밖에 없었다. 태종에게서 세종으로의 권력 승계는 느리지만 분명하게 이루어진 것이다. 그리고 세종 3년 6월 즈음에는 병조의 일부 분야를 제외하고 대부분의 정치를 세종이 담당하게 되었다.

아무래도 세간에서는 태종이 놀러다니려고 상왕이 된 것이라는 소문이 돌았던 모양이다. 태종은 이런 말을 듣고 마음에 걸렸는지, 이를 변명하는 말을 남기기도 했다. 하지만 양녕 때문에 걱정하고 눈물마저 흘렸던 태종이 한결 가벼운 마음으로 놀러다닐 수 있었던 것은, 왕으로서의 세종이 그의 기대치를 충족시켰기 때문이 아니었을까.

아무리 왕위를 물려줬다고 해도 세종이 무능했더라면 태종이 그리 마음 편히 다니지는 못했을 것이다. 어쨌든 태종이 세상을 떠나게 되는 세종 4년 즈음에는 왕위의 인수인계가 상당부분 완결되었으며, 세종은 군주로서의 홀로서기를 성공적으로 끝내게 되었다.

세종은 즉위 초기에는 허수아비에 지나지 않았으며, 태종의 비호 아래 있었으나 한편으로는 그 이상으로 아버지를 이용했다. 태종이 승하한 이후, 세종은 곤란한 문제가 있다 싶으면 태종의 명분을 들었다. 신하들의 반대가 있을 법하면 살아생전 태종의 뜻이 이러했으니 그대로 시행하겠다고 말했던 것이다. "이것이야말로 아버지 태종이 원하던 바였고 나는 아버지가 못했던 일을 대신 하는 것뿐이다."라면서. 소헌왕후 심씨의 어머니를 천민 신분에서 풀어주거나, 지방 수령의 임기를 6년으로 늘린 것, 황희를 중용한 일 등에서 그 사실을 엿볼 수 있다.

왕이 되지 못한 형들
양녕대군과 효령대군의 이후

양녕대군이 자신보다 뛰어난 자질을 가진 충녕대군을 위해 스스로 세자 자리에서 물러났다는 것은 정말일까? 하지만 그것을 믿기에는, 양녕대군은 너무도 많은 사람들의 마음에 대못을 박았다. 아버지에게, 어머니에게, 그리고 그의 아내와 장인에게, 그리고 어쩌면 다음의 왕이 될 수 있었던 아들에게. 만약 양녕대군이 참으로 왕위를 충녕대군에게 물려줄 생각이었다면, 그리고 그 일념 하나만으로 평생에 걸쳐 그런 말썽들을 피운 것이라면, 그 강철처럼 굳건한 의지만으로도 훌륭한 임금이 될 수 있었을 것이다.

이렇게 말할 수밖에 없을 정도로 양녕대군의 일생은 온통 사건사고들로 일관되었다. 이전에는 아버지의 속을 썩였다면, 이제는 동생의 속을 썩이면서 말이다. 솔직히 말한다면, 오히려 이런 사고를 쳤기에 양녕대군이 무사히 일생을 보낸 것이기도 했다. 양녕대군은 끊임없이 자신의 무능함을 입증하지 않으면 안 되었다. '저러니까 세종이 대신 왕이 되었다'는 것을 몸소 입증하는 산 표본이 되지 않으면 안 되었던 것이다. 만약 그가 왕위 계승에서 밀려난 데에 따른 억울함을 겉으로 드러낸다면, 그것은 순식간에 역모가 되었다.

양녕대군뿐이 아니다. 왕이 되지 못한 왕자들은 누구나 바보가 되어야 했다. 왕이 된 형제들을 위해서라도 말이다. 그래서인지 성종의 형이었던 월산대군도, 사촌이었던 제안대군도, 광해군의 형이었던 임해군도, 고종의 형이었던 이재면도 하나같이 바보이고 하나같이 모자란 구석이 있었다. 그들이 살아남기 위해서, 그리고 왕의 명분을 세워주기 위해서 바보가 되어야만 했다. 이것이 왕족으로 태어난 데 따른 비극이라면 비극이었다.

그로 인한 죄책감이 있었는지 혹은 대신 왕이 되어서 미안했던 것인지, 세종은 평생에 걸쳐 양녕대군을 감쌌다. 양녕대군이 잘못을 저질렀을 때 야단을 치거나 징계를 하기보다 오히려 적극적으로 감쌌다. 그러다보니 양녕대군이 치는 사고는 나아지기는커녕 오히려 늘어났다.

우선 아버지 태종이 세상을 떠나고 아직 상기를 마치지 않았을 즈음, 양녕대군은 사냥을 나섰다. 아버지가 돌아가셨는데 슬퍼하며 불효를 뉘우치기는커녕 사냥을 나서자 당연히 성토하는 여론이 들끓었다. 또한 사상자가 너무 많이 나와 나라에서 금지했던 석척희(石擲戲)를 종친들과 작당해서 벌이는 바람에 여러 사람이 돌에 맞아 죽기도 했다. 한번은 남의 사냥개를 훔친 일도 있었는데, 그때 세종이 사실을 묻자 양녕은 이렇게 변명했다.

"절대로 그런 일은 없습니다. 어찌 임금을 속이겠습니까?"

세종은 순진하게도 양녕의 말을 고스란히 믿었다. 하지만 나중에 거짓이라는 사실이 밝혀지자, 세종은 깜짝 놀라 피해자에게 보상을 해주었다. 이후로도 양녕대군은 이웃사람들과 술판을 벌이다가 소주를 지나치게 마시게 하여 사람을 죽게 만들었으며, 기생첩을 들이는 등 온갖 구설수를 빚었다. 젊었을 때와 비교해서 나아진 게 하나도 없던 셈이다.

이렇게 끊이지 않고 벌어지는 사고에 세종은 나름 양녕을 추궁하기도 했다. 그러자 양녕은 말했다.

"왕과 신의 사이가 멀어질 것이오."

더 심하게는 "전하와는 영영 이별입니다."라는 편지까지 보냈다. 양녕은 대체 무슨 배짱이었으며, 무슨 생각이었을까? 이것이 연기였다면 아카데미 남우조연상이 부럽지 않은 정도이며, 간이 부은 것이라면 수술을 해도 고치지 못할 증세였다.

이런 말썽들을 굳이 열거하지 않는다 해도, 양녕대군은 세종이 평생 달고 다닌 혹이었다. 왕이 되지 못한 적장자라는 점뿐만이 아니라, 그는 살아 있는 것만으로도 세종에게 위협이었다. 신하들이 양녕대군의 제거를 요구한 것은 나라의 질서를 어지럽힐 수 있는 요인이기 때문이었다. 평상시는 물론이거니와 만약 세종이 갑작스러운 병으로 죽기라도 한다면, 누가 다음의 왕이 되느냐는 문제가 골치아프게 떠오를 수밖에 없다. 그러니 세종이 양녕대군을 살려두었던 것은 그만의 아집이라고 해도 이상하지 않을 정도다. 양녕의 문제에 한해서는 대의명분이 신하들에게 있었고, 신하들은 이를 평생에 걸쳐 물고 늘어졌다.

양녕대군은 형이면서도 왕이 되지 못한 울분을 말썽으로 풀었는지도 모른다. 흔히 야사로 알려져 있지만, 세종실록 28년 4월 23일에 실린 대로, 양녕대군이 회암사 절간에서 사냥한 짐승들을 구워먹으면서, 신성모독에 경악하는 효령대군에게 대꾸한 말은 꽤 유명하다.

"나는 살아서는 국왕(國王)의 형(兄)이 되어 부귀를 누리고, 죽어서는 또한 불자(佛者)의 형(兄)이 되어 보리(菩提)에 오를 터이니, 또한 즐겁지 아니한가."

양녕대군의 현 상황을 드러내는 말치고 이보다 더 분명한 게 또 있을까. 양녕대군도 아주 바보이거나 아주 속없는 사람은 아니었다. 다만 철이 덜 들었고 본능에 따라 행동할 뿐이었다. 이런 행동은 나라의 왕이나 왕족에게는 부적합할지언정, 양녕대군 개인에게는 좋게 작용했다. 스트레스 쌓아두는 일 없이 그때그때 푸는 생활 방식 덕분에 오래 살았으니 말이다. 그래서 양녕은 자신이 폐세자되었을 즈음 젖먹이였던 조카 수양대군이 자라나, 조카손자를 살해하고 왕이 될 때까지도 살았다.

한편 둘째형인 효령대군은 양녕대군과는 또 다른 형태로 세종의 속을 썩였다. 효령대군은 양녕대군에 비하면 훨씬 얌전한 성격이었고, 세자 자리에서 쫓겨나 이곳저곳으로 귀양을 다니던 형과 달리, 세종의 일을 보좌하는 등 많은 도움을 주었다.

흔히 효령대군은 출가해서 스님이 되었다고 알려져 있지만, 속세의 인연을 끊은 것은 아니었고 어디까지나 왕가의 주요 인물로 있었다. 특히 효령대군은 왕실의 혼인에 있어 집안어른의 입장에서 자주 참여했다. 문종도 그렇거니와 조카인 세조의 첫째아들 의경세자(懿敬世子, 후에 덕종으로 추존)의 혼례에서도 중매의 역할을 담당했다. 또 중국에서 온 사신들을 접대하는 것은 물론, 왕가 주최의 주연에서 효령대군은 언제나 종친들의 지휘자가 되었다. 이는 맏형이지만 이미지가 나쁜 양녕대군을 대신했던 것이다.

그런데 문제는 효령대군의 노비들과 자식들이었다. 노비들은 대군의 이름을 빌어 부정축재를 하다가 문제가 되기도 했고, 자식들도 욕심이 많았다. 또한 한 나라의 왕자로서 불교에 심취한 것도 문제였다. 조선 시대라고 해서 어찌 종교의 자유가 없었겠는가. 그래도 유교 중심을 표방한 나라의 왕족으로서 이렇게까지 노골적으로 불교를 신봉하는 것은 개인의 취향으로 넘기기에는 어려운 문제였다.

앞서 회암사에서의 일화에서 양녕대군이 효령대군에게 말했을 때, 덧붙인 한마디가 있었다.

"부처가 만일 영험이 있다면 자네의 오뉴월 이엄(耳掩)은 왜 벗기지 못하는가."

당시 효령대군에게는 병이 있어 사시사철 이엄을 벗지 못했다고 한다. 이엄은 귀를 가리는 방한구로 본래 겨울에나 쓰는 것이지만, 효령대군은 병이 낫질 않아 한 여름에도 털이 달린 이엄을 쓰고 다녔다는 것이다. 하지만 이 이야기는 양녕대군의 호방함 외에도 귓병 하나 낫지 못하게 해주는 부처를 섬기는 효령대군을 비웃는 것이기도 했다. 실제로 '사람들이 이 이야기를 듣고 통쾌하게 여겼다'는 말이 야사집에는 덧붙여져 있다. 그 사람들은 아마 불교의 번성을 싫어하는 유학자들이 아니었을까.

또한 효령대군은 왕족, 그것도 왕의 형이면서도 각종 불교 행사에 몸소 거동하는 것 때문에 구설수에 올랐다. 대규모의 불사나 수륙재(水陸齋) 등을 주도해서 신하들의 입방아에 자주 오르기도 했다. 세종은 미처 몰랐다든가, 효령대군이 마침 병에 걸렸다가 나은 탓에 특별하게 벌인 행사라는 등 갖은 변명으로 작은 형님의 종교생활을 보호해주었다. 하지만 왕권이 한결 더 강력해지고, 더 열성적으로 불교를 옹호했던 세조 시기에는 누구도 효령대군의 불사에 대해 이러쿵저러쿵 입방아를 찧을 수 없었다. 아니, 오히려 효령대군은 기적을 일으킨다고 숭상받기까지 했다.

세조 10년 4월, 효령대군은 회암사에서 법회를 열고 원각경(圓覺經)을 강의했는데, 이때 신비한 일이 벌어졌다. 하늘에서 여래(如來)가 나타나고 신승(神僧)이 단상을 지나다닌 것이다. 이때 눈부신 빛이 흘러나오는 것은 물론 감로도 아닌 감천(甘泉)이 솟아나고 무엇보다 원래 있었던 사리가 불어나 800개가 되었다고 한다. 사리가 불어나는 기적은 후에 세조가 불공을 드릴 때도 나타났다. 이 사실은 《속동문선》의 〈원각사비문(圓覺寺碑文)〉에 적혀 있는 것은 물론, 세조실록에도 간략하게 기록되어 있다. 어쨌든 세조는 둘째 백부가 일으킨 기적에 크게 흡족해 했고, 비슷한 기적이 세조 12년에도 벌어졌다고 한다. 과연 이것이 유교국가를 표방했던 조선의 일이 맞나 싶다.

양녕대군도 동생 세종보다 오래 살았지만, 효령대군은 형제들 중에서 가장 장수했다. 이미 부처에게 모든 것을 맡긴 탓이었을까. 놓쳐버린 왕자리에 욕심도 가지지 않고 그저 왕실의 큰어른 노릇을 하며 살았던 탓인지 효령대군은 90세가 넘도록 살아, 조카손자들보다도 오래 살았다. 하지만 이 두 사람의 형은 오래 산 덕에 보지 않아도 될 것들을 너무도 많이 보고, 또 겪었다.

세조의 정변 이후로 3년이 지난 1457년 10월 18일, 그러니까 단종이 폐위된 이후 다시 세종의 여섯째아들 금성대군이 단종을 복위시키려 시도했을 즈음, 양녕대군과 효령대군은 일부러 자리를 피하면서까지 직접 단종과 금성대군의 처형을 주청했다. 이때 세조는 그냥 술이나 마시는 자리라며 의논을 회피했지만, 결과는 마침내 단종과 금성대군의 주살로 이어졌다. 이들은 두 사람에게 귀여운 손자이고 조카였다. 양녕대군과 효령대군이 무어라 말했는지 분명하게 기록되어 있지 않지만, 바로 이튿날인 19일 양녕대군 등은 물론, 대간들까지 합세해서 처벌을 요구한 것은 사실이다.

"전일에 노산군(魯山君) 및 이유(李瑜) 등의 죄를 청하였으나, 지금에 이르러서도 유윤(兪允. 허락)을 입지 못하였습니다. 청컨대 속히 법대로 처치하소서."

여기에서 노산군이란 바로 상왕이었던 단종이고, 이유는 세조의 동생인 금성대군의 이름이다. 한때는 왕이고 대군이었건만, 이제 한

낯 죄인이 되었다. 그것도 모자라 일가친척들에게 죽여야 한다는 말마저 듣게 되었다.

10월 30일 두 사람은 한술 더 떠 다른 종친들의 의견까지 수렴하여 세종의 서자들인 화의군(和義君), 한남군(漢南君), 영풍군(永豊君)마저 처형해야 한다고 주청했다. 세조는 이번에도 말하였다.

"다시 말하지 말라."

그러나 결국 그들 중 살아난 사람은 아무도 없었다.

동생들과 조카의 처형은 세조 자신이 원한 바였을 것이다. 어차피 단종을 밀어내고 왕으로 즉위한 이상, 자신의 명분과 왕권의 안정을 위해서 단종의 죽음은 피할 수 없는 선택이었다. 따라서 양녕대군과 효령대군은 그저 세조가 생각하고 있되 차마 말하지 못했던 것을 짚어준 것뿐이리라. 그래도 동생에게 왕위를 양보하고, 평생 편하게 노닥거렸으리라는 이미지를 가진 두 사람이 이런 말을 했다는 것은 상당히 충격이다. 어째서 속 좋은 노인네였을 것만 같은 두 사람이 이처럼 비정한 결정을 내리게 되었을까.

양녕과 효령, 이 둘은 왕이 되지 않았다고는 하지만 여전히 왕실의 일원이었다. 그러니 개인의 감정이나 인정보다는 정치와 명분에 따르지 않을 수 없었던 것이다. 세조 역시 동생들을 살려둘 수 없었다. 그러니 세조의 등을 떠밀어가며 조카들을 죽이라고 말할 수 있었으리라. 하지만 두 사람도 결국 인간인데, 동생의 자식들이, 조카들이 차례차례 비명에 죽어가는 것을 보고 무엇을 생각했을까. 슬퍼했을

까? 아니면 안도감에 가슴을 쓸어내렸을까? 때로는 권력을 갖지 않
는 것이, 그리고 오래 살지 않는 것이야말로 행복일지도 모르겠다는
생각이 든다.

2

전문가의 시대

世宗

세종의 업적은 우리들에게 잘 알려진 것보다도, 알려지지 않은 업적들이 더 많다. 세종을 대왕이라고 부르는 데에는 그럴만한 이유가 있다는 소리다. 한글창제나 육진 개척은 세종이 이행했던 많은 일들에 비하면, 굉장히 작은 일부에 지나지 않는다.

시간을 멀리 뒤로 넘겨 영조 29년 1월 9일, 영조는 이렇게 말했다.

"선조조의 인재가 그렇게 성했는데도 지금 사람들은 매양 영묘조(英廟朝)보다 못하다고 하는 것은 무슨 까닭인가?"

여기에서 말한 영묘란, 바로 세종을 일컫는 말이다. 영조의 생각에는 선조대의 뛰어난 인물도 많았는데, 어째서 세종 시대가 더 높게 평가받았는지 궁금해하는 것이다. 하지만 살짝 뒤집어 보면 어째서 자신의 시대에는 이렇게 쓸 만한 사람이 없느냐는 뜻이기도 하다.

그런데 이런 영조의 질문에 신하들은 하늘의 뜻이라서 훌륭한 인재가 때맞춰 나타난 것이라는 한심한 대답을 했다. 이때 이조판서 원경하(元景夏)가 했던 말은 이런 것이었다.

"영묘조는 우리나라의 제일 으뜸가는 문명(文明)의 기회였기 때문에 도덕과 문장의 선비만 배출한 것이 아니라, 예악(禮樂)을 만들고 정비하는 시대라서 백공(百工)의 비상한 기능을 가진 자로 박연(朴堧) 같은 이들도 시대에 응하여 태어났으며, 경쇠[磬]를 만드는 옥이나 율(律)을 만드는 기장[黍]이 역시 시대에 응하여 나오게 된 것입니다."

과연 모든 게 하늘의 운명이었던 걸까. 특히 시대가 어려우면 어려울수록 훌륭했던 과거를 돌아보게 되는 것도 어쩔 수 없다. 과연 세종의 시대는 단순히 운이 좋아서 기라성 같은 인재들이 고구마 덩이줄기처럼 펑펑 쏟아져 나온 것일까?

아무튼 원경하도 말했듯이, 세종의 시대를 조선의 르네상스 시대라고 해도 부족함이 없을 것 같다. 더구나 르네상스에 비해 조선 시대가 한결 나은 것은 당시 최고의 권력자이자 후원자인 세종 자신이 나라와 공익을 위한 대의명분 아래에서 모든 정책을 시행했다는 것이다. 세종은 그 나름의 고집이 있었지만, 동시에 유연한 사고를 가지고 있었고, 허례허식이나 명분보다 현실을 더욱 중요하게 여겼다. 600년 전의 사람이라고 믿어지지 않을 정도로 현대적인 사람이었던 것이다.

세종 시대에 인재들이 그렇게 많이 쏟아질 수 있었던 것은, 그리고 어마어마한 양의 사업이 운영될 수 있었던 것은 단순히 시대를 잘 타고 났다거나 행운만은 아니었다. 세종은 나라에서 가장 높은 사람인 왕이 되었다는 것에 만족하거나 권력에 도취되지 않았다. 그의 관심은 학문, 정치, 군사, 예술에 이르기까지 다양한 분야에 뻗어 있었고, 엄청난 독서로 이런 관심에 살을 붙여 지식으로 만들었다. 그리고 세종은 여기에서 그치지 않고, 이것을 나라의 일에 적용시켜 제도로 정착시키고 실용화하는 데까지 이끌어냈다. 그런 점에서, 그저 군왕의 사소한 취미생활로 그치지 않고 진정으로 뛰어난 행정가로서의 역량을 드러냈다고 할 수 있다.

무엇보다 세종 시대의 진정한 업적은 이제까지 확실히 자기의 것이 없어 고려의 껍데기 속에 살고 있었던 조선에게, 웅장한 집, 바로 전통을 만들어내었다는 데 있다. 정부체계, 제도, 행정, 문자에 이르기까지. 수십 년은커녕 수백 년을 지나도 이루기 어려운 일이 세종의 시대에 이루어졌다.

세종이 일의 효율을 높이기 위해 사용했던 방법은 각 분야의 전문가를 확보하는 것이었다. 세종은 자신이 모든 일을 쥐고 흔드는 대신 전문가를 최대한 활용했다. 정치면 정치, 군사면 군사, 과학, 음악 분야에도 당대 최대의 인재들을 선택해서 실무를 맡겼다. 그리고 이들에게 물질적 원조를 아끼지 않아 마음껏 작업할 수 있게 했다. 즉 프로젝트의 발안은 세종 자신이 시작했지만, 정작 운영 대부분은 실무자에게 맡기고 세종은 훌쩍 뒤로 물러앉아 총감독의 역할을 한 것이다. 만약 결과가 세종이 원하는 것과 다르게 나올지라도, 그것이 중의(衆議)라면 때로 세종은 자기 의견을 굽히기도 했다.

이는 사기 진작은 물론이거니와 작업의 능률을 올리는 데 훌륭한 방법이었고, 결과도 나쁘지 않았다. 그렇다고 모든 일이 그저 편하고 쉽게 이루어진 것만은 아니었다. 전문가가 배치되었다고 하나, 그 실무가 거의 전인미답의 경지인데다가 이제까지 전례가 없는 일이었으니, 담당 실무에 배치된 신하들로서는 그리 좋지만은 않았을 것이다. 왕에게 명령을 받았으니 그저 시키는 대로 해야 했다. 게다가 왕이 철두철미한 완벽주의자인데다가 공부가 취미라 그 담당 분야에서는 어느 정도 지식을 가지고 있었으니, 설렁설렁할 수도 없었다. 이를테면 세종은 금속활자의 제작 과정에 신경을 쓰고 일일이 독려하는 것은 물론, 《자치통감훈의》를 제작할 때 손수 교정교열을 보기도 했다. 왕이 직접, 때로는 아픈 몸을 이끌고 직접 사업에 참여하는데, 어느 누가 감히 농땡이를 부릴 수 있었을까. 결국 세종의 시대는 왕 이하 말단 관리에 이르기까지, 살아 있는 생명체처럼 역동적으로 움직인 때였다.

그리고 신하들을 마음대로 풀어놓는 것 같은 세종의 무서움이 본격적으로 발휘되는 것은 바로 최종결재를 맡는 순간이었다. 만약 조금이라도 어설프거나 부족하다면, 결재를 받을 때 퇴짜 맞기 일쑤였다. 고생스럽게 작업한 일을 몇 번이나 다시 해야 할 때도 있었다. 명령을 내리는 사람이 나라의 왕이다 보니 못하겠다, 안 하겠다는 말은 불가능하다. 그래서 당시의 관리, 공무원들은 쉴 틈 없이 매일 매일을 전력달리기 식으로 일을 해야 했다.

그래도 이 시대의 신하들은 행복했다. 신분이 천하든지, 인간관계가 형편없다든지, 약간의 부정축재를 했다든지 상관없이, 열심히만 하고 능력만 있으면 인정을 받을 수 있었다. 그리고 그런 이유만으로도 왕은 모든 음해와 험담에서 그들을 지켜주었다. 이보다 더 좋은 직업 환경이 또 있었을까. 자신의 전문분야에 의욕이 가득한 마니악한 신하들에게는 최상의 세상이었다. 그래서 세종의 시대가 조선과 우리나라 최대의 전성기로 남을 수 있었던 것이다.

황희
명재상의 진실

세종의 시대를 이야기하면서 빠질 수 없는 사람이 있으니, 바로 황희(黃喜)이다. 세상에 황희 정승을 모르는 사람이 있을까? 어쩐지 황희 정승의 인상을 그리자면, 역시 하얀 수염을 그득하게 기르고 온화하게 웃고 있는 노재상이 떠오른다.

그에게는 재미있는 일화들도 많이 남아 있다. 말 못 듣는 짐승에게도 함부로 나쁜 말을 하지 않는다는 검은 소 누런 소의 이야기도 그렇고, 노비의 아이들이 수염을 잡아당기고 오줌을 싸거나 심지어 자신을 때리면서 장난을 쳐도 화내지 않는 둥글둥글하고 너그러운 할아버지였다고 한다. 뿐만인가. 노비도 하늘의 백성이니 어찌 함부로 부리겠느냐고 말했고, 종들을 함부로 괴롭히거나 때리지 않았으며, 집 뜰의 복숭아(혹은 감)나무의 열매를 아이들이 모두 따 가버려도 화내지 않으며 웃었다는 이야기가 전한다. 또 싸우는 사람들을 중재하며 네 말도 맞고 네 말도 맞다 하자, 대체 누가 맞느냐는 부인의 통박에 부인의 말도 맞다는 이야길 한 것으로도 유명하다.

이 같은 야담이 사실이 아니라고 해도, 황희는 무려 27년을 정승으로 있었고 그중 18년 동안 영의정 자리에 있었다. 이렇게까지 오래 정승의 자리에 있던 사람은 조선 역사상 다시 없었다. 우리나라에서 가장 뛰어난 재상의 예로 들어지는 황희는 세종만큼이나 완벽해 보이는 인물이다. 그래서일까? 어쩐지 그에게 젊은 시절이 있었다는 게 쉽게 믿어지질 않는다. 더군다나 재상이 아닌 황희 역시도 왠지 상상이 가질 않는다.

하지만 그는 젊은 시절에는 고생에 고생을 거듭하다가, 세종이라는 왕을 만나면서 비로소 자신의 최고 능력을 발휘한 사람이었다. 세종은 아버지뻘인 황희를 극진하게 아꼈고, 부모의 상을 당했어도 계속 일하게 했다. 이후에 황희가 나이가 많다는 이유로 은퇴를 하려 했지만, 세종은 가마는 물론 궤장(几杖)을 내려주고 며칠에 한 번만 조정에 나와도 된다며 계속 정승의 자리에 남아 있게 했으며, 여든 살이 될 때까지 일하게 했다.

이처럼 세종의 극진한 총애를 받았으며, 청백리로도 이름난 황희가 남의 일을 봐준 허물이 있기 때문에 재상에 적합하지 못하다는 비판을 들었다는 사실은 낯설게 들린다. 흔히 너무도 좋은 사람, 상냥하고 끝없이 무르고 속 좋은 노인으로 알려진 황희이지만, 실록은 이와 꽤 다른 황희의 모습을 보여주고 있다.

미리 말해두건대, 이 글은 황희 정승의 나쁜 점을 드러내기 위한 것이 아니다. 황희 정승도 결국 사람이었고, 실수를 할 수 있었다. 그의 잘못을 모른 척 보아 넘기자는 것도 아니다. 세종이 아껴서 그토록 오래 정승자리에 두었다는 것은, 이런 결점을 넘어설 만한 이유가 있어서 아니겠는가. 무엇보다도 세종의 시대에서 황희를 빼놓고는 이야기하기 어려운 것도 사실이다.

우선 황희는 적자의 자식이 아니었다. 첩, 그것도 노비의 몸에서 태어난 신분이었다. 황희 정승이 서출이었다는 사실에 놀랄지도 모르지만, 단종실록에서는 황희 스스로가 "정실의 아들이 아니다."라고 말한 적이 있다는 기록이 있다. 만약 그가 조선 후기, 아니 중기에 태어났더라면 일평생 정승은커녕 제대로 된 벼슬자리 하나 얻기 어려웠을 것이다. 다행히 조선 초기는 서자의 차별이 그렇게까지 심하지는 않았고, 그를 알아준 왕을 만난 것이 또 하나의 행운이었다.

황희는 고려 말, 고작 14세였을 때 음보(蔭補)로 복안궁녹사(福安宮錄事)가 되었다. 이후 과거에 합격하여 출사했다가 고려가 망하자 두문동에 틀어박혔지만 동료들의 천거로 성균관 학관으로 복직하였고, 태종 시기에 이조판서를 역임하였다.

태종은 황희를 두고 '한 집안사람처럼 지내는 사이'라고 언급한 적이 있었지만, 태종 시기까지 황희는 이렇다 할 활약이 없었다. 그런 와중에 폐세자의 문제가 거론되자, 황희는 세자가 나이가 어리고 사냥을 좋아할 뿐이라며 두둔했다. 태종은 결국 이 일로 황희를 귀양 보내었는데, 세자를 편들었기 때문이라기보다 황희가 왕과 세자 사이에서 중립을 지키며 어물쩍 넘어간다고 생각했기 때문이었다.

몇 년 후 태종은 죽기 직전 황희를 용서하고 조정에 복귀시켰다. 당시 황희는 이미 환갑의 나이였다. 하지만 다시 시작된 황희의 관직 생활은 평탄하지 못했다. 양녕대군을 변호했다는, 바꿔 말하면 세종의 계승에 반대했다는 사실은 그를 평생 옭아매었고, 부정을 저질렀다는 혐의나 자식들의 문제 역시 뒤를 이었다. 세종이 이런 황희를 비판하는 신하들에게 내세운 명분은 바로 아버지 태종이었다.

"황희는 국정을 맡은 대신이며, 태종께서 신임하던 사람이니 어찌 경솔하게 내치겠는가?"

세종은 아버지 태종이 눈물까지 흘리면서 황희에게 죄가 없다고 말했다는 이유를 들어 황희의 복직을 성사시킨 것이다. 이후로도 온갖 구설수가 나왔지만 세종은 황희를 끝내 신임했다.

이 시기 황희가 휘말린 사건 중 대표적인 것은 사위 서달의 사건이었다. 세종 9년, 서달이 신창현을 지나다가, 사소한 일로 표운평이라는 아전을 때려죽인 일이 생겼다. 사건 자체야 서달의 잘못이었지만, 황희는 신창현 일대가 고향인 우의정 맹사성에게 사위 서달을 봐달라며, 원고 측을 설득해줄 것을 부탁했다. 맹사성은 이 부탁을 들어서 피해자의 아내를 구슬렸고, 그 외의 여러 관리들의 합작으로 서달이 아닌 다른 사람이 범인인 사건으로 조작되었다. 그런데 정작 사건의 조서를 받은 세종이 어색함을 알아차리고 재조사를 명한 끝에 전모가 밝혀지게 되었다.

그런데 황희는 어째서 죄를 저지른 사위의 뒤를 봐준 것일까? 사정을 좀 더 살펴보면 서달은 황희가 태종에게 밉보여 귀양 가 있었을 때, 황희의 사위라는 이유만으로 탄핵을 받는 등 곤욕을 치렀다. 그래서 공직에 있음에도 불구하고 자신 때문에 고생한 사위의 뒤를 봐달라고 부탁한 것이다. 이에 조선왕조에서 가장 너그러웠던 정승 맹사성은 친구의 부탁을 흔쾌히 들어주었다.

사안이 사안이니만큼 이 일로 황희와 맹사성은 사이좋게 파직을 당했다. 하지만 고작 열흘 만에 세종은 두 정승을 모두 복직시키는 솜방망이 처벌로 다른 관리들의 불만을 샀다.

세종 12년의 태석균 사건에서는 조정 내 반 황희파가 꽤 있었다는 사실은 물론, 세종의 비호가 대단했다는 사실을 엿볼 수 있다. 사건 자체는 간단했다. 세종 12년, 제주도의 감목관(監牧官)으로 있었던 태석균이 관리를 소홀히 한 탓에 관마 1천 필이 몰살한 사건이 벌어졌다. 지금도 그렇지만 당시 말은 대단히 값비싸고 귀중한 가축이었다. 파발이나 수송에 유용한 것은 물론, 전쟁이 벌어질 때는 중요한 병력이 될 수 있었다. 그것이 한두 필도 아닌 천 필이나 죽었으니 유래가 없을 만큼 큰일이었다.

이전부터 태석균과 안면이 있었던 황희는 "태석균이 불쌍하다."라는 발언을 했다는 것으로 구설수에 올랐다. 사헌부에서는 상소를 올려 이전 서달의 일까지 거론하면서 반성의 여지가 없다며 황희를 처벌할 것을 주장했다. 이번에도 세종은 대신에게 벌을 줄 수 없다며 여론을 가라앉히려 했다.

그러나 이 문제를 거론한 신하들은 아주 작정을 하고 있었던 것 같다. 신하들은 세종에게 이런 말을 올렸다.

"역사의 기록을 보면 대신에게 곤장이나 처벌을 하지 않더라도 파직을 통해 처벌했습니다."

평소에 역사적인 근거를 대어 신하들의 반발을 막았던 세종이 반대로 당한 것이다. 그래도 세종은 여전히 황희를 감쌌다.

"태석균이 불쌍하다 하여 처벌을 하지 말라는 것은 아니다."

그러자 이번에 신하들은 황희 자신이 남긴 문서를 증거로 들었다. 공교롭게도 황희는 태석균을 용서하라는 부탁을 글로 적어 남겼던 것이다. 정말 그가 태석균에게 뇌물을 받았던 것인지 아니면 다른 이유가 있었는지 모르지만, 어쨌든 나라의 재정과 재산에 큰 손해를 남긴 사람을 묵과하라는 것은 안 될 일이었다.

제대로 정곡을 찔린 세종이었지만, 애써서 본래의 원칙을 고수했다. 결국 이 사건 이후에도 황희는 잠시 파면당했지만, 얼마 지나지 않아 복직되었다. 신하들이 반대를 안 한 것은 아니었지만, 나라의 왕이 막아서는 데 어쩌겠는가.

그 외에도 황희가 저지른 잘못은 적지 않았다. 교하 일대의 토지를 차지하려 했다는 혐의를 받거나 아들들이 궁궐의 금붙이를 훔쳐 기생에게 선물했던 일로 망신살이 뻗치기도 했다.

언제나 청렴하고 가난하고 너그럽게 살았다던 황희의 이미지가 완전히 깨지는 일화들이다. 어쨌든 황희는 상상했던 것만큼 완벽한 인물은 아니었다. 세종은 어째서 이러한 문제에도 불구하고 계속해서 황희를 정승으로 중용했을까? 세종이 아무리 효자라고 해도, 태종이 황희를 쓰라는 유언을 남겼다고 해도, 자신에게 아무 소용없는 사람을 곁에 두지 않았을 것이다. 그렇다면 과연 황희 정승의 능력은 어떤 것이었을까? 고맙게도 이 일은 세종 자신이 대답을 내려주고 있다.

세종 13년 9월 8일, 세종은 도승지 안숭선과 함께 대화를 나누던 중, 황희와 그 외 재상들의 이야기가 화제로 떠올랐다. 도승지는 요즘의 청와대 비서실장과 같은 관직이라 생각하면 되는데, 안숭선은 일 만들기 좋아한다는 점에서 어딘지 세종을 닮은 인물이었다. 그 때문인지, 그는 4년 가까이 도승지로 지냈고, 때로 세종은 그에게 마음 깊은 곳의 이야기를 털어놓기도 했다. 이날의 대화에서 안숭선은 황희의 장점을 다음과 같이 평했고, 세종도 여기에 동의했다.

"정사를 의논하는 데 있어 깊이 계교하고 멀리 생각하는 데 황희만 한 사람이 없습니다."

이런 점은 문종 2년의 실록에 실린 황희의 졸기에서도 나타나고 있다. 관후하고 침중하면서 풍후한 자질과 총명을 가지고 있었으며, 특히 일을 의논할 때 공명정대하며 원칙을 살리는 데 힘을 썼다고 평가했다. 이를테면 거시적인 시각을 가진 것이야말로 황희의 진정한 능력이었다는 소리이다.

세종 시대의 정치는 왕이나 누군가가 절대적인 권위를 발휘하지 않았다. 왕권이 약했다는 것이 아니다. 언제나 왕과 신하들은 저마다의 의견을 제시했고, 오랜 논의를 거쳐 그중 가장 좋은 것이 무엇인지를 골라 결정하는 시스템이었다. 세종이 극단적인 고집을 부리는 경우는 양녕대군이나 불교의 일 정도였고, 나머지는 신하들의 의견을 널리 수용했다. 말하자면 토론식 정치였던 셈인데, 그 단점은 토론의 와중 논의가 엉뚱하게 흘러버릴 위험성이 있는 것이었다. 어떤 문제를 놓고 여러 사람들이 자기 좋을 대로 이야기하다 배가 산으로 간 경험은 누구나 겪어봤을 것이다. 이때 필요한 것이 토론의 전체를 파악하고 곁가지를 쳐내어 배의 방향을 정하는 추인데, 황희의 재능이야말로 이것이었다. 그렇다면 이 말도 옳고 저 말도 옳고, 부인의 말도 옳다고 말했다던 황희의 설화는 언제나 난립하는 의견들을 조정했던 그의 일면을 보여주는 예이다.

그런가 하면 황희의 추천을 받은 인물들이 문종, 세조 때의 명신으로 대거 포진하고 있어 그가 사람을 보는 눈이 있었다는 사실을 알 수 있다. 대표적인 인물로 허조, 최윤덕, 안숭선, 장영실 등을 들 수 있다.

그러나 황희가 끝없이 무르고 모든 이들에게 친절하고 너그러웠던 것은 아니었다. 실록에는 그 면면이 자세히 드러나지 않지만, 황희의 묘비에는 이렇게 기록되어 있다.

"평상시에는 너그러웠지만, 큰일을 할 때에는 시시비비를 가려 고집을 굽히지 않았다."

그중 김종서에 대한 처우가 매우 유명한데, 황희는 젊은 시절의 김종서를 대놓고 달달 볶아대었다고 한다. 《동각잡기(東閣雜記)》에 따르면 김종서가 공조판서를 지내던 시절, 정승들이 먹을 것을 '약간' 준비해왔던 일이 있었다. 황희는 이 일을 알고, 김종서를 불러다 심하게 야단을 쳤다. 정승들을 접대하는 것은 예빈시(禮賓寺)의 일인데, 공조에서 시행했으니 월권행사를 했다는 이유였다. 이 외에도 황희는 김종서를 끊임없이 구박하고 야단쳤으며, 김종서 대신 그의 아랫사람이나 종을 때리고 가두면서 심술을 부렸다. 심지어 김종서가 비스듬히 앉아 있는 것을 보고 제대로 앉으라고 타박을 할 정도였으니, 미처 기록되지 못한 괴롭힘은 훨씬 더 많지 않았을까. 지켜보는 김종서의 동렬들도 너무하다 싶어 혀를 찰 정도였다고 하니, 김종서 본인은 무척이나 고달팠으리라.

하지만 영의정이 대놓고 괴롭히는데, 감히 이것을 부당하다고 따질 수 있는 사람은 없었다. 결국 총대를 메고 나선 것은 같은 정승이자 언제나 착하기로 유명했던 맹사성이었다.

"김종서는 당대에 크게 될 재목인데 대감은 왜 그리도 구박하십니까."

맹사성의 점잖은 책망에도 황희는 곤란해하거나 머쓱해하지 않았고, 오히려 여유롭게 대답했다.

"내가 종서를 아껴서 사람을 만들려는 겁니다. 종서의 성격이 고항(高亢)하고 기운이 날래어 일을 과감하게 하니 뒷날 우리의 자리에 있게 되어 모든 일을 신중히 하지 않는다면 일을 허물어뜨릴 염려가 있습니다. 미리 그의 기운을 꺾고 경계하여 그로 하여금 뜻을 가다듬고 무게 있게 하여, 혹시 일을 당해도 가벼이 하지 않도록 하려는 것이지 결코 그에게 곤란을 주려 함이 아닙니다."

이 이야기는《식소록》과《연려실기술》에 기재되어 있다. 훗날 6진 개척, 고려사 편찬 등 굵직한 성과를 일궈냈던 김종서는 젊은 시절에는 꽤 고집도 있었고 굽힐 줄을 모르는 성품이었다. 조선에게 무리한 요구를 했던 중국 사신들에게 대들 정도로 용감했던 인물이었으니, 황희는 그렇게 강한 김종서의 성품을 걱정했던 모양이다. 사람의 절개가 곧은 것은 장점이지만, 유연하지 않다는 것은 단점이 될 수 있다. 보리싹은 밟아둬야 튼튼하게 자라나고, 훌륭한 붓을 잘 쓰려면 처음에 잘 뭉개둬야 했다던가. 결국 김종서가 잘난 것을 알지만, 제 잘난 맛에 빠졌다가 망가지지 않게 하기 위해 사소한 실수에도 호되게 야단을 쳤다는 말이다.

이 일화에서는 황희가 벼슬에서 물러나면서 자신의 대신으로 김종서를 추천했다고 한다. 이것은 야사이고, 김종서가 당장 황희의 자리(영의정)에 오른 것은 아니지만, 어쨌든 김종서는 세종 이후 단종에 이르기까지 조정의 중진으로 활약했다. 과연 김종서가 황희의 깊고 깊은 마음을 알아주었는지 어떤지는 알 수 없다.

그런데 김종서 외에도 황희에게 추천을 받았다는 일화를 가진 인물들은 모두 비슷한 패턴의 이야기를 가지고 있다. 이를테면 세종 후반의 유명한 문필가이자 세조 때까지도 활약했던 정인지만 하더라도 황희에게 일 못한다고 비난을 들은 기록이 실록에 있다.

당시 정인지는 충청도 감사로 있었는데, 일을 대충했는지 흉년과 토지 손실이 심각했다. 황희는 이를 듣고 말했다.

"정사(政事)에 경험이 없으면 재용(財用)이 부족하다."

한마디로 정인지의 미숙함을 돌려 말한 것이다. 이 일에서는 세종이 감싸서 정인지는 결국 처벌받지는 않았다.

이렇게까지 상반된 이야기를 접한다면, 과연 진짜 황희는 어떤 사람이었을까 하는 혼란이 일기도 한다. 하지만 사람 좋고 순한 황희도, 때로 부정을 저지르는 황희도, 혹은 강경하게 극언을 해서 쫓겨나는 황희도 모두 한 사람의 다양한 일면이 아니었을까. 짐작하건대, 황희는 사람에 따라 대하는 태도가 달랐던 것 같다. 이를테면 서달이나 태석균의 일은 팔이 안으로 굽은 탓으로, 온정 많고 너그러운 그의 면모가 나쁜 쪽으로 나타난 셈이었다. 반대로 김종서에게 모질게 대했던 것은, 그만한 역량을 가진 인물이기에 더 나아지기를 기대하며 괴롭힌 것이 아닐까.

사실 완벽한 재상이란 없다. 전대의 재상인 하륜, 박순의 경우 세종이 결점을 직접 거론할 정도였다. 게다가 황희 이전에 영의정이었던 유정현은 영의정이면서도 고리대금업으로 백성들을 쥐어짜서 "굶어죽어도 영의정의 곡식은 안 빌리겠다."고 백성들이 절규할 정도였으며, 그 외에도 이것저것 나쁜 평가를 들은 사람이었다. 그에 비한다면 황희는 몇 가지 문제가 있긴 했지만, 오랫동안 정승으로 있었던 것에 비해 상대적으로 깨끗한 편이었다.

"성품이 지나치게 관대(寬大)하여 제가(齊家)에 단점(短點)이 있었으며, 청렴결백한 지조가 모자라서 정권(政權)을 오랫동안 잡고 있었으므로, 자못 청렴하지 못하다는 비난이 있었다."

　그러나 황희가 비난을 들었던 것은 아들이나 사위, 처남 같은 다른 사람들의 문제였지 본인의 잘못이 아니었다는 데 주목할 만하다.

　실제로 단종 2년에 있었던 토론회는 황희의 사람됨을 알 수 있게 한다. 황희가 뇌물을 받았고 불륜을 저질렀다는 내용을 고한 이호문의 기록을 놓고 벌어진 토론회였는데, 여기에 참여한 사람은 황보인, 김종서, 허후(허조의 아들), 정인지, 최항, 성삼문, 그리고 이계전, 정창손 등이었다. 당시는 황희가 세상을 떠난 지 채 3년이 안 되었을 즈음이었는데, 황희의 여러 부정축재 의혹에 대해 가장 격렬하게 반발한 것은 허후였다. 자신의 아버지가 황희를 지극히 존경했다는 말까지 하면서, 황희에게 부정의 혐의는 없다고 강변한 것이다. 신기한 것은 그 자리에 있는 어느 누구도 황희의 부정축재나 다른 결점을 말하지 않았다는 것이다. 오히려 황희를 비난한 글을 쓴 이호문을 나무라는 분위기로 흘렀다. 그리고 결국 이호문의 기록에 대해서는 '여기 있는 사람들 중에서 아무도 들어본 일이 없는 이야기'라는 결론이 내려졌다.

　한편 황희 정승이 마음씨 착한 할아버지의 인상으로 남게 된 것은 외모 덕을 보게 된 것일는지도 모른다. 문종실록에 수록된 황희의 졸기는 그의 외모를 이렇게 기록하고 있다.

"그는 나이 들어서 백발홍안, 얼굴은 붉고 머리는 희어 신선 같은 모습이었다."

보통 줄기에서 사람의 인품과 업적을 쓰되 외모를 적는 경우는 상당히 드문데, 그만큼 황희의 모습이 인상적이었기 때문이리라. 더군다나 나라의 중요한 일에는 몸을 아끼지 않았으며, 온정 많고 너그러운 성격이었으니 그럴 법하다.

소헌왕후가 승하한 뒤 세종이 고집불통이 되어서 여러 가지 독자적인 정책, 특히 불교 정책을 밀어붙이자, 집현전 학사들마저 파업을 벌였다. 가장 아껴서 기른 이들에게 버림받았다는 실의에 빠진 세종을 다독여가며 학자들을 하나하나 찾아가 설득해낸 것이 바로 황희였다. 아무리 정정하다고 해도, 여든 가까운 영의정이 몸소 찾아와 설득하는데 어떻게 감히 안 된다고 고집을 부릴 수 있었겠는가. 어쨌든 필요에 따라 강약을 맞춰가면서 젊고 혈기 넘치는 손아래 사람들을 휘어잡는 기술을 가진 사람이 아니었나 싶다.

그렇지만 분명한 사실은 황희가 명재상이 될 수 있었던 것은 그가 완전무결해서가 아니라, 여러 많은 문제점에도 불구하고 재상으로서의 능력을 충분히 발휘했기 때문이다. 그리고 그런 그를 세종이 선택했다. 세종은 황희의 결점을 덮어주고 그의 장점을 키워냈으며, 또 그만큼 부려먹었다. 황희는 어머니 상을 제대로 지내지 못했으며, 요즘의 정년을 훨씬 넘긴 여든 살까지도 현역으로 일했다. 18년간의 영의정 생활은 이제 사람들을 놀라게 하는 기록으로 남았지만, 이는 세종의 시대 또 하나의 일면을 보여준다. 당시 사회 자체는 새로운 것을 끊임없이 만들어내며 역동적으로 움직였지만, 왕과 마찬가지로 재상도 변하지 않으면서 빠르게 격동하는 세상에서 변하지 않는 기준점 노릇을 했던 것이다.

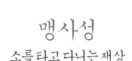

맹사성
소를 타고 다니는 재상

세종의 시대 또 한 명의 유명한 재상으로는 맹사성(孟思誠)이 있다. 황희만큼이나 역사적 사실보다는 야사의 이야기가 더 유명한 사람이다. 맹사성 역시 태종의 시절부터 이미 관직생활을 했었고, 세종시기에 최고 활약을 했다는 점에서 황희와 닮았다. 그리고 실록에서 맹사성처럼 대놓고 '착하다'라는 평가를 내린 사람은 드물다.

그런데 황희는 이런저런 일화가 있고, 국가의 중요한 일에 강하게 주장하기도 한 반면, 맹사성은 실록에서 분명하게 드러나지 않는다. 다만 언제나 피리를 가지고 다니며 연주한 탓에, 집 주변에 사는 사람들은 피리 소리가 나고 안 나고를 통해 그가 집에 있는지 아닌지를 알았다는 일화가 있다. 더구나 스스로 피리를 만들기도 했다고 하니 음악의 소질이 출중했던 모양이다. 맹사성이 음악에 뛰어난 재능을 가졌다는 것을 증명하고 있는 것은 다른 무엇도 아닌 태종실록이다.

"맹사성은 음률에 정통하고, 선왕의 음악을 회복할 수 있기 때문에 관습도감 제조의 직책을 맡겨 음악을 가르치는 역할을 담당하게 해야 합니다."

태종 11년의 실록에는 이와 함께 악보에 바르다는 평가도 함께 싣고 있다.

이에 비해 야담에서는 맹사성의 이야기가 한결 많이 있다. 일찍이 맹사성은 검소한 나머지 검은 소를 타고 다니는 정승이었다고 한다. 이를 볼 때 맹사성은 몸집이 작고 마르지 않았을까. 현재 맹사성의 영정이나 사진이 없으니 상상만 할 따름이지만. 실제로도 맹사성은 나라의 높은 사람으로 상대방에게 위압감과 두려움을 안겨주기보다는, 옆집이나 동네 할아버지와 같은 푸근한 인상이었던 것 같다.

이는 맹사성과 관련된 또 다른 야사를 살펴볼 때 한층 더 강렬해진다. 언젠가 맹사성이 어머니의 병으로 고향에 다녀왔는데, 온양까지 가는 먼 길이었다. 이를 들은 고을 사또들은 현직 정승에게 잘 보이려고 길거리에서 줄을 섰다. 그런데 아무리 기다려도 온다는 정승은 오지 않고 검은 소를 탄 노인네 한 사람만 슬렁슬렁 지나가더라는 것이다. 옷차림도 옷차림이었지만, 얼마나 맹사성이 소박한 인상이었기에 지방행정에 잔뼈가 굵었을 관리들이 못 알아봤던 것일까. 정승이면 으레 호화찬란하게 행차할 것이라는 고정관념에 사로잡혔던 것일까? 한편으론 길목에서 목에 힘을 주고 있던 관리들이 누구를 만나려고 줄 서고 있었는지를 모르지는 않았을 텐데, 모르는 체 슬그머니 지나가버린 맹사성 역시 음흉했던 게 아닐까 하는 생각도 든다.

물론 이 이야기는 야담이다 보니 이것만으로 당사자 성격이 어떠했다고 확정짓는 것은 성급한 일이긴 하지만 말이다. 그러나 맹사성이 정승으로서 높은 벼슬을 자랑스러워하지 않았고 잘난 척하지 않았다는 것은 실록에서 틈틈이 드러나는 그의 인간됨에서도 엿볼 수 있다.

그 외에도 맹사성의 각별한 능력을 또 하나 들자면 바로 인재를 알아보는 눈이었다. 맹사성이 주로 담당했던 것은 새로운 인재를 가려 뽑는 과거의 담당자, 곧 시관(試官)이었다. 맹사성은 여러 차례 시관을 담당했는데, 그래서인지 그의 야담 중 가장 유명한 것 중 하나가 공당문답(公堂問答)이다.

맹사성이 언젠가 여행을 하던 차에, 표녹사 채용시험(취재)을 보러 가는 이와 하룻밤을 함께 보내게 됐다. 늦은 밤이 심심했던지, 청년은 맹사성에게 말장난을 해보자 권했다. 물어보는 사람은 말 끝에 '공'을 붙이고, 대답하는 사람은 '당'자를 붙여서 대답하자는 것이다. 조정의 대신에게 무엄한 장난질이다 싶지만 청년이 알 도리 없는 일이었고, 또 여기에 지지 않고 함께한 맹사성도 맹사성이었다.

"뭐 하러 한양에 가는공?"
"벼슬 구하러 간당."
"무슨 벼슬인공?"
"녹사 취재란당."
"그러면 내가 좀 도와줄공?"

맹사성을 알아보지 못한 선비는 화가 나서 말했다.

"에이, 그러지 못할거당"

어찌 보면 서로의 나이를 잊고 재미있게 문답한 후, 날이 밝자 두 사람은 서로 헤어져서 서로의 갈 길로 갔다. 한 사람은 시험 응시자로, 다른 한 사람은 시험관으로 말이다. 드디어 시험 장소에서 두 사람은 다시 만났다. 이제 맹사성은 두 마리 학이 수놓아진 당상관의 옷을 입고 높디높은 시험관의 자리에 앉아, 발아래 조아린 청년을 내려다보며 말을 걸었다.

"어떠한공?"

대답은 곧 돌아왔다.

"죽여주사이당."

이후 맹사성은 청년을 천거하여 작은 벼슬을 내려주었고, 이 두 사람 사이의 문답은 공당문답이라고 알려졌다. 이렇게 문답한 사람의 이름이 전해지지 않는 것을 보면, 아마 그렇게까지 뛰어난 인재는 아니었던 것인지도 모른다. 하룻밤의 인연만으로도 높은 벼슬을 주었다면 그것은 시험관으로서의 자격 미달이라고 해도 될 것이다. 그러나 혼비백산할 지경이 되어도 농담을 할 수 있을 만큼 배짱이 좋았다는 사실을 높이 평가한 게 아니었을까. 그러나 따지고 보면 맹사성도 굉장한 사람이었다. 만약 그 청년과 유숙하는 자리에서, 맹사성이 감히 조정의 대신인 나를 업신여긴다며 화를 내며 판을 뒤엎었더라면, 그리고 또 그런 일로 원한을 품고 시험에서 곤욕을 치르게 했다면,

이런 재미있는 야담이 전해지지 않았으리라.

어쨌든 맹사성은 못난 사위와 자식들 때문에, 그리고 당사자 역시 부정축재라는 스캔들에 시달렸던 황희에 비하면 별다른 사고 없이 조용하게 관직생활을 보냈다. 좋게 말하면 무난했던 것이고, 나쁘게 말하면 평범했다는 것이다. 무엇보다도 물에 물 탄 듯 술에 술 탄 듯 물렁한 구석이 있어서, 남들의 부탁을 거절하지 못하는 면도 있었다. 황희가 살인죄를 저지른 사위의 뒤를 봐달라는 부끄러운 부탁을 들어준 것을 보면, 맹사성의 사람됨이 좋은 한편으로 친구 부탁을 거절하지 못하는 무른 구석이 있었다는 소리다. 만약 훌륭한 재상이라면 이런 부탁을 듣는다 해도 무시하거나 국법을 준수해야 한다고 권했을 것이지만, 맹사성은 그렇지 못했다. 조선왕조실록에 실린 맹사성의 졸기에서도 그의 말랑말랑한 성품을 비판하고 있다.

"타고난 성품이 어질고 부드러워서 조정의 큰일이나 관직에서 일을 처리할 때 과감하게 결단하지 못하는 게 단점이었다."

결국 착하긴 착한데 사람됨이 무른 탓에 아니라고 딱 잘라 말할 수 없는 사람이라는 소리이다.

그러나 그는 세종의 통치에 있어 없어서는 안 될 사람이었다. 실록에서는 그렇게 맹사성의 단점을 거론했지만, 재능만 있다고 하면 노비나 비리혐의자까지 등용했던 세종이 아무 역할도 하지 못하는 사람을 수십 년간 우의정에 앉혀 둘 리 없는 것이다.

세종 시대 조정 안에서는 과감하게 결단하는 사람들이 너무나 많았다는 것을 감안하지 않으면 안 된다. 왕부터 시작해서 신하들까지 모조리 빠릿빠릿하고 자기주장이 강렬하던 이들이 넘치던 시기에, 맹사성같이 착한 사람이 하나쯤 있어도 나쁘지 않은 것이다. 생각을 해보자. 무시무시한 일거리를 내려주는 사장(세종)과, 조금 싹수만 있다 싶으면 호되게 괴롭히는 부장(황희), 그리고 시시콜콜하게 원리원칙을 내세우는 고집불통인 과장(허조) 밑에서 막대한 일에 치이고 스트레스에 시달릴 조선의 관리들에게, 좌의정 맹사성의 존재는 한 줄기 빛이자 오아시스가 아니었겠는가.

사실 세종의 시대는 사람들의 개성이 중요한 시기였다. 세종은 하나의 대답을 요구하지 않았고, 원하는 모범답안으로 이끌지도 않았다. 각 분야에는 그 분야의 전문가들을 배치해놓고 그들의 자율에 맡겼다. 즉 신하의 자율과 개성을 최대한 살렸던 것이다. 그런데 개성이 강한 것은 좋지만 그것이 서로 충돌하게 된다면, 분쟁이 끊이지 않게 되고 일에 진척이 없다. 그러니 이들의 모가 난 곳을 받아들이고 무마하는 완충재가 필요했다. 그것이 바로 맹사성이 아니었을까. 그리고 맹사성 이외에는 그런 일을 담당할 사람이 없다.

맹사성이 세종과 신하들 사이의 의견 조율을 했던 모습은 흔히 보인다. 그 대표적인 것이 파저강(婆猪江) 토벌 이후였다. 무장 최윤덕이 변경의 여진족을 성공적으로 토벌하고 복귀했을 때, 세종은 기뻐하며 축하를 하는 동시에 최윤덕을 우의정에 제수하려고 했다. 그만큼 파저강 정벌은 큰 성공이었고, 책임자에게 축하를 하는 것은 당연한 일이었다. 그러나 최윤덕이 무장이라는 것이 문제가 되었다. 조선 시대에도 무신을 무시하는 것은 변함이 없었다. 더군다나 우의정이라고 하면 삼정승 중에서는 가장 낮다고 해도 의정부의 중진이었다. 허조를 비롯하여 여러 신하들이 반대를 하던 와중, 세종의 편을 들었던 신하가 한 사람 있었으니 그가 바로 맹사성이었다.

당시 좌의정이었던 맹사성은 공을 세운 최윤덕에게는 자신의 벼슬자리라도 내줄 수 있다고 말했다. 어떻게 감히 무장에게 우의정을 제수할 수 있느냐는 의견 와중에 오히려 한 술 더 뜬 것이다. 그 당시 문관들에게는 가당치도 않은 문제발언이었겠지만, 맹사성의 발언은 최윤덕은 물론이거니와 구박받던 무관들에게 엄청난 감격을 안겨주었다. 그렇다고 맹사성이 정말 좌의정을 그만두었냐고 한다면 그건 아니지만 말이다. 즉 맹사성은 스스로 국정에서 의견을 제시하기도 했지만, 그의 진정한 역할은 신하들과 세종 사이의 의견을 조율하는 것이었다.

이렇듯 맹사성에 대해 장황하게 이야기한 것은, 그만큼 그의 특별함이 눈으로 잘 드러나지 않는다는 데 있다. 그나마 맹사성이 시행했던 정책 중 가장 뚜렷했던 것은 음악 정책이다. 중국 주나라 시대의 아악으로 돌아가기를 주장했던 박연과 우리나라 고유의 향악을 중심으로 하자는 세종의 의견이 충돌하자, 맹사성은 이 두 가지를 절충하는 방안을 제시했던 것이다. 그러나 사실 자기 의견을 세우는 것이야 누구나 웬만큼은 할 수 있지만, 서로 쨍쨍하게 충돌하는 의견을 조율하고 절충안을 이끌어내는 것은 아무나 할 수 있는 일이 아니다. '구슬이 서 말이라도 꿰어야 보배' 라고 했던가. 아무리 훌륭한 주장이라고 해도 정리되고 조정되어 결론이 나오지 않는다면 아무 소용이 없다. 그는 완충재로서의 역할뿐만 아니라 사람들 사이를 연결하는 접착제의 역할도 한 것이다.

그런데 사실 그는 운이 좋거나 생활에 어려움이 없어서 유연한 성격이 된 것은 아니었다. 맹사성은 오히려 관직생활 중에 많은 고초를 겪은 인물이다.

태종 8년 맹사성은 대사헌으로 있었는데, 당시 목인해가 태종의 사위, 곧 부마였던 조대림에게 역모의 누명을 씌웠다. 사건 조사가 진행되면서 정상은 어렵잖게 드러나 목인해의 음모가 드러났다. 하지만 태종은 조대림은 피해자라고만 역설하며 어떤 처벌도 내려지지 않도록 했다. 맹사성을 필두로 한 사간원들은 제대로 된 사건의 조사를 요청했고, 이를 취조하던 중 조대림을 국문했다. 그런데 이 사실을 알게 된 태종은 왕족을 무시한 처사라며 격노했다. 맹사성은 다른 대간들은 물론 아들과 함께 투옥되어 고문을 당했고, 조대림을 해치고 왕권을 약화시키려 했다〔謨弱王室〕는 다소 뜬금없는 죄를 인정했다. 이로써 12월에는 대역죄인으로 온 백관들이 지켜보는 앞에서 능지처참을 당하게 되었다. 만약 이때 형이 집행되었다면 훗날의 명재상 맹사성은 없었을 것이다. 그러나 당시 영의정이던 성석린, 황희 등이 애써 구해낸 끝에 간신히 목숨을 건질 수 있었다.

맹사성이 지었던 〈강호사시가(江湖四詩歌)〉에서는, 춘하추동의 자연을 읊으면서 "이몸이 한가히옴 역군은(亦君恩)이샷다"라는 후렴구를 붙이고 있다. 사실 한가하다기보다는 바쁘고, 힘든 나날을 보낸 그였지만, 그 모든 고생을 눅이고 즐거움을 찾아낸 것이 아닐까.

정말로 사람이 물러서 그랬다기보다는, 젊은 시절의 많은 고생들을 겪고 이를 딛고 일어나서 가지게 된 성품은 아니었을까. 호되고 힘든 일을 겪고 점점 거칠어지는 사람이 있는가 하면, 그 모든 힘든 일을 받아들이고 오히려 남을 받아줄 만큼 넉넉해지는 사람이 있다. 많은 이야기를 통해 본 맹사성은 바로 그런 사람이었다.

허조
제3의 정승

세종의 명재상이라고 하면 보통 황희와 맹사성을 들곤 한다. 그들이 당대의 명재상이었던 것은 사실이다. 하지만 세종의 시대를 보면서 지나쳐서는 안 될 인물이 있으니, 바로 허조(許稠)이다. 그는 이미 선대인 태종 시절부터 크게 활약해왔으며, 그래서인지 세종 때의 인물로는 그리 유명하지는 않다.

허조는 굉장히 보수적인 인물이었다. 단언하건대, 조선의 역사상 그만큼 고집불통인 인물도 찾기 어려울 것이다. 생긴 것도 꼬챙이처럼 마른데다, 등은 구부정했고, 눈이 크고 기묘하게 생겨서 말라비틀어진 송골매 재상〔瘦鷹宰相〕이라고 불리기도 했다. 즉 첫눈에 보아도 까다로운 성격이 드러나 보였다는 소리다. 이 때문에 '허조는 부부관계도 모를 것'이라는 험담 같은 소문마저 돌았던 모양이니, 지금이나 예전이나 사람 흠 잡는 패턴은 비슷했던 것 같다. 정작 그 이야기를 들은 허조는 웃으며 말했다고 한다.

"그럼 내 아들 후(詡)와 눌(訥), 둘은 어디서 왔다는 말인가?"

그러나 '허조=보수'의 공식을 보고 눈썹이 찌푸려진 사람이 있을지도 모르겠다. '보수'라는 말은 특히 젊은 사람들에게는 굉장히 안좋은 말로 들린다. 어딘지 고리타분하고 꽉 막히고, 여기에 완고하기까지 하여 자신의 주장을 절대로 굽히지 않는 고집불통처럼 인식된다.

그런데다가 허조의 주장들 몇 개를 나열해보면, 허조가 '극보수'로 보이는 것도 당연하다. 그는 원칙을 내세우며 많은 일을 주장했는데, 이를테면 천민인 장영실에게 벼슬을 주는 일을 반대했다. 지금 생각하면 '장영실에게 그런 차별을'이라고 생각하겠지만, 조선 사회를 통틀어 능력으로 신분이 바뀐 예가 거의 없다는 사실을 생각하면, 세종의 조치는 굉장히 기상천외한 것이다.

하지만 허조는 조선왕조실록을 읽다보면 한 모금의 청량제에 비교할 수 있다 해도 부족함이 없다. 보통 사람들이 생각을 하더라도 감히 말 못할 것들을 허조는 과감히 말했는데, 놀랍게도 그가 하는 말은 시대를 초월하여 사리에 맞는 것들이어서, 지금 우리가 보아도 납득할 만큼 합리적이고 분명하다.

비록 그가 맹사성이나 황희처럼 인간성이 좋다는 이야기는 듣지못했을지라도, 많은 사람들이 그의 말을 옳게 여겼다는 기록은 많이있다. 조금은 고루하고 조금은 케케묵더라도, 때로 옳은 것을 위해서는 목숨마저 아끼지 않고 말하며, 고집을 부릴 수 있는 용기를 가지고 있었다. 어쩌면 당연한 이야기를 당연하게 하는 것, 그것이야말로보수가 아닐까? 세상이 옳다고 여기는 것들은 대체로 누구나 수긍할수 있는 좋은 이야기들이다. 하지만 이것을 엄격하게 지키는 사람이 많이 없는 것이야말로 서글픈 현실인 셈이다.

허조는 그런 의미에서 완벽하게도 보수적인 사람이었다. 그는 자신이 옳다고 생각하는 일에는 목숨을 걸었다. 그것에 어긋난다면 그 무엇이든 가차 없이 비판했다. 조선 시대에 하늘처럼 떠받들었던 중국, 명나라라고 해도 잘못되었다고 생각하면 여과 없이 비판했다.

한 가지 예를 들자면, 명나라 황제 영락제가 승하하자 15명의 비빈들을 억지로 자살시켜 순장했던 사건이 있었다. 이때 죽임당한 여인들 중 하나가 바로 우리나라에서 보내졌던 공녀로, 한확의 여동생이었던 한씨였다. 그녀는 머나먼 중국 땅까지 함께 왔던 유모 김흑에게 마지막 유언조차 제대로 남기지 못하고, 하얀 수건에 목을 매달아 한 많은 생을 마쳤다. 고생 끝에 어찌어찌 조선 땅에 돌아온 김흑은 이 사실을 사람들에게 전했고, 이를 들은 허조는 날카롭게 성토했다.

"허수아비라 해도 순장하면 대가 끊어진다거늘, 중국이라고 해도 본받을 바가 되지 못합니다."

중요한 사람이 죽었을 때 살아 있는 사람을 함께 묻는 것을 순장이라 한다. 순장 풍습은 고대의 중국, 일본을 비롯하여 우리나라에서도 있었다. 이것은 차츰 진짜 사람이 아닌 사람 모양의 다른 것을 묻는 풍습으로 바뀌었다. 그런데 멀쩡하게 살아 있는 사람을, 그것도 여인들을 열다섯이나 한꺼번에 죽게 했으니 얼마나 큰 잘못이냐는 것이다. 설령 그것이 유교의 발생지이자, 강대국인 중국이라고 해도 잘못한 일은 잘못한 일이라고 허조는 주장했다. 하지만 조선은 나라의 힘이 약한 탓에 이국땅에서 죽어간 여인들을 위해 대놓고 슬퍼할 수도 없었으며, 그것도 모자라 죽은 한씨의 여동생을 또다시 공녀로 바쳐야 했다. 그런 답답한 와중에서도 허조의 말 한마디가 울적함을 덜어준다.

그에 비해 아직까지 허조가 가장 많은 비판을 받는 것은 백성들이 지방수령들을 신고하는 것을 금지하는 법률을 제정하자며 고집한 것이다. 이 덕분에 힘없는 민초들은 아무리 수령이 가혹하게 쥐어짜도 저항할 수 없었고, 이로써 두고두고 악법으로 욕을 먹게 되었다. 하지만 이런 법률이 잘못되었다고 단언할 수 있는 건 우리가 현대의 사람이기 때문이다. 아무리 세종의 시대라고 해도 당시는 신분제가 엄연히 있는 사회였고, 이것을 지키기 위해 감히 아래의 사람이 위의 사람을 능멸하는 일이 없도록 해야 했던 것이다. 비록 실록에서는 신고의 주체가 백성들이라고 되어 있지만, 과연 관리를 신고할 정도로 글(漢文)을 쓸 수 있는 사람이 평범한 백성이었을까? 그리고 당대가 조선의 초기였다는 사실도 잊어서는 안 된다. 과연 파견된 조선의 관리들이 효과적으로 지방을 장악했을까? 당시는 오히려 고려 말의 권문세족과 그 외 호족들의 뿌리가 깊었다. 조선의 관리들이 이들을 상대로 강력한 힘을 발휘하진 못했을 것이다.

그런데 허조가 지배층의 시각에서 피지배층을 억누르는 일만을 생각한 것은 아니었다. 이는 세종 11년에 있었던 자자(刺字)의 논의에서 확인할 수 있다. 죄인에게 문신을 새기는 것을 자자라고 하는데, 조선 초기만 해도 이런 형벌이 곧잘 시행되었다. 그런데 이때 논란이 된 것은 노인이나 어린아이가 죄를 지었어도 자자를 해야 하느냐는 문제였다. 세종은 아직 잘못을 고칠 수 있는 아이와 여생이 얼마 안 남은 노인에게 자자하는 것을 반대했지만, 형조에서는 예외를 두어서는 안 된다는 주장을 펼쳤다. 이에 허조는 노인과 어린이에게는 장형도 가하지 않는데, 하물며 자자의 고통을 더해서는 안 된다며 세종의 의견을 지지했다.

정리하자면 허조의 의견은 사회의 규율에서 어긋나는 일이 없었다. 신분이 낮은 이가 높은 이를 고발하지 못하게 하는 것이 신분제로 나눠진 전근대사회의 규칙이었다면, 노인과 어린아이에게 형을 가하지 않는 것은 인간으로서의 규칙이었다. 만약 허조가 조선 시대가 아닌 지금의 시대에 살았다면, 이 시대에 당연히 지켜야 할 것들을 주장했을 것이다.

또 하나 허조가 비난을 듣는 것은 그가 공창(公娼)제도를 주장했다는 것이다. 이 때문에 특히 여성 쪽에서 허조를 싫어하는 경우가 많다. 이 자리에서 허조를 위한 변명을 하자면, 그가 공창을 주장한 것은 그로 인해 다른 여성들을 지킬 수 있다고 생각했기 때문이다. 세종 9년, 평강현감(平康縣監) 최중기(崔仲基)의 아내 유감동이 공신의 자식들을 비롯하여 조카, 고모부 등 수십 명의 남자와 간통한 희대의 섹스 스캔들로 조선이 발칵 뒤집힌 일이 있었다. 그런데 이때 허조는 홀로 성범죄의 원인이 남자에게도 있다는 주장을 했다.

"때로 남자가 강포한 짓을 하기 때문입니다."

조선 시대는 물론이거니와, 어쩌면 지금에 이르기까지 성범죄의 피해자이자 가해자가 되는 것은 바로 여자이다. 그래서 오히려 피해 자인 여성을 처벌하거나 심지어 죽이는 예까지 있었다. 그런 의미에 서 허조의 발언은 굉장히 파격적인 것이었다.

허조가 가장 중요하게 생각했던 것은 올바른 세계의 구축이었다. 누가 보아도 잘못된 일이 벌어지지 않는 것. 이를 위해 허조는 사회 뿐만이 아니라 자기 자신에게도 엄격했다. 그는 세상에서 잘못된 일 이라고 말하는 것들에 조금도 손을 대지 않았고, 관심조차 기울이지 않았다. 덕분에 다른 두 정승, 황희와 맹사성이 모두 부정부패문제로 고초를 겪었던 것에 비하면, 허조는 옷은 몸을 가릴 정도로만, 먹을 것은 허기를 면할 정도로만 취하며 진실로 청렴하게 살았다. 또한 자 신에게 엄격했던 만큼, 다른 사람들에게도 엄격했다. 그래서 세종도 허조의 고집불통의 성미를 불평한 적이 있다.

그렇게 완고하고 모가 난 성격 탓인지, 허조는 세종의 시대 내내 많은 활약을 했고 여러 명언을 남겼음에도 늦게서야 정승이 되었다. 아무래도 사람들의 머리 위에 있는 사람은 강직함만큼이나 너그러움 과 포용력이 필요했던 것 같다. 그래도 세종은 허조를 계속해서 존중 하고, 그의 의견에 귀를 귀울였다.

그렇다면 세종의 조정 수뇌부에는 전혀 어울리지 않는 이들이 함 께 있었다고 할 수 있다. 황희와 맹사성, 그리고 허조. 성격도 특징도 장점도 모두 달랐지만, 이들은 어느 누가 권력을 독점하거나 발언권 을 장악하지 않고, 서로를 존중하면서 균형을 유지한 채 국정을 지탱

했다. 더군다나 이들은 십몇 년이 넘도록 오랫동안 정승에 있었고 정말로 노쇠하고 나서야 물러섰으니, 왕과 마찬가지로 변하지 않는 권위였다.

이들의 역할을 칼로 자른 듯이 딱 잘라 나누어 설명할 수는 없지만 황희가 굳건한 기둥으로 서서 정책을 재단하고 추진하면, 맹사성은 이후의 여파를 정돈했고, 무엇보다 허조는 어느 시대에건 지켜져야만 하는 원칙을 주장했다. 이들이 중심이 되어 세종 시대, 그리고 더 나아가 조선 시대의 바탕을 마련했던 것이다. 결국 세종의 시대는 가장 많은 것들이 벌어진 생동하는 시기이자, 동시에 이것들이 조선의 철칙으로 자리 잡는 전통의 시작이기도 했다.

안승선
바람의 도승지

세종의 시대는 어쩐지 유명한 일부의 업적들로만 대표되는 경향이 있는 것 같다. 그러나 흔히 언급되는 과학과 음악의 업적은 어디까지나 일부분에 지나지 않는다. 세종의 가장 위대한 업적은 역시 조선의 왕으로서 통치를 하고 나라를 다스리는 데 있다. 중앙 및 지방의 적재에 인재들을 배치하여, 나라 일을 의논하고, 외교문제를 다루는 등 복잡한 일이 도처에 널려 있었다. 그리고 세종은 이런 일들을 성공적으로 수행했다. 정통성이 없는 셋째아들이 살아 있는 두 형을 제치고 왕위를 계승했지만 이를 계기로 반란 한 번 일어나지 않았고, 선비들이 무더기로 죽어나가는 사화도 일어나지 않았다. 가뭄이나 홍수 등 자연재해와 외적의 침입이 문제가 되긴 했지만, 세종의 시대가 다른 왕의 치세에 비하면 훨씬 안정적이었던 것은 사실이다. 문화, 과학 등 여러 분야에서의 업적도 바로 이런 정치적 평화를 기반으로 하여 가능했던 것이다. 그런 의미에서 세종의 시대는 조선 초유의 평화로운 시기였고, 후대의 사람들에게 태평성대로 일컬어진 것이다.

그렇다면 세종 시대의 정치가 어떤 형태로 이루어졌는지를 살펴볼 필요가 있다. 물론 앞서 말한 대로 황희나 맹사성, 허조와 같은 능력 있는 정승들이 정치의 요직을 구성하고 있었던 것은 사실이지만, 그 외에도 많은 사람들이 정치의 실무에서 활약하고 있었다.

안숭선(安崇善)은 특히 세종 시대 때 활발하게 활동을 한 사람이었다. 안숭선의 활동은 여타의 다른 인물들에 비하면 많이 알려진 것은 아니지만, 사실 그는 세종의 오른팔이자 심복이었다.

안숭선에 대해 가장 유명한 말은 '안숭선이 일을 보는데 바람이 날 만큼 신속하였다(見事風生)'는 것인데, 이는 곧 일처리가 신속하다는 뜻이다. 대체 일을 얼마나 빨리 했으면 그 정도일까. 어째서인지, 보이지 않을 정도로 빠르게 움직이는 손과 붓, 그리고 날아가는 서류들이 절로 연상이 된다. 그의 졸기에도 안숭선이 행정의 재간이 있는 사람, 곧 이간(吏幹)으로 널리 이름을 날렸다는 말이 있다. 세종대왕의 비서가 되려면 그 정도 솜씨는 기본이어야 할 것도 같지만.

행정관리라고 하지만, 안숭선이 가장 열성적으로 활동했던 것은 주로 도승지의 역할을 맡았을 때였다. 승정원, 그리고 도승지는 왕의 비서나 마찬가지이다. 세종의 가장 가까운 곳에서 그의 명령을 전달하는 것은 물론이요, 세종의 말 상대를 하며 의견을 제시하기도 했다. 그는 언제나 다른 신하들의 말을 정리하여 세종에게 보고했고, 또 굉장히 듣기 좋은 말을 골라서 하기도 했으며, 때로 세종의 마음을 짚어내어 차마 하지 못하는 말까지 대신해주고는 했다.

세종 역시 안숭선을 크게 마음에 들어했고, 그래서 남의 앞에서 하지 못하는 이야기를 곧잘 했다. 대표적인 것이 바로 선대 재상들의 뒷말이고, 또 황희의 사람됨 평가이다. 사실 안숭선도 형조좌랑이던 시절 황희가 사위 서달을 위해 살인죄를 숨기고 뒷일을 보아주는 데 연루되어 파면당한 적이 있었지만.

그러나 안숭선이 유능한 사람이었다는 것만은 분명하다. 아부를 좀 했다곤 하지만 세종도 사람인데 늘 나쁜 소리만 듣고 살 수는 없는 노릇 아닌가. 그리고 안숭선은 눈치도 빠르고 박식해서 세종이 하는 말에 곧잘 맞장구를 쳤고, 세종이 원하는 답을 그때그때마다 끄집어냈다. 특히 신하들의 나이나 부서의 이름, 하는 직책 등등을 모두 알고 있어 세종이 물을 때마다 안숭선이 곧장 답하는 모습이 실록에 종종 나타나고 있다. 이런 점을 본다면 안숭선은 치밀한 성격인데다가 암기력도 뛰어난, 실로 전문 비서의 면모를 갖추고 있었던 것이다.

세종은 안숭선을 시켜 황희, 맹사성을 비롯한 중요 정승이나 신하들과 함께 의논하게 하기도 했고, 때로 자신을 대신해서 중국의 사신을 접견하게 하는 등 중요한 일을 수행시켰다. 단순히 국정의 일을 전담하게 한 것만이 아니었다. 때로 세종은 신하들에게 쌓인 불만이나 자기 마음대로 되지 않는 정책 등 여러 가지 하소연을 안숭선에게 털어놓기도 했다.

이를테면 세종 13년, 뇌물 욕심 많은 중국 사신들의 문제와 야인 정벌이 한꺼번에 겹쳐 국정이 꼬였을 즈음의 일이었다. 신하들과 이야기 한 뒤, 안숭선을 불러다놓고 세종은 이렇게 토로했다.

"… 대신들이 혹은 물품(뇌물)을 주어서 그 욕심 부리는 대로 따르자고 하였으나 내가 들어주지 않았다. 그런데 과연 지금에 (중국 사신이) 많은 두목을 거느리고 왔으니 그 뜻이 장차 우리나라를 침해하려는 것이다. 하지만 이리저리 생각해보아도 조금도 부끄럽거나 후회되는 일은 없다."

이때 안숭선이 무어라 대답했는지는 실록에 기재되어 있지 않다.

세종은 굳이 이런 외교문제뿐만 아니라, 자신이 제대로 했는지 자신이 없을 때, 이를 다짐받거나 혹은 위로받고 싶어서, 혹은 스스로를 다잡기 위해 벽 대신 안숭선에게 토로하기도 했다. 안숭선이 대답을 할 때도 있고 하지 않았을 때도 있지만, 세종이 그를 깊이 신뢰했다는 사실만은 의심의 여지가 없다.

안숭선이 가장 왕성하게 활동한 것은 세종 초년, 그리고 세종 13년에서 17년에 이르는 시기이다. 이 중 도승지로 활동한 2년간은 정치적으로 가장 왕성하게 활동을 했던 시기이고, 실록에서의 기록도 이때 집중되어 있다.

이랬던 안숭선이 정계의 일선에서 한발 물러서게 된 것은 어머니의 병 때문이었다. 세종 16년 12월 말경, 처음 안숭선은 어머니의 병을 이유로 사직하려 했지만, 세종이 이를 말렸고 직무를 맡은 채 어머니를 간호하게 했다. 하지만 결국 이듬해인 17년 2월 5일, 안숭선은 사직서를 내고 세종은 이를 받아들였다. 본디 유능한 인물은 어떤 이유가 있어도 늘 곁에 두었던 세종의 습관과는 다르게 선뜻 안숭선의 사직을 받아들였던 것이 특이하다. 그러나 결국 안숭선의 모친은

3월경 세상을 떠났고, 세종은 4월에 안숭선을 사헌부 대사헌에 임명했다. 즉 안숭선은 도승지 대신 대사헌으로 복귀한 것이다.

그런데 도승지의 역할과 대사헌의 역할은 어떤 의미에서 정 반대의 것이라고 할 수 있다. 도승지는 왕의 비서이고, 왕의 명령과 그 뜻을 대변한다. 그에 비해 대사헌은 왕에게 의견을 주청하며, 왕의 의견에 때로 반대하는 견제자의 역할을 수행한다. 세종이 안숭선을 대사헌에 임명한 것은 출세의 의미도 있었거니와 자신에게 많이 반대하지 않기를 바랐던 것일까. 실제로 대사헌이 된 안숭선이 양녕대군을 서울로 이주시키는 것에 반대하는 주장을 올리자, 세종은 안숭선에 대한 불만을 노골적으로 드러내기도 했다.

"경은 일찍이 근시로 있었으니 벌써부터 내가 윤허하지 않을 줄을 알았을 터인데, 어째서 이와 같이 굳이 청하는 것인가. 남들이 말하지 않고 있음을 나무랄까 두려워서 그러는가. 대간이란 직책에 힘껏 하고자 하여 그러는 것인가."

근시(近侍)란 곁에서 모셨다는 말이니, 도승지의 역할을 말한 것이다. 하지만 이때는 이미 안숭선이 도승지를 그만둔 지 3년이나 지난 뒤였다. 이후 사헌부에서의 안숭선은 이전의 도승지 때만한 활약을 보이지 못했다. 이것은 본인에게도 스트레스였던 듯, 세종 20년 4월 28일에는 병이 깊다고 사직을 청했는데, 세종은 같은 날로 안숭선을 공조참판으로 임명했다. 이후로도 안숭선은 예조참판, 경기도관찰사, 형조판서, 병조판서 등 굵직굵직한 벼슬을 전전했는데, 화려한 경력이지만 활동이나 내용 면에서 보면 역시 도승지 때만은 못했다.

비록 대놓고 드러나지는 않지만, 안숭선 자신도 그런 관직에 불만이 있었던 것도 같다. 한번은 평안도감사라는 외직을 맡았는데, 두어 달 만에 병을 이유로 한 사직 상소를 올렸다. 이에 세종은 안숭선을 한성에 근무하는 예문대제학으로 바꿔 근무하게 했다. 그렇게 한성으로 돌아오고 나서 자신에게 병이 있다는 언급은 쑥 들어갔다.

하지만 이런저런 문제가 있다고 해도 능력이 있으니 세종이 안숭선을 가까이 했으리라.

그런데 보통 왕에게 받는 총애는 다른 사람들에게 받는 질시와 정비례하는 경향이 있다. 안숭선도 마찬가지였다. 사실 그를 좋아하는 사람보다는 싫어하는 사람들이 꽤 많아서 때로 그에게 비판적인 기사를 찾아볼 수 있다. 대표적으로 세종 16년 8월 7일의 기록에는 안숭선을 비난하는 기사가 실려 있다.

"사람됨이 모질고 팩하며 급하고 빨라서, 쉽게 노하고 쉽게 기뻐하여, 동료들이 혹 그 뜻을 어기면 문득 욕하므로 동료들이 모두 원망하고 미워하였다."

안숭선의 성질이 급하다 보니 화도 잘 내게 되고, 그걸 주변에 풀다 보니 사람들이 싫어했다는 말이다. 실제로 그는 밥을 먹는 데도 상당히 까다로웠다는 말이 졸기에 실려 있는데, 얼마나 정도가 심했으면 실록의 인물평가에까지 실렸을까. 어쨌든 이런 성미가 주변 사람들이 그를 싫어하게 한 이유 중 하나일 것이다.

그가 미움을 산 이유에 대해 좀 더 설득력 있는 근거를 제시하는 것은 그가 인사에 간여했다는 사실이다. 세종 13년 즈음부터 안숭선은 특별히 인사권문제에 신경을 썼다. 그리하여 안숭선은 많은 인재의 채용을 건의하거나, 혹은 체임(遞任)을 권했다. 이를테면 천문 분야의 인사개혁을 권한다든지, 유후사(留後司)의 교체 등 현 인재의 잘못된 사실을 세종에게 아뢰고 다른 사람으로 바꾸는 게 좋지 않느냐고 말하는 셈이다. 세종은 약간 고민도 했지만, 안숭선의 이야기에 귀를 솔깃해하고 이를 따른 적도 여러 번 있었다. 그러니 좋은 말을 듣기 힘들었을 것이다.

실제로 안숭선이 본격적으로 몰락하게 된 것은 바로 이 인사권문제 때문이었다. 세종 30년, 안숭선은 지인의 아들이었던 이종원에게 벼슬을 봐 준 사실이 발각되어 탄핵을 받았다. 안숭선은 자신의 잘못을 변명하는 긴 상소를 올렸지만, 세종은 별다른 답을 내려주지 않았다. 그래도 고문만은 당하지 않도록 특별히 배려했으나, 의금부는 그의 처벌을 참형으로 매겼다.

그래도 세종은 처벌을 깎아서 처음엔 안숭선을 충청도 진천현(鎭川縣)에 귀양 보냈는데, 당시 대사헌이던 윤형을 필두로 하여 안숭선을 제대로 처벌하라는 상소가 빗발치자 계속하여 다른 곳으로 부처하게 했다. 그러나 이후로도 사형의 주장이 끊이질 않아, 결국 세종은 안숭선을 공신목록에서 지우는 극단적인 조치를 취하기도 했다.

하지만 그가 많은 원한을 샀다는 것을 감안한다 해도, 안숭선의 처벌은 지은 잘못에 비하면 지나치게 가혹한 것이긴 했다. 그래서인지 안숭선에게 늘 비판적인 실록도 이때만큼은 조금 너그럽게 기록하고 있다.

"본디 안숭선은 영민하고 과감했는데, 소인의 간계에 넘어가서 이리되었다."

세종도 그 사실을 알고 있었던 듯, 31년에는 당시 세자(문종)의 병이 낫지 않자 선행을 한다는 이유로 사면령을 내렸고, 이때 안숭선의 귀양을 풀어 한성으로 돌아오게 했다. 물론 신하들은 반대했지만, 이를 받아들이지 않았으며, 승하하기 불과 한 달 전인 세종 32년 윤1월 24일에는 직접 안숭선의 집을 찾아가기도 했다.

그런데 이렇게 이종원의 화에 말려들고 난 이후로, 안숭선은 충격을 심하게 받았는지 두려움이 늘고 병이 끊이지 않았다고 한다. 그래도 세종보다는 좀 더 오래 살아 문종 2년 4월 14일 세상을 떠났다. 그의 시호는 문숙(文肅)이라고 했는데, '문'은 열심히 배우고 물어보는 것을 뜻하고, '숙'은 마음을 집중해서 결단을 내리는 것을 뜻한다. 그의 일생에 필요했던 것이 이 시호에 담겨 있는 것은 아닐까.

장영실
조선의 시간을 발견하다

세종 시대에 과학의 발전이 최전성기를 맞이했다는 것은 이제 상식에 가깝다. 갑인자(甲寅字), 앙부일구, 측우기 등이 발명되었으며, 조선왕조 최초이자 최후의 순수공돌이 장영실(蔣英實)이 존재했던 시기이기 때문이다. 그런데 과학의 영역에 과연 어떤 분야까지 넣어야 할지 애매해진다. 왜냐하면 조선 시대 때에는 과학이라는 분야가 존재하지 않았기 때문이다. 그러니까 우리가 세종 시대의 과학 인물로 장영실을 드는 것 자체가 지나치게 현대적인 관점이다. 이를테면 중종 때에는 장영실을 일러 악사(樂師)라고 말했다. 즉 장영실의 업적 중 자격루보다도 악기를 만든 것을 중요하게 여긴 것이다. 그런 의미에서 세종 시대의 과학을 이야기한다면, 주조를 기반으로 하여 금속활자 제작과 군병기의 개발, 토목공사 쪽에 기량을 발휘했던 이천(李蕆)이야말로 새롭게 조명받아야 마땅할는지도 모른다.

어쨌든 장영실은 본디 혼천각과 자격루 등을 만든 것으로 유명하다. 하지만 조선왕조실록에 기록된 장영실의 그리 많지 않은 기록들을 찾아보면, 그는 천문학은 물론 지질학과 활자주조, 그리고 그 자신의 몰락의 원인이 되었던 가마를 만드는 일까지 기술과 관련된 학문이란 학문에 모두 손을 대었고, 악기 제조에도 관여하는 등 광범위하게 활약했다. 한 사람이 이런 일들을 전부 하는 게 무리일 것도 같지만, 조선 시대에는 기물제작은 물론 천문학과 음악, 그리고 시간의 측정이 모두 하나로 통해 있었다. 이를테면 천문학을 통해 길이, 시간, 그리고 각도에서 정확한 단위를 얻을 수 있다. 그리고 음악은 정확한 규격이 필요하다는 점에서 예술 이전에 대단히 과학적인 학문이다. 음악에 대한 자세한 이야기는 나중 박연을 위해서 미뤄두고, 과학의 이야기부터 하도록 하자.

잘 알려진 대로 장영실은 동래의 관노 출신이었다. 어머니는 관기였다고 하고, 아버지는 중국의 소·항주(蘇杭州) 출신으로 원나라 사람, 혹은 상인이었다고 한다. 소주, 항주 두 곳 모두 유명한 곡창지대이자 바다무역이 발달한 곳이니, 장영실의 아버지는 아마도 부산을 거쳐 동래에 오게 되었으리라. 혹은 장영실의 아버지는 기술이 뛰어나 조선에 눌러앉게 될 기술자였으리라는 추측도 가능하다. 하지만 아버지가 누구였던지 간에 장영실은 관기인 어머니를 둔 탓에 평생 노비의 멍에에 묶여 있는 처지였다. 이를 풀어주고, 그의 능력을 개화시킨 것은 바로 세종이었다.

세종이 어떤 형태로 장영실의 기술을 검증했는지는 분명하게 알려져 있지 않지만, 그는 동래에서 올라온 장영실을 있는 그대로 써먹지는 않았다. 무려 국비장학생으로 중국으로 유학을 보냈던 것이다. 더구나 관노를 보내다니 역사상 유례가 없는 일이었다. 이때 장영실을 어떻게 중국에 보내고 무엇을 배우게 했는지에 대해 실록은 침묵하고 있다. 다만 장영실이 중국에 오가는 도중에 난감한 사건에 휘말린 이야기 정도만이 기재되어 있다.

세종 12년 4월 27일, 이징(李澄)과 이군실(李君實) 등이 시종들과 참마(站馬), 곧 소식연락용 말을 써서 사냥을 나간 사건이 벌어졌다. 더욱 문제가 된 것은 그 장소가 조선이 아닌 중국 동관(東關)이었다는 것이다. 게다가 이들은 그 와중에 중국 관리들을 때렸고, 이 일이 요동도사(遼東都司)에게 발각되어 혼쭐이 났다. 죄질이 나쁜데다 외교문제까지 일으켰으니, 주모자인 두 사람은 외지로 귀양을 가고 곤장을 맞는 등 꽤 엄격한 처벌을 받았다. 하지만 세종은 장영실을 비롯한 일부 사람들의 처벌을 두 단계 내려주었다.

이후로도 장영실에게는 나라의 왕이 가장 든든한 후원자로 있어주었다. 장영실은 이미 세종 5년에 왕의 명령으로 천민의 신분에서 벗어나게 되었고, 벼슬까지 받았다. 이때 받았던 벼슬이 상의원별좌였는데, 정승과 판서만이 벼슬인 줄 아는 사람들에겐 그게 무슨 특별한 일인가 생각할지도 모르겠다. 그러나 노비의 신분이면서도 벼슬을 받았다는 것은 당시로서는 엄청난 파격이었다. 시골의 가난한 집 아이가 과거 장원급제를 하는 것은 노력으로 가능했을지라도, 노비의 신분으로 국가의 관리가 되는 것은 한없이 불가능에 가까운 일이었기 때문이다.

그런 점을 신경 썼는지, 세종은 15년 9월 16일, 장영실에게 호군(護軍)의 직위를 더해줄 것을 결정하면서 황희와 맹사성에게 이 문제를 의논했다.

"공교(工巧)한 솜씨가 보통 사람에 뛰어나므로 태종께서 보호하시었고, 나도 역시 이를 아낀다. … 영실의 사람됨이 비단 공교한 솜씨만 있는 것이 아니라 성질이 똑똑하기가 보통에 뛰어나서, 매양 강무할 때에는 나의 곁에 가까이 모시어서 내시를 대신하여 명령을 전하기도 하였다. 그러나 어찌 이것을 공이라고 하겠는가. 이제 자격궁루(自擊宮漏)를 만들었는데 비록 나의 가르침을 받아서 하였지마는, 만약 이 사람이 아니었다면 암만해도 만들어내지 못했을 것이다."

이처럼 세종이 장영실의 뛰어난 솜씨로 인해 그를 아낀다는 사실을 자세하게 밝혔던 것은, 천민 출신인 그에게 벼슬을 내리고 우대하는 조치에 반발이 일어날 것을 걱정했기 때문이다.

장영실의 경우 실제로 신하들이 반발을 했는지는 분명한 기록이 없지만, 원칙주의자인 허조는 기생의 자식을 상의원에 임용할 수 없다고 반대한 사실이 있다. 이 정도는 그래도 양반이다. 그러니 평생 장영실이 받아온 질시는 어떤 것이었을까. 조선 시대의 사람들이 모두 세종처럼 인재를 아끼는 드넓은 마음을 가지기를 바라는 것은 무리였을 것이다. 이후 장영실이 사소한 잘못을 저질렀는데도 마침내 파면당했다는 것을 생각한다면, 다른 신하들에게는 너그럽게 받아들여지지는 못했던 것 같다.

어쨌든 장영실이 이처럼 벼슬을 올려 받게 된 것은 역시 자격루(自擊漏)를 만들었던 공로 때문이었다. 지금까지도 사람들이 가장 궁금하게 생각하는 것은 어떤 원리로 자격루를 만들었냐는 것이다. 물시계는 그냥 물이 흘러 나오는 것으로 시간을 재면 그만일 것 같지만, 수압과 온도, 규격에 이르기까지 정밀한 작업이 필요했다. 현재 설계 도가 남아 있지 않아 정확한 원리를 알기는 힘들지만, 장영실이 만든 시계는 정교하기 그지없었다고 한다. 이후 장영실이 만든 흠경각(欽敬閣)의 옥루(玉漏)는 자격루보다 한층 더 업그레이드된 자동물시계 였다. 옥루는 정해진 시간이 되면 매 시간을 표시하는 동물 인형이 나와 북을 치고 시간을 알렸으며, 계절에 따라 봄 여름 가을 겨울의 풍경으로 바뀌기까지 하였다.

세종은 장영실이 만든 자격루가 원나라의 순제 때 만들어진 시계 보다 나을 것이라는 평가를 내렸다. 당시 동아시아 최대 문명국이었 던 중국의 것보다 뛰어난 기술이라니, 세종이 얼마나 기뻐했을까.

더구나 이보다도 중요했던 것은 바로 조선의 시간을 발견했다는 것이다. 시계는 시간을 표시하지만, 시간이란 결국 인간이 임의로 만 들어낸 것이다. 시간은 우주와 천체의 움직임을 기준으로 삼는다. 지 구가 1회 자전하는 것이 하루이고, 태양 주변을 한 바퀴 도는 것이 1 년이다. 그러니까 정확한 시간의 측정에는 천문학 지식이 필수적으 로 필요하다. 아주 먼 옛날 춘추전국 시대에서부터 우주와 시간은 중 국의 황제가 지배하는 것이라 여겨졌고, 제후나 오랑캐들은 황제의 시간을 받아 쓰는 것이라 생각했다. 조선도 예외는 아니어서, 꼬박꼬 박 중국의 달력을 받아왔다. 그러나 그 시간이란 중국의 수도를 중심 으로 측정된 것이었기에, 멀리 떨어진 조선에게 합당한 것일 리 없었 다.

어쨌든 장영실은 자격루를 만들기 전, 1432년과 1433년 6월 천문관측기구인 간의대(簡儀臺)와 혼천의(渾天儀)를 각각 만들었다. 따라서 자격루의 제작은 먼저 천문기구를 제작한 다음, 그 노하우를 토대로 진행되었을 가능성이 크다. 즉 장영실이 시행한 발명 프로젝트도 마음 내키는 대로 한 게 아니라, 치밀한 계획 아래 그 다음의 목표를 위한 준비단계를 차곡차곡 밟아나간 것이다.

그리고 마침내 장영실이 제작한 자격루의 제작은 '조선의 시간'을 발견한 것이었다. 흔히 자격루 기계장치의 정교함만을 생각하겠지만, 당시 정확한 시간, 그리고 조선 본위의 시간의 지표를 만들어낸 것은 중국 중심의 세계관을 박차고 나오는 혁명적인 시도였다. 이러한 사실은 자격루의 명(銘)에서도 이를 분명하게 언급하고 있다.

"이루시고 보필하여 귀루(晷漏)를 지었도다. 황제의 창작이나, 역대로 법은 달라 우리 동쪽 나라도 옛 제도가 허술하더니, 크나큰 이 제도를 비로소 만드셨네."

즉 시간의 제도를 중국에서 들여오긴 했지만, 이를 조선의 상황에 맞춰 현지화했다는 것이다. 더하여 세종은 이렇게 정확한 시계를 만들어내는 데에서 그치지 않고, 앙부일구(仰釜日晷), 곧 해시계를 만들어 보급하는 한편, 여러 가지 휴대용 해시계도 만들게 했다. 그런데다 정해진 시각마다 북을 치게 하여 도성의 사람들로 하여금 시간을 알게 했다.

이전에는 닭 우는 소리와 뜨고 지는 해가 유일한 시간의 기준이었으나, 조선의 시간이 발명된 이후 나라에서 시간을 알려주니 편리할 수밖에 없다. 시간이 왕의 개인 취미생활에 그치지 않고 민간에 퍼지게 되었으니, 자격루의 제작은 그만큼 중대한 사건이었다. 그래서 지금 만 원권 지폐 뒷면을 차지해도 부족함이 없는 것도 당연한 결과이다.

그런데 재미있게도 장영실의 업적을 소개할 때, 항상 '모든 생각은 세종에게서 나온 것이다' 라는 언급이 들어간다. 자격루도 그렇고 흠경각의 옥루를 만드는 기사에서도 모두 그 사실이 명기되어 있다. 세종만 하더라도 이 사실을 직접 언급했다.

"비록 나의 가르침을 받아서 하였지마는, 만약 이 사람이 아니었더라면 아무리 해도 만들어내지 못했을 것이다."

즉 아이디어는 세종이 내고, 장영실은 그 생각을 실제로 옮기는 손발의 역할을 담당했다는 것이다. 이런 기사를 볼 때마다 '세종이 과연 이렇게까지 다재다능한 인간일까' 하는 생각이 든다. 장영실만의 독창적인 생각이 아니었을지라도, 그 다양한 아이디어를 실물로 옮겨내는 장영실의 능력 또한 굉장한 것이다. 장영실은 자격루, 앙부일구, 흠경각의 옥루 등 대표적인 작품들 외에도 휴대용 해시계인 현주일구(懸珠日晷)와 천평일구(天平日晷), 정남일구(定南日晷), 규표(圭表), 그리고 각종 광물의 채광과 가마의 제작마저 도맡았다. 물론 이 모든 일을 장영실 혼자서 단기간에 해낸 것은 아니었지만, 입이 떡 벌어질 만큼 많은 것들을 만들었다. 어쩌면 세종 시대는 임금을 비롯하여 모든 신하들까지 엄청난 능력을 갖춘, 진정한 괴물들의 세계였는지도 모르겠다.

아쉬운 것이 있다면 장영실이라는 사람을 면면들이 살펴볼 수 있는 일화라든가, 어떻게 연구를 했는지는 물론이고, 실록 속에서조차 그 자신이 발언한 것은 단 한 번도 없다는 것이다. 다른 분야의 신하들이 임무에의 견해와 결과를 올릴 때 보고서를 쓰는 것과 달리, 장영실은 단 한 번도 그런 일이 없었다. 즉 장영실은 어디까지나 기술직이었고, 정치에 참여하지는 못했다. 사실 세종 자신도 그러기를 바랐을 것이다. 괜히 정치에 신경 쏟느니 할 일에만 집중하는 게 작업 능률도 올라가지 않겠는가. 하지만 그랬기에 정작 중요했을 때 장영실을 지켜주지 못했다.

세종 24년 3월 16일, 장영실은 자신이 제작을 감독했던 왕의 수레, 안여(安輿)가 부서진 것으로 의금부에 끌려가 국문을 당하게 되었다. 죄목은 불경죄였다. 때마침 조선에는 장영실의 가마가 부서진 것 말고도 이천(伊川) 행궁(行宮)의 부실공사로 건물이 무너지는 등 사고가 잇따랐다. 비록 사상자는 없었다고 하지만 왕의 명령을 제대로 따르지 않고 사고를 유발했다는 점에서 사헌부는 엄격한 처벌을 주장했다.

"신하의 죄는 불경(不敬)한 것보다 더 큰 것은 없는 것입니다. 그러므로 일이 불경한 데 관계되면 비록 작은 일이라도 용서하지 않는 법이온데, 하물며 그 큰 것이겠습니까."

장영실이 어떻게 국문을 당했는지, 무엇을 조사당했는지 자세한 내용은 기록에 없다. 다만 처벌받은 것은 장영실뿐만이 아니었다. 의금부의 조사 결과 장영실이 곤장 100대로 가장 무겁게 처벌이 내려진 것을 보면 최고 책임자였던 것을 알 수 있지만, 그 외에 가마의 제작 책임자였던 선공직장(繕工直長) 임효돈(任孝敦)과 녹사(錄事) 최효남(崔孝男), 그리고 대호군(大護軍) 조순생(趙順生) 등은 모두 곤장 80대에 매겨졌다.

세종은 특별히 명을 내려 처벌을 가볍게 하라고는 했지만, 세종 외에 장영실을 변호해준 사람은 기록상에 전혀 나타나지 않는다. 그리고 세종 24년 5월 3일의 기록을 마지막으로 장영실은 실록에 등장하지 않는다. 그래서 그의 마지막이 어떻게 되었느냐를 놓고, 아직까지도 많은 의문을 남기고 있다.

어쨌든 간에 조선의 역사에서 장영실과 같은 인물이 다시는 나타나지 못했다는 것은 참으로 안타까운 일이다. 여기에 또 한 가지 안타까운 일은 장영실이 쌓아놓은 업적이 이후의 시대로 이어지지 못했다는 것이다.

예를 들어 장영실의 작품이었던 자격루는 어느 틈엔가 망가져서 제 기능을 발휘하지 못하게 되었다. 지금 경회루에 전시되어 있는 자격루는 조선 중종 때 만들어진 것으로, 이미 그 중요한 부분은 사라져버리고 껍데기만 남아 있다. 장영실이 사라진 뒤 더 이상 자격루를 만들거나 수리할 인재가 없었던 것일까? 설마 누군가가 파괴라도 해버린 것일까? 그 사이 전쟁이 있었던 것도 아닌데, 어째서 이 중요한 기술이 실전된 것일까? 어째서 세종은 장영실의 실력을 계승할 만한 인재를 양성하지 않았던 것일까? 장영실의 재능을 꾸준히 아끼고 갈고 닦게 만들었던 사람이, 그 다음의 일을 미처 생각하지 못했다는 것은 이상하다. 장영실이 너무나도 독보적이고 뛰어난 나머지, 누구도 그의 업적을 대신할 수 없었던 것일까?

한 사람의 천재는 정말로 많은 일을 해낼 수 있지만, 그 주변의 보통사람들이 이해할 수 없다면, 천재의 업적은 그 순간 박제가 되어버린다. 아무도 그것을 활용하거나 개량할 수 없어진다.

사실 세종은 장영실을 대신하거나 보좌할 수 있도록, 과학의 재능이 있는 사람들을 찾았고, 또 조선에 두려고 했었다. 그 대표적인 예가 중국에서 온 네 사람의 기술자이다. 이들은 본래 야인들(여진족)에게 포로로 잡혀 있다가 조선으로 도망쳐왔는데, 이 중 특히 김새(金璽)는 손재주가 뛰어나고 기술이 있었다. 세종은 장영실에게 그들의 기술을 배우게 했다. 이들이 가진 기술에는 돌을 제련해서 금과 은을 만든다는 헛소리도 있었지만, 쓸모 있는 것도 많았다. 세종은 이 기술자들에게 기생을 아내로 내려주는 등 후대했고, 김새도 기뻐하며 조선에 남아 있으려 했다.

허나 여기에 제동을 건 것은 조정 대신들이었다. 이제까지 중국을 지성으로 사대(事大)해왔고, 야인들에게 잡혔던 중국사람들이 조선에 오면 중국으로 곧장 보냈으니, 김새를 붙잡아둘 수 없다는 것이 이유였다. 한편으로 벌써 1천 명이 넘는 중국사람을 보냈는데, 기껏 네 사람 정도 보내지 않는 게 무슨 문제냐는 주장도 있었다. 그래서 당시 조정에서는 어느 의견도 이기지 못하고 팽팽해져 있었다. 그런데 이 중국인들의 친척이 여전히 동녕위(東寧衛)에 살고 있어서 자꾸 소문이 났기에 어쩔 수 없이 중국으로 보냈다. 이것이 세종 19년 7월 6일의 일이다.

후계자가 없다는, 혹은 이후로 계승되지 못한 것은 단순히 장영실과 과학 분야뿐만이 아니라, 세종 시대 전반에 나타나는 문제이기도 했다. 많은 학문들은 화려하게 발달했지만 일찌감치 노성해버리고, 더 이상 자라지도 이어지지도 못했다.

한 시대의 천재가 나타나 너무나도 훌륭한 업적을 만들어놓자, 더 개발하거나 혹은 그것을 부정하여 새롭게 도전하는 대신, 있는 것을 그대로 고치고 또 고치며 더 낫지도 않고 못하지도 않게 버려둔 것이 이후 조선의 현실이었다.

후대에는, 그리고 어쩌면 지금까지도 장영실은 때를 타고난 천재였다고 말한다. 그러나 정작 세종이 그를 데려다가 키우고 물심양면 원조해주지 않았던들 그런 재능이 피어나기나 했을까. 세상의 모든 일은 혼자서 잘날 수는 없는 노릇이다.

이천
양반 출신의 기술자

세종 시기 과학기술의 발전을 주도한 인물 중 한 명인 이천(李藏)은 이른바 장영실의 선배라고 할 수 있다. 그러나 실록에서 기록이 드문 장영실과는 다르게, 이천이 수행한 일들은 몇 배나 더 많고 훨씬 자세하게 실록에 기록되어 있다. 이는 이천이 당당한 양반 가문에서 태어난 덕이라 할 수 있을 것이다.

이천은 본디 예안(禮安) 사람으로, 군부판서(軍府判書) 이송(李竦)의 아들이었다. 그가 벼슬길에 나아가게 된 것은 무과에 급제하면서부터였다. 실제로도 무예의 재능이 상당했지만, 그보다도 기술 분야에서의 성과가 혁혁했다.

그가 실록에 처음 등장하는 것은 태종 때이다. 태종 15년 8월, 당시 이천의 벼슬은 군기감정(軍器監正)이었고, 평안도와 영길도(永吉道)에서 비축하고 있는 옷과 갑옷의 숫자를 확인하는 일을 하였다. 하지만 이때 이천이 받은 임무가 하나 더 있었다. 두 도에서부터 한성에 이르기까지 산과 강물의 험하고 막힌 것, 즉 지형을 순찰하도록 한 것이었다. 그 외에 군사에도 재능이 있어, 대마도 정벌에서 공을 세우는 한편 충청도 병마도절제사를 담당하기도 했다.

그러나 역시 이천의 가장 뛰어난 재주는 기구 제작에 있었다. 이후 태종 시대 내내 별다른 기록이 없던 이천은 세종이 즉위한 직후 공조참판으로서 제기(祭器)의 주조를 감독했는데, 이에 세종은 감독관인 이천에게는 말을 한 필 하사하고, 기술자들에게는 무명[綿布]을 세 필씩 하사했다. 제기란 제사 때 쓰는 그릇들이다. 요즘이야 제사를 그렇게 요란하게 지내지는 않지만, 유교의 나라인 조선에서 선조를 잘 모시는 것이야말로 나라와 사회의 중요 목표이자 대의명분이었다. 크게 상을 내린 것도 그런 이유였을 것이고, 또 이런 중요한 일을 이천이 감독했다는 점은 중요하다.

하지만 무엇보다도 중요한 이천의 활약은 금속활자의 주조였다. 당시 활자를, 그것도 한자를 정확하게 주조해내는 것은 고도로 정밀한 기술이었다. 이천이 활자를 만들어내어 조선의 주조기술은 한층 더 발달했고, 이로써 자격루라든가 혼천의, 규표는 물론이거니와 각종 악기를 비롯한 기기들 역시 만들 수 있었던 것이다.

주조의 일은 이천이 책임자였고, 부감독으로 남급(南伋)도 참여했다. 그리고 직접 쇠를 녹이고 틀을 만들어낸 것은 실무 기술자들이었다. 감독의 자리는 이론 및 실무에 모두 해박하고, 여러 사람의 의견을 수렴하여 진행하는 책임이 있는 자리였다. 이천은 주조의 실무는 물론 사람들의 관리에도 뛰어나서 중용된 것으로 보인다. 당시 음악 제도를 정비하면서 박연 외에도 음률에 조예가 깊었던 맹사성이 투입된 것과 비슷한 경우이다.

그리하여 세종 3년 3월 24일, 개량된 활자가 만들어졌고, 인쇄물을 하루에 수십 장에서 수백 장씩 찍어낼 수 있었다. 이전에는 하루에 겨우 두어 장 찍어내는 데 그쳤던 것을 생각하면 실로 대단한 발전이었다.

이런 혁명이 가능하게 된 것은 활자의 근본적인 개량에 있었다. 이제까지 책을 찍으려면, 활판에 활자들을 놓고 녹인 밀랍을 부어 넣어 굳힌 다음 인쇄를 했다. 하지만 몇 번만 인쇄하면 활자가 움직여 잘못 인쇄되기 일쑤여서, 많은 양을 한 번에 찍을 수 없었다. 그러나 이천이 새로 만들어낸 활자는 규격을 정확하게 맞춰서 인쇄 중 활자가 뒤흔들리지 않아 더욱 빠른 인쇄가 가능하게 되었다.

하지만 활자의 주조는 쉬운 일이 아니었다. 세종 16년 7월 2일, 세종이 이천에게 또다시 새로운 활자를 만들게 하며 내린 말은 그간의 어려운 작업사정을 조금이나마 엿볼 수 있게 해준다.

"… 일찍이 경에게 (활자를) 고쳐 만들기를 명하였더니, 경도 어렵게 여겼다. 그러나 내가 강요하자, 경이 지혜를 써서 판(板)을 만들고 주자(鑄字)를 부어 만들었다. 이는 모두 바르고 고르며 견고하여, 비록 밀(밀랍)을 쓰지 아니하고 많이 박아 내어도 글자가 비뚤어지지 아니하니, 내가 심히 아름답게 여긴다."

그리고 이 일이 세종의 지엄한 명 아래 이루어진 것도 알 수 있다. 어쨌든 세종은 이렇게 굉장한 위업을 달성하기까지, 주자소(鑄字所)에게 술과 고기를 듬뿍 내리는 등 작업을 독려했다.

이렇게 해서 좋은 활자를 개발한 김에 세종은 자신이 원하는 책들을 마구 찍어서 신하들에게 뿌렸다. 공짜로 책을 얻으니 좋았겠다고 생각하겠지만, 왕이 책을 선물한 것은 그걸 읽고 열심히 공부하라는 의미에서 나온 것이리라.

세종 4년 10월 29일, 변계량이 지은 '새로운 활자에 대한 발문'에서도 활자를 만들었기에 교육에 훨씬 도움이 된다는 사실을 명시하고 있다.

"이로 말미암아 글은 인쇄하지 못할 것이 없어, 배우지 못할 사람이 없을 것이다. 문교(文敎)의 일어남이 마땅히 날로 앞서 나아갈 것이요, 세도(世道)의 높아감이 마땅히 더욱 성해질 것이다."

그런데 이천의 주조기술은 활자에만 한정된 것이 아니었다. 이천은 같은 해, 공관과 개인이 사용할 저울 1,500개를 만들어냈다. 더군다나 세종은 이렇게 만든 저울을 널리 보급한 것은 물론, 더 많이 만들어서 백성들이 마음대로 사갈 수 있게 하였다.

그 외에도 이천은 장영실 만큼이나 다양한 일을 담당했다. 도성 수축(都城修築), 탄광의 조사, 혼천의의 제작, 무쇠화포의 제작뿐만 아니라 중국에 사신으로 다녀온 일도 있었다.

재미있는 것은 이천이 양근(楊根)의 강물에 있는 바윗돌을 깨뜨리는 일까지 했다는 것이다. 때는 세종 12년 9월로, 날씨가 많이 가물어 강물이 얕아지자 돌을 깨뜨려 배가 오고가기 편하게 하기 위해서였다. 이 작업에 석공(石工)과 군인 100명을 동원하여 강물의 돌을 깨뜨렸다고 하니, 굉장한 대작업이었을 것이다.

한편 이천은 군사 분야에도 일가견이 있어 국토의 방비와 여진족 관련해서 의견을 내기도 했다. 이때에도 기술의 특기를 적용하여 군선을 더욱 빠르고 견고하게 하는 방안을 고안해서 상소하였다. 이천은 배의 재료와 구조는 물론 노후화를 비롯한 여러 문제에 정통했는데, 특히 대마도 정벌에서 얻어온 일본의 배를 통째로 뜯어내서 그 구조를 분석하고, 유용한 점을 조선의 배에 이용하도록 했다.

하지만 이렇게 다방면에 활약을 보인 이천이 계속 승승장구한 것은 아니었다. 세종 19년 즈음, 이천은 평안도 도절제사가 되어 파저강의 여진인들을 담당하게 되었다. 그리고 세종 22년 6월 9일, 이천은 국경 지역의 순찰을 건실하게 하지 않고, 여진족이 공격해 오는데 전선이 아닌 영변(寧邊)에 물러나 있다며 비난을 받았다. 또한 정벌의 공을 놓고 부하들이 다투거나 여진족의 공격 등으로 파직당하기도 했다. 물론 세종의 배려로 반년도 지나지 않아 풀려났다.

실록의 사관들은 이천에게 그리 호의적이지 않았으며, 오히려 냉소적이기까지 하다. 하다못해 천민 출신인 장영실에게도 안 하던 비난을 이천에게 퍼붓고 있다.

"이천이 다른 재능은 없고 이와 같은 기교(奇巧) 하나로 쓰이게 된 것이었다."

기술에 출중했던 이천이 장영실과 다른 점이 있다면, 이천의 생의 마지막은 분명하게 알려졌다는 것이다. 이천은 일흔이 훌쩍 넘도록 장수했는데, 세종의 뒤를 이은 문종은 이천에게 궤장을 하사했고, 이후로도 환도를 만든다거나 군선을 만드는 데 관여하게 했다. 그러다 문종 1년 11월 8일 이천은 76세로 세상을 떠나게 되는데, 이때도 졸기의 평가는 쌀쌀맞다.

"욕심이 많아 착복을 하고 중국에 오갈 때도 좋은 물건만 챙겨서 자기 배를 채웠다."

이 때문에 다른 사람들이 이천을 비루하게 여겼으니, 결국 좋은 말은 못 들었던 셈이다. 세종 시대 때 능력은 뛰어나지만 성격이 안 좋고 품행이 나빠 뒷말을 들었던 사람은 한둘이 아니었다. 그렇다고는 해도 이천이 어떻게 해서 기술에 일가견을 가지게 되었는지는 졸기에도 나와 있지 않다. 다만 그는 양반이면서도 기술에 능했고, 이것을 감독해서 더 나은 발전을 이끌어내게 했다. 비록 여러 가지 문제가 있다고 해도, 그가 미리 갈고 닦아둔 기반이 없었다면 장영실의 작업은 한층 힘들어졌을 것이다. 그런 점에서 그는 장영실보다 못하더라도 충분히 세종 시기 과학발전의 연구를 위해 다시 평가받아야 하는 인물일 것이다.

박연
조선의 음악을 만들다

젊어서부터 세종의 장기가 또 하나 있었으니, 그것은 바로 음악이었다. 세종은 아직 왕이 되기 이전인 충녕대군이었을 때부터, 형님인 세자 양녕대군에게 금슬(琴瑟)을 가르쳤을 정도로 음악에 조예가 깊었다고 한다. 글공부를 그렇게 좋아하면서 언제 음악을 잡을 틈이 있었을까 싶지만, 웬만해서는 잘난 척을 하지 않는 세종이 음악에 관해서만은 달랐다.

"내가 조금 음률을 안다."

이런 말을 할 정도로 음악에 자신만만했다. 이후 나이가 지긋하게 들어 몸이 아프면서도 음악 업무만은 끝내 손에서 놓지 않았고, 본인이 손수 막대기를 두들겨 가며 작곡한 곡만 해도 한두 곡이 아니다. 게다가 세종은 연주하는 곡을 듣고, 편경(編磬)에서 한 음이 다른 음에 비해 소리가 높다고 지적한 일도 있었다. 이에 사람들이 확인해보니, 제대로 돌이 갈려지지 않아 잘못된 음이 나왔다는 이야기는 유명하다. 이 일화는 야담도 아닌 실록에 당당히 적혀 있다.

아무튼 세종의 음악에 대한 재능과 열정은 실록 곳곳의 기록들이 증명하는 바이다. 그리고 무엇보다 이 시대의 음악이 크게 융성한 데에 세종이 뒷받침되었다는 것만큼은 의심의 여지가 없다. 그런데 왜 하필 음악이었을까?

지금 음악은 예술로서의 성격이 한층 더 강하다. 하지만 이 시대의 음악은 나라의 위엄과 세상의 조화를 상징했다. 나라에는 애국가가 있고, 힘든 일을 할 때 부르는 노동요가 있다. 노래는 사람들의 마음을 화합하게 하고 숨은 힘을 이끌어내게 만들기에, 통치 기술이자 정치적 수단이다.

유교사회에서도 음악은 예절이자, 도덕을 구현하는 매개체였다. 중국의 역사서 《사기》 중에는 《악서(樂書)》라는 것이 포함되어 있는데, 뜻 그대로 풀이하자면 음악의 책이다. 그런데 여기에서 말하는 음악은 단순히 리듬이나 가락이 아니라, 우주의 원리를 나타내는 학문이다. 훌륭한 악기를 만들어내고, 이들을 연주하여 우주의 조화로움을 묘사해내는 것은 왕의 위대함을 드러내며, 태평성대를 상징한다. 조화롭고 완벽한 음악을 만들어내는 일이야말로 통치자로서의 권위가 완전해지는 징표였고, 중국의 황제가 음악을 중시했던 것도 그 때문이다.

즉 세종이 만들려고 했던 것은 바로 조선왕조의 음악, 왕의 음악이었다. 조상들의 영광을 노래하고, 왕에게의 충성을 일으켜 온 백성들의 마음을 하나로 만드는 음악. 조선이 완전히 하나의 나라로서 그 주체성을 가지기 위해 음악 제도의 정비는 중요했다.

뿐만이 아니다. 음악은 굉장히 과학적인 학문이기도 했다. 궁(宮),

상(商), 각(角), 치(徵), 우(羽)라는 각 음값을 정하기 위해서는 정확하게 소리의 높낮이를 측정하고 여기에 맞게 악기를 만들어야 한다. 그리고 정확한 음을 내는 악기를 만드는 것도 결코 쉬운 일은 아니었다. 이를 모아 나라의 음악을 만들어내는 것은 진정으로 필생의 사업이었다.

세종 시대 음악의 업적은 네 가지로 정리할 수 있다. 아악의 정리, 황종율관의 제작 실험, 편경과 편종의 악기 제작, 신악의 창제와 정간보의 간행이 그것이다. 여기서 아악(雅樂)은 중국의 음악으로, 조선의 음악 정립을 위해 이론적인 기반을 마련하기 위한 것이었다.

세종 12년, 세종은 왕과 신하들이 학문과 정치를 논하는 자리인 경연에서 음악이론서인 《율려신서(律呂新書)》를 강독했다. 경연자리에서 중국의 고전들을 읽으며 '스터디'를 한 것은 세종 시대 때 특히 자주 있었다. 그런데 이때 조정 중신들과 더불어 음악이론을 공부한 것이다. 그렇게 3달 만에 책을 독파한 뒤 세종은 조선의 음악을 정립할 수 있다는 자신을 가진 모양인지, 이렇게 말했다.

"《율려신서》도 형식을 갖췄을 뿐이다. 우리나라 음악이 비록 진선은 못되나 중국에 부끄러울 것이 없을 것이고, 중국의 음악이라 해서 또 어떻게 바르다고 할까?"

이미 책을 읽기 전부터 세종은 조선의 음악을 정리하여 바로 세우려고 했었고, 이를 실행에 옮겼다. 그리고 이때 필요한 것은 음악에

능한 관리였으니, 바로 그가 박연(朴堧)이었다.

박연은 본디 어엿한 사대부이자 문관 출신으로, 젊어서 대금을 좋아했다는 기록이 있다. 또 영조 때 실록에 따르면, 박연은 자신의 가슴과 배를 두드리며 음률을 맞추었다고 한다. 몸 자체가 악기였다는 것일까. 어쨌든 박연은 행정직이나 다른 관직에는 그다지 빛을 못 보았지만, 나라의 음악을 바로잡는다는 일념하에 그 누구보다도 열심히 활동했다. 어떻게 음악을 준비하고, 악기를 준비하며, 악률(樂律)을 보전해야 하는지 계속해서 상소를 올리다 보니 무려 450개에 이르렀다. 이 중 세종 8년 4월 25일 올린 상소는 특히 길고 장황한데, 이로써 당시 음악에 대한 박연의 견해를 확실하게 확인할 수 있다.

원래 특정 관부에서 어떤 일에 관한 보고나 의견서를 올릴 때는 보통 관부의 이름으로 올라오지, 한 개인의 이름으로 올라오지는 않는다. 하지만 음악과 관련된 보고서에는 대부분 박연의 이름이 들어가 있다. 이처럼 박연이 음악에 뛰어난 재능을 가졌다고는 하지만, 그가 혼자서 음악을 담당한 것은 아니었다.

악학제조(樂學提調), 그러니까 음악 분야 관리 중에서 가장 높은 벼슬에 있었던 것은 맹사성이었다. 본디 맹사성이야말로 박연이 등장하기 전까지 조선 정부에서 음악의 최고 전문가였다. 그는 음악을 너무 좋아해서 언제나 소매 속에 피리를 넣었다는 일화도 있거니와, 태종 시기에는 맹사성이 지방도관찰사로 발령이 나자, 당시 영의정이었던 하륜은 오직 맹사성만이 오음(五音)에 밝아 그가 없으면 음악을 담당할 사람이 없기에 한성에 남겨서 악공을 가르치게 하라고 건의했을 정도였다. 맹사성뿐만 아니라 남급(南伋) 역시 악기 제작에 참여했는데, 그는 활자를 만드는 등 주조의 권위자였다. 더군다나 훗날 장영실이 악사(樂師)라고 말해진 것을 보면, 장영실 역시 정밀한 악기 제작에 참여했을 것이다.

결국 세종 시기 음악의 정비는 (다른 분야의 일들도 모두 그러하지만) 다른 분야에서 축적된 기술이 종합된 성과였던 것이다. 그렇다곤 해도 이 가운데 박연의 기여가 대단했던 것은 분명한 사실이다.

그런데 음악 분야에서 특이한 사실은 세종이 시행했던 다른 정책과 달리, 세종과 그 담당 실무자의 의견이 정면으로 충돌했다는 점이다. 즉 중국의 음악인 아악(雅樂)을 중심으로 하려는 박연과 조선 본래의 음악인 향악(鄕樂)을 중심으로 하려는 세종의 의견이 맞지 않았던 것이다. 박연은 실록에 실린 수많은 상소를 보면 금방 눈치챌 수 있을 만큼 극도의 음악 마니아였는데, 이론적 정통에 입각해서 중국의 음악 그대로를 따라함이 마땅하다고 생각했다. 중국 고문헌을 근거로 해서 악기를 복원하고, 이로써 완벽한 아악을 연주해야 한다는 것이다. 요약하자면 중국의 고전《예기》에 나오는 주나라 때의 음악으로 돌아가자는 것이다. 하지만 세종은 조선 본래의 음악인 향악을 나라의 각종 행사와 제사에도 연주해야 한다고 생각했다. 이렇게 세종과 박연의 의견이 첨예하게 충돌하자, 세종은 거의 드러내놓고 박연의 의견에 반대했다.

"중국의 풍류를 쓰고자 하여 향악을 버리는 것은 결코 불가하다."

두 사람의 의견 조율에 나선 것은 언제나처럼 맹사성이었다.

"성상의 하교가 과연 그리하옵니다. 어찌 향악을 모두 버릴 수 있 겠습니까. 먼저 아악을 연주하고 향악을 겸해 쓰는 것이 옳습니다."

세종은 여전히 제사 음악에도 향악을 쓰고자 했다. 조상들이 살아 생전 들었던 음악을 제사 때에도 연주해야 마땅하다는 것이다. 하지 만 아악을 중심으로 하자는 신하들의 의견에 밀려 결국 종묘제례는 물론이요, 원단, 사직, 기우제, 선농과 같은 자잘한 제사에도 향악이 쓰이지 않게 되었다.

그러나 남양에서 경석이 발견되어 편경과 편종이 만들어졌을 때, 세종은 다시 한 번 아악은 중국의 것이지 조선의 것이 아니고, 중국 과 우리나라는 풍토도 다르며, 중국의 음악 역시 정확한 기준이 아니 라고 말했다. 특히 이때 세종은 자신의 편을 들어주며 "(아악의) 사이 사이에 속악(향악)을 연주하는 일이 있었다."라고 했던 맹사성에게 이 렇게 말했다.

"박연과 정양은 모두 신진인사들이라 오로지 그들에게만 의뢰할 수 없으니, 경은 유의하라."

즉 맹사성으로 하여금 그들을 감독하게 하는 한편, 간접적으로 박연에게 불만을 드러낸 것이다. 당시 음악의 실무를 거의 도맡고 있던 박연, 그리고 그의 후배격이었던 정양을 신진인사라고 언급한 것은, 이들을 지나치게 깎아 평한 게 아닐까 싶다.

그렇지만 이 문제는 세종도 결국 어쩔 수 없는 일이었다. 애초에 모든 음악의 제도가 중국에서부터 온 것이었고, 악기도 마찬가지였다. 그러니 음악의 제도는 당연히 중국의 음악인 아악이 중심이 되어야 한다는 것이 박연뿐만 아니라 예조, 그리고 당시 조선 사회의 일반적인 관념이었다.

문제는 당시의 음악 제도 대부분이 중국에서 들여온 것이었고, 음악의 이상에 다가갈수록 중국의 것이 될 수밖에 없었다는 데 있었다. 무엇보다 향악이 중요하다고 생각했던 세종 자신도 여기에서 벗어날 수 없었다. 따라서 음악의 현지화라는 것 자체가 태생적인 한계를 가지고 있었던 것이다.

아악과 향악의 대립으로 인해 세종은 박연을 탐탁지 않아 했고, 이 사실이 더욱 분명하게 드러난 것은 황종율관(黃鐘律管)의 제작에서였다. 음악을 하고 악기를 만들려면, 가장 먼저 선행되어야 하는 것이 절대 기준음을 찾는 것이다. 그래서 세종 9년 5월 15일, 박연은 율관을 만들어냈다. 율관은 본래 중국의 검은 기장인 당서(唐黍) 1,200개가 안에 꼭 들어차도록 만든 관이었다. 중국의 음악이론대로 황종의 관을 만든 것이었는데, 세종은 수고했다는 말 대신 토를 달았다.

"기장이 중국의 기장일 텐데 어떻게 조선의 기장으로 만들 수 있겠느냐."

확실히 틀린 말은 아니다. 실제로도 박연이 만들어낸 조선 기장의 율관은 정확한 음이 나지 않는다고 해서, 대신 밀랍으로 인조 기장을 제작하기도 했다. 이렇게 시행착오와 실험을 거쳐 고생스럽게 만들어낸 황종음이건만, 결국 중국의 것과 비교했더니 조금 높다는 것이 밝혀졌다.

굳이 이런 예를 들지 않더라도 이론과 현실은 다른 법이다. 더군다나 예기의 음악 관련 규정들은 세종 시대를 기준으로 해도 거의 2천 년도 훨씬 이전의 것이다. 그렇게 오래된 것을 제대로 조선의 현실에 적용할 수 있을 리 없지 않은가. 박연의 생각이야말로 지나치게 이상적인데다가 갑갑하기까지 하다. 하지만 이렇게 생각할 수 있는 것도 우리가 현대의 사람이기 때문이다. 그 당시에는 아악의 절대적인 위상 앞에서 향악은 수그러들었고, 적당히 타협을 할 수밖에 없었다.

그런데 세종 시대 음악의 발전에 특히 문제가 된 것은 박연 개인의 능력 및 도덕성 문제였다. 박연은 음악에는 열정적이고 열심이었지만, 다른 분야에서는 그러지 못했다.

세종 26년, 박연은 중국에 사신으로 다녀오다가 실수로 사신의 징표인 부험(符驗)을 관에 놓고 오는 대형사고를 쳤다. 국경 즈음에 와서야 부험을 빼먹고 온 것을 안 박연은 몰래 사람을 보내어 이를 찾아오게 했고, 이 사실을 감쪽같이 숨겼다. 하지만 이를 안 세종은 사신의 지켜야 할 바를 못 지켰으며, 무엇보다 이를 솔직히 고하지 않고 숨겼다는 죄목으로 박연의 고신을 빼앗았다. 그런데다가 2년 뒤에는 돈을 받고 사람들의 잔치에 악공들을 동원시킨 일로 파직까지

당했다. 또한 누나의 장례에 가서 재산만 챙겨 올라왔다고 뒷소리를 듣는 한편, 유언비어를 퍼뜨렸다고 해서 처벌을 받은 적도 있었다.

　세종은 능력이 있는 신하들에게 대체로 너그러웠으나, 박연에게는 조금 각박했다. 내심 박연을 갈아치울 생각도 했는지, 박연이 병에 걸리자, 박연을 대신할 사람이 있겠느냐고 찾았던 것이다. 이때 거론된 것이 정양이었다. 정양 역시 본디 사대부였는데 당시 음악의 천재로 떠오르고 있었으나 박연에는 아직 못 미친다는 평을 듣고 있었다. 세종은 박연으로 하여금 정양에게 음악을 가르치게 했다. 결국 박연은 무사히 병에서 나아 세조 시기 즈음까지 살았고, 정양은 이후 누명을 쓴 박연을 구하기 위해 목숨을 걸고 상소를 하기도 했으니, 두 사람은 스승과 제자이면서도 정으로 끈끈하게 연결되어 있었다. 결국 음악 제도의 확립은 세종의 뜻대로 되지 않은 일 중 하나였다.

　현대의 한국인으로서 세종 시대 향악이 아악에게 밀린 것은 어쩔 수 없이 아쉽게 느껴진다. 하지만 향악 중심의 음악 제도를 확립하지 못했다고 해서 세종 시기의 음악 업적을 폄하하는 것은 옳지 못하다. 애초에 세종 시대의 음악은 나라와 왕의 음악이었다. 이때 만들어진 악기를 이용해서, 세종대왕은 잘 알려진 〈용비어천가〉에 노래를 달고, 백성들과 즐거움을 나눈다는 노래 〈여민락〉도 만들었다. 특히 세종의 말년에 직접 막대기로 땅을 두들겨 가며 작곡했던 음악이야말로 새로운 음악, 곧 신악(新樂)이라고 했는데, 세종이 세상을 떠난 뒤 나라의 각종 제사에 쓰이는 음악은 신악이 중심이 되었고, 아악은 그 입지를 잃어버렸다. 결국 조선에서 새로운 왕의 음악을 만들려고 했던 세종의 목적은 훌륭한 성과를 거둔 것이었다. 세종의 사후, 그리고 현대에 이르러 1995년 유네스코에서 세계유산으로 채택된 종묘대제례(宗廟大祭禮)는 바로 세종 시대 때 이룩한 음악 제도가 밑바탕에 깔려 만들어진 것이다.

오례의 정리
조선의 정체성을 세우다

실록은 흔히 정치와 역사적 사건을 담고 있지만, 그 외에도 지도 와 문화와 풍습까지 많은 정보를 담고 있다. 그리고 세종실록의 부록 들은 그 어느 실록보다 많은 기록을 담고 있으니, 그것은 칠정산(七政 算禮) 내외편, 지리지(地理志), 그리고 오례지(五禮志)이다. 칠정산은 새로이 개정한 달력이고, 지리지는 당시 조선이라는 나라의 모든 것 을 기록한 것이다. 여기에는 세종 시대 조선 각 곳의 호구 수는 물론 지역의 특색, 특산품 등을 기록하고 있어, 지금 우리가 조선 시대의 지명과 지역을 연구할 때 중요한 자료이다.

그리고 이것보다 더욱 중요한 것이 예를 기록한 오례지이다. 오례 는 나라의 중요한 제사들인 길례(吉禮), 국장(國葬)이나 장례에 관한 흉례(凶禮), 군대의 출정이나 전쟁과 관련된 군례(軍禮), 사신들을 접 대하고 맞이하는 빈례(賓禮), 왕세자나 빈의 책봉, 왕과 세자의 결혼, 축하연에 관한 가례(嘉禮) 등 다섯 가지 예법을 말한다.

예제의 정리는 세종 시대의 조선에서 무엇보다도 중요한 업적이 다. 지금 우리가 허례허식이라고 생각하기 일쑤인 많은 유교식 예절 과 제사들은 본디 그렇게 해야 할 필요가 있었기에 만들어진 것이다.

어른을 보면 인사를 하고 존댓말을 쓰는 것은 사회의 위계질서를 유지하기 위해서이다. 하다못해 제사상에 올리는 음식 하나, 숫자, 모양새까지 무엇 하나 허투루 놓인 것이 아니고 모두 저 나름의 이유가 있었다. 하물며 나라라면 어떠했겠는가? 왕과 신하가 만나고, 헤어지며, 태어나고, 축하하고, 슬퍼하는 등 이 모든 일을 치를 때, 왕과 신하라는 서로의 역할에 맞춰 시행하는 격식과 지켜야 할 것이 있었다. 이것이 오례이며, 이것들이 모여서 만들어진 것이 조선이라는 나라의 정체성이다.

여기에 태종 때의 일을 예로 들어보자. 당시 세자였던 양녕대군이 중국에 사신으로 갔는데, 황제를 만나 인사를 할 때 작은 소동이 벌어졌다. 세자가 황제에게 인사를 하는데, 양녕을 수행하던 시종관들이 누구는 절하고 누구는 인사만 한 것이었다. 즉 조선은 세계 최고 강대국이었던 중국의 황제 앞에서 국가적인 망신을 당한 것이다. 당시 조선이 세워진 지 이미 수십 년이 지났건만, 황제를 상대로 인사를 할 때의 예절마저 갖춰지지 않았다는 것이니, 조선 내의 다른 예절은 제대로 지켜졌을까?

세종 시대에는 바로 이런 예절의 절차가 정리되었다. 예제들이 비록 중국이나 이전 시대의 것을 참조했다고는 하지만, 단 한 대에 완전히 마련되었다는 것은 정말로 굉장한 일이다. 사실 박연을 통한 음악 제도의 정리는 바로 이런 예제를 정리하는 일환으로 함께 시행된 것이다.

더욱 중요한 것은 이런 제도들이 만들어진 것뿐만 아니라 완벽하게 정리된 문서로 완결되었다는 것이다. 아무리 훌륭한 업적이라도 정리되어 이후에도 이용할 수 있어야 가치 있는 법이다. 이렇게 세종 시대 때 기반이 마련된 예제들은 모두 수백 년 동안, 조선왕조가 멸망할 때까지 계속 이용되었다.

이것을 가능하게 한 것은 '조선을 만들고자 한' 세종이었으며, 이를 도운 것은 바로 집현전이었다. 세종 생전에 왕의 자문기관 역할을 맡았던 집현전은 각종 예법을 정리하여 왕에게 올렸으며, 승하 뒤에는 이를 오례지로 엮었다. 이렇게 많은 예법들은 세종실록의 분량을 늘어나게 하는 데 일등공신의 역할을 하였다.

이런 작업을 통해 조선은 비로소 고려의 그림자를 모두 벗어던지고, 조선이라는 새로운 나라로서의 정체성을 가질 수 있게 되었다. 그리고 한편으로는 중국의 영향에서도 벗어났다. 세종은 아무리 중국의 예법이라도 조선의 실정에 맞지 않다면 굳이 강요하지는 않았으니, 대표적인 것이 결혼제도이다. 조선 초기만 해도 남자가 여자의 집으로 장가를 갔지, 여자가 남자의 집으로 시집가지는 않았다. 이를 중국식으로, 즉 여자가 시집가는 것으로 바꿔야 한다는 의견이 일었지만, 세종은 풍습을 하루아침에 바꿀 수 없다는 이유로 반대했다.

물론 이때 세종이 만들어낸 예제들도 바로 시행된 것은 아니었다. 제사의 절차만 하더라도 참여하는 사람들의 몸에 익히기까지 많은 시간을 들여야 했으니, 예제는 고작 1, 2년으로 완성될 수 없는 수십 년짜리 장기 프로젝트였다. 하지만 당장 결과가 나오지 않는다고 조급해했다면 세종 시대에 이루어진 많은 일들의 태반이 완성되지 못했을 것이다. 당대에는 쓸모없거나 너무 어렵고 힘든 일로 여겨졌어도, 십년이 훨씬 넘는 시간을 들여 천천히 모든 일들을 정리하였다. 이런 것들이 모두 기록되고 전해졌기에 후손들이 그 혜택을 누릴 수 있게 되었으며, 이 시대에 역사를 공부하는 사람들 역시 공부할 거리들을 얻게 되었다.

당장 크게 눈에 띄는 것, 화려한 것, 쉽게 끝나는 것, 훌륭한 것들이 아니라 그보다 더 자잘한 것들을 챙기고 결과가 나올 때까지 오랜 시간을 참고 버티며, 아주 먼 훗날을 생각한 정책들을 시행했다는 데에서, 세종은 진정으로 조선의 백년지계를 닦은 왕이었다.

훈민정음 창제
조선 고유의 문자를 만들라

전 세계적으로 나라가 주도해서 나라의 문자를 만드는 일이 간혹 있기는 했다. 여진문자를 만든 금나라나, 파스파 문자를 이용한 원나라처럼 말이다. 그러나 이런 문자들은 한자를 어설프게 본뜨고 흉내낸 데에 그쳤으며, 얼마 이용되지도 못하고 잊혀 그 시대를 연구하는 학자들을 괴롭히는 숙제로 남았다. 하지만 한글은 만들어진 이래 오랜 생명력을 가지고 지금까지 활용되고 있으며, 역사와 문학, 그리고 예술에 이르기까지 많은 산물을 남겼다. 그러니 한글을 세종 시대 최대의 발명이자 업적으로 꼽는 것에 이견이 없을 것이다.

그런데 이런 위대한 문자가 어떻게 시작되고 만들어졌는지 전혀 밝혀지지 않았다는 사실은 의외이다. 훈민정음의 창제 과정을 그나마 가장 정확하게 싣고 있는 조선왕조실록에서도 한글에 대해서는 너무도 적은 정보만을 싣고 있다. 그렇기 때문에 한글 창제에는 미스터리라고 말해도 될 만큼 많은 수수께끼가 있다. 우선 한글을 과연 누가 만들었느냐는 문제는 (학술상의) 치열한 쟁패전으로까지 이어지고 있다.

훈민정음의 창제 사실 자체를 기록한 세종실록 25년 12월 30일에는 세종이 '친히' 언문(諺文) 28자(字)를 지었다는 기록이 있다. 그렇다면 한글을 만든 것은 세종대왕 자신이라는 소리다. 그런데 당시 왕으로서의 격무와 여러 질병에 시달리고 있던 세종에게 그만한 여유와 시간이 있었겠느냐, 라는 반론도 있다. 어느 것이 정설이라고 단정을 내리기는 어렵지만, 훈민정음을 세종이 만들었든, 아니면 다른 사람들과 힘을 합쳐서 만들었든 훈민정음 창제의 위대함에 일말이라도 흠이 가는 것은 아니다.

어쨌든 세종은 언어학에도 많은 관심을 가지고 있었다.

세종 28년 9월 29일에는 훈민정음의 반포기사와 더불어 창제의 내력에 대한 약간의 정보가 기재되어 있다. 우리나라 사람들이라면 대부분 외울 만큼 유명한 내용이다.

"나랏말이 중국과 달라 한자(漢字)와 서로 통하지 아니하므로, 우매한 백성들이 말하고 싶은 것이 있어도 마침내 제 뜻을 잘 표현하지 못하는 사람이 많다. 내 이를 딱하게 여기어 새로 28자(字)를 만들었으니, 사람들로 하여금 쉬 익히어 날마다 쓰는 데 편하게 할 뿐이다."

이는 훈민정음의 어제(御製) 첫 부분이다. 어제란 왕이 직접 쓴 글이다. 그런데 이제까지의 많은 업적들, 예를 들어 자격루나 활자 만들기, 음악을 정리하고 그 의의를 서문으로 정리할 때에도 세종이 손수 글을 쓰는 일은 드물었다. 뿐만 아니라 어세의 내용은 훈민정음의 반포 의의는 물론이거니와 그 문자의 원리를 자세하게 설명하고 있다. 또한 훈민정음에 대한 깊은 이해와 자부심, 그리고 애정까지 드러내고 있는데, 여기에서 한글의 창조자로서의 인상을 강하게 느낄 수 있다.

어제의 다음에는 당시 예조판서였던 정인지가 쓴 서문이 수록되어 있다. 여기서 훈민정음의 의의를 자세하게 설명하고 있는데, 문장과 표현은 어제에 비해 유려하지만 훈민정음에 대한 열정은 세종에 비해 다소 부족해 보인다. 그 내용은 다음과 같다.

"천지(天地) 자연의 소리가 있으면 반드시 천지 자연의 글이 있게 되니, 옛날 사람이 소리로 인하여 글자를 만들어 만물(萬物)의 정(情)을 통하여서, 삼재(三才)의 도리를 기재하여 뒷세상에서 변경할 수 없게 한 까닭이다. 그러나 사방의 풍토(風土)가 구별되매 성기(聲氣)도 또한 따라 다르게 된다. 대개 외국(外國)의 말은 그 소리는 있어도 그 글자는 없으므로, 중국의 글자를 빌려서 그 일용(日用)에 통하게 하니, 이것이 둥근 장부가 네모진 구멍에 들어가 서로 어긋남과 같은데, 어찌 능히 통하여 막힘이 없겠는가. 요는 모두 각기 처지(處地)에 따라 편안하게 해야만 되고, 억지로 같게 할 수는 없는 것이다."

이렇게 두 글을 비교해보아도 금방 드러나듯이, 훈민정음 창제에 세종이 얼마나 간여를 했던지 간에, 훈민정음에 지극한 애착을 가지고 있었던 것을 확인할 수 있다. 따라서 세종이 이것을 보급하고자 몸소 언문서를 작성하거나, 언문청(諺文廳)을 설치하는 한편 신하들을 들들 볶았던 것도, 그리고 훈민정음에 반대 의견을 제시한 신하들에게 유난히 신경질적인 반응을 보인 것도 그리 이상하지는 않다.

그렇다고는 해도 자세한 창제의 과정이 여전히 궁금한 것은 사실이다. 한글은 어떻게 만들어졌을까? 정인지의 서문에서 언급된 바에 따르면, 한글의 필획들은 물건의 형상을 본떴고 글자는 고전(古篆), 곧 전서체를 모방한 것이다. 이들 문자는 결국 가로선과 세로선과 점인 것이니 기본에서 온 것이다. 한때 한글의 창제 모델로 창살이 들어지기도 했다. 네모 격자로 계속 연결된 창살의 모양에 따라 ㄱ, ㄴ, ㄷ, ㄹ 등을 만들고 문고리의 둥그런 모양에서 ㅇ이 나왔다는 것이다. 꽤 그럴 듯하게 들리기도 하지만, 지금으로서 한글의 가장 중요한 모델로 들 수 있는 것은 역시 구결이다. 구결은 어떻게 한자를 발음하느냐를 표기하는 기호이다. 한자는 표의문자이고 한글은 표음문자이다. 그런데 세종의 말마따나 중국의 글자는 조선의 말과 달라서 어떻게 발음하느냐가 문제가 된다.

옛날 고문서를 보면 때로 한자 옆에 작은 점을 찍거나 표기를 해둔게 있는데, 손톱으로 눌러서 표시해놓는 경우도 있으며, 그 종류도 다양해서 수십 가지가 넘는다. 이런 구결의 생김새들도 직선과 점으로 구성되어 있으니, 한글의 모양새가 여기에서 왔을 가능성이 있다. 하지만 이런 구결은 어디까지나 한자를 발음하기 쉽게 하는 수단일 뿐이지, 그 자체를 문자라고 할 수는 없다. 기호를 문자로 만들고, 이 문자를 또 문장, 곧 글로 만들어내기까지는 많은 작업이 필요했다.

수수께끼의 실마리를 풀 수 있는 열쇠는 역시 집현전이다. 세종이 오랫동안 운학(韻學), 그러니까 언어학에 몰두했던 것만은 분명하다.

당시 집현전의 젊은 천재들이었던 신숙주, 성삼문 등이 여기에 동원되었다. 특히 신숙주는 중국어, 일본어는 물론 몽골어, 여진어를 비롯해 모두 7개 국어에 능통하여 언어학적인 면에서 많은 도움을 주었을 것 같은데, 아쉽게도 이를 입증할 만한 결정적인 증거는 없다.

그렇다면 세종은 어째서 훈민정음을 만들려 했을까. 세종은 훈민정음을 만들며, '백성들을 가르치는[訓] 바른 소리'라는 이름 그대로 이 문자를 통해 백성들을 교화하겠다는 의의를 천명했다. 그런데 왜 세종은 백성들에게 올바른 소리, 그리고 글자를 알리려고 했을까.

이제까지 가장 잘 알려진 이야기는 세종 10년, 진주에 사는 김화(金禾)라는 사람이 아버지를 죽이는 불효를 저지른 사건이 계기가 되었다는 것이다. 사실 유교 국가에서 자식이 부모를 죽이는 것만큼, 그리고 신하가 왕에게 반역하는 것만큼 큰일은 없었다. 하지만 사실 종이 상전을 욕보이고, 자식이 부모를 괴롭히는 사건들이야 그때에도 지금과 변함없이 벌어졌다. 세종은 이것이 백성들이 배우지 못했기 때문이라고 생각했다. 만약 도덕적인 이야기와 교훈을 백성들에게 읽히게 한다면, 악한 일이 벌어지지 않고 효자와 효녀가 많이 만들어질 것이니, 이를 위해 사람들에게 널리 보급하겠다는 이야기였다.

세종은 훈민정음 훨씬 이전부터, 이두를 사용해서 백성들에게 고전을 보급하려는 계획을 시행하기도 했다. 그런데 이두는 신라 시대 이후로 써 왔다고는 하나 배우거나 사용하는 데 굉장히 어려운 문자이다. 이두문은 한자를 쓰되 한자가 아니며 우리말이되 우리말이 아닌 이상한 체계로, 정해진 규칙 없이 제멋대로였다. 글이야 모두 한자로 쓰여 있지만, 무엇을 뜻으로 읽을지 무엇을 소리로 읽을지는 쓰는 사람 마음이고 읽는 사람 마음이었다. 그러니 쓰기에 불편하고 효율도 나쁘다. 그렇다면 새로 좋은 것을 만들자. 이것이 세종이 내린 결론이었던 것 같다.

백성들이 저지르는 잘못이란, 어떻게 보면 형리에게 시켜 처벌을 하면 끝나는 일이다. 하지만 세종은 범죄자를 처벌하는 데 그치지 않고, 그 근본적인 원인부터 고치려 했다. 물론 문자를 만드는 것만으로 백성들이 모두 똑똑해지는 것은 아니고, 효자가 되는 것도 아니다. 하지만 원래 그들은 무식하니 어쩔 수 없다며 버려두는 것보다는 훨씬 생산적인 시도였다.

그리고 훈민정음의 진가는 세종의 시대가 아니라, 훨씬 이후에 드러나게 되었다. 지금 이 시대가 증명해주고 있지 않은가.

세종은 조선을 만들어내는 것이 무엇보다 중요하다고 생각했다. 그래서 외국, 특히 중국의 것을 받아들이되 그것에서 그치지 않고 조선만의 현지화를 이루고 원칙을 만들어낸 것이다. 장영실을 시켜 조선의 시간을 만들게 하고, 박연을 시켜 조선의 음악을 만들게 한 것, 그리고 같은 연장선상에서 마침내 조선의 문자를 만들었다.

당시 유교정신과 중화사상 한가운데에서, 이것을 생각해내고, 행동으로 옮기고, 그리고 결과물마저 이끌어낸 것만으로도 세종이 대왕이라 불리움은 마땅한 것이다.

훈민정음 프로젝트
성삼문과 신숙주, 젊은 천재 단짝

한글은 어떻게 만들어졌을까? 세종이 아무리 천재라고 해도 문자를 처음부터 끝까지 만들어내는 것은 무리였을 것이다. 그러니 세종의 아이디어를 갈고 닦아주고, 이론을 공고히 하며, 더 좋은 방법을 찾아낼 수 있도록 언어학 지식과 능력을 갖춘 인재들의 도움이 필요했다. 그러니 신숙주와 성삼문을 비롯한 집현전 인물들이 대거 제작과정에 참여했을 것이다.

이들이 어째서 음운학을 연구하고 훈민정음 제작에 참여했는지를 생각한다면, 이유는 간단하다. 집현전 학사들이 상대적으로 한가했기 때문이다. 황희나 김종서를 비롯한 그 외의 관리들은 국정을 전담했고, 때로 지방에 내려가 세금을 거두고 국방문제를 해결하고 굶주린 백성들을 먹여 살리느라 정신없이 바빴다. 그에 비해 집현전 학사들은 임금님이 내려주신 밥을 먹으며 때로 특별휴가(사가독서)를 받아가면서까지 공부만 했으니 시간적, 정신적 여유가 있었다.

그리고 이들 신진관료들은 세종 대에는 아직 청년으로, 정계에서 활약할 만큼 나이가 많지도, 관록이 붙지도 않았다. 아직 당파싸움도 나타나지 않을 때였다. 더구나 훈민정음 프로젝트를 수행할 수 있을 만큼 체력과 시간이 남아돌고 충분한 지식도 가지고 있었다. 그래서 한글창제에 우선 직접 관여했을 가능성이 높은 사람들을 뽑는다면, 역시 집현전, 그리고 성삼문과 신숙주가 되겠다.

먼저 두 사람들의 프로필을 보자. 성삼문(成三問)은 조선 시대 알아주는 명문가의 자제였다. 태조의 총신이자, 조선 초기의 대신이었던 성석린(成石璘)의 증손자뻘이었다. 대대로 문필들을 배출한 유명한 가문이었지만, 나라의 어려운 일에 솔선수범의 의미로 성삼문의 고모 한 명이 공녀로 명나라로 보내진 적도 있었다.

신숙주(申叔舟) 역시 이에 지지 않을 명문가의 자제로, 앞에서 말했듯이 공조참판을 지내고 역시 집현전을 거쳤던 신장(申檣)의 셋째아들이었다. 신장도 뛰어난 인물이었지만 술이 지나친 바람에 갑자기 죽어서, 꼬장꼬장한 성격의 허조마저 "술이 이처럼 어진 이를 데려가 버렸다."라고 한탄했을 정도였다.

성삼문은 세종 20년, 신숙주는 1년 뒤인 21년에 문과에 급제했고, 나란히 집현전에 들어갔다. 신숙주는 원래 이름난 언어의 천재였고, 성삼문도 과거 장원 출신인데다 열정과 행동력도 가지고 있었다.

세종 22년 즈음, 세종이 차츰 언어학에 관심을 가졌음을 입증해주는 증거가 나타나기 시작한다. 운학(韻學)이 바로 그것이다. 세종 22년 6월 26일, 세종은 경연에서 《국어(國語)》와 《음의(音義)》를 읽었던 것으로 되어 있다. 이 중 《국어》는 동명의 역사서가 있어 애매하지만, 《음의》는 문자의 소리에 대한 책이다. 세종은 이 책들의 내용에 빠진 것이 많다고 보고, 중국에서 다른 책을 구했지만, 거기에는 빠진 것이 더 많았다고 한다. 그러자 이번에는 같은 책을 일본에서 구하고 보음(補音) 책 3권을 더 구했지만, 여전히 완벽하지 못했다. 이에 세종은 집현전으로 하여금 경연에서 읽은 책을 기반으로 오류를 고치고, 빠진 곳은 보충하게 하였다. 그리고 이를 정리해 주자소(鑄字所)에서 책으로 만들게 했다.

이와 관련된 기록은 짤막하게 전해지고 있지만, 처음 《국어》와 《음의》를 읽고 신하들과 토론하고, 중국과 일본에서 책을 구하고, 또 이 내용을 검토하기까지는 꽤 오랜 시간이 걸린 작업이었다. 이는 곧 세종이 주도한 언어학의 관심이 훨씬 이전부터 있었다는 것, 그리고 집현전의 인재들이 언어학의 이론서를 새롭게 연구하고 보충할 만큼 언어 지식을 갖췄다는 것을 의미한다. 훈민정음의 제작과 반포가 대부분 비밀에 싸인 채 번갯불에 콩 구워먹듯 빠르게 벌어졌지만, 그 아래에는 치밀하고도 든든한 사전준비가 있었던 것이다.

그로부터 몇 년 뒤인 세종 27년, 중국의 한림학사인 황찬(黃瓚)이 요동에 귀양을 오게 되었다. 한림학사(翰林學士)라고 하면 중국 학문의 최고 권위자로, 명나라의 《예문지》에는 황찬의 문집 두 개가 올라 있다. 세종은 이 기회를 놓치지 않고 성삼문과 신숙주를 함께 그곳에 파견하였는데, 가거니 오거니 하기를 무려 13번이었다. 이때 두 사람이 무엇을 했는지는 오가면서 지은 시가 말해주고 있다.

치·설·아·순의 소리가 아직 정밀하지 못하여
하릴없이 중원에 물어보러 가는구나.
한밤중의 초승달은 고향을 꿈꾸게 하고

한 침대 기분 좋은 바람이 나그네 마음을 움직이는구나.

티끌이 일어나는 요동 하늘은 까마득하게 멀어

구름이 걷힌 골령에는 푸르름이 드러난다.

소매 안에 넣어둔 여러 친구(公)들이 지은 시 때때로 보며

편지를 소리 내어 읊어보니 이별의 아쉬움이 솟아나는구나.

결국 당시 세계 최고의 학문 선진국이었던 중국의 학자에게 언어학, 특히 발음의 문제를 문의하기 위해 요동까지 찾아간 것이었다.

세종이 특히 중점을 둔 것은 음운학, 그것도 실용을 위한 소리의 학문이었다. 사실 세종 시대 언어학의 연구는 훈민정음의 창제만으로 끝난 것은 아니었다. 훈민정음이 반포된 이후인 세종 29년 9월 29일, 신숙주는 《동국정운(東國正韻)》의 서문을 썼다. 이는 곧 발음과 언어학에 대한 책이었다. 여기에는 신숙주 외에도 성삼문, 박팽년, 최항, 이개, 강희안, 이현로, 조변안, 김증 등 집현전의 사람들이 대거 참여했다. 그 이전인 26년에 최항, 박팽년 등은 《운회(韻會)》를 언문으로 번역하기도 했다. 이 역시 언어학 발음에 관한 책이니, 훈민정음의 활용과 실용화 가능성을 시험한 것이리라. 결국 훈민정음이 창제되는 것을 전후로 하여, 당시 집현전의 인물들이 총동원되어 언어학을 공부한 것이다.

이들이 얼마나, 어떻게 훈민정음의 창제에 관여했는지는 알 수 없다. 실록에 기록된 바가 드물 뿐더러, 또 여기에 참여한 사람들 상당수가 세조 시대 이후 반역자가 되어 그들과 관련된 글과 기록 상당수가 없어졌기 때문이다. 그러나 이처럼 집현전을 중심으로 한 언어학

공부의 유행은 세종에게, 그리고 훈민정음에 어떤 형태로든 긍정적인 영향을 미쳤을 것이다. 결국 훈민정음이라는 찬란한 열매는 세종이 너무나도 천재라서 하루아침에 만들어냈거나, 우연히 만들어진 것이 아니라, 튼튼한 사전조사와 공부를 양분으로 해서 자라난 것이다. 그러한 노력이 있었기에 수백 년이 흐른 지금에까지 잘 쓰이고 있는 게 아니겠는가.

그렇지만 모든 관료들이 훈민정음에 찬성했던 것은 아니었다. 훈민정음에 대한 최초이자 최후라고 할 수 있는 반대의견이 바로 집현전에서 나온 것이다. 당시 집현전 부제학으로 근무하고 있었던 최만리의 '딴지'는 너무도 유명하다. 원래 그는 바른말 잘하고 유능한 선비였다. 더구나 당시 창창한 젊은이들의 스승 겸 상관이기도 했다. 어쨌든 최만리와 더불어 글을 올린 사람들 중 상당수가 집현전의 사람들이었다는 것은, 훈민정음의 반대의견이 집현전 내에 팽배해 있었다는 것을 뜻하기도 한다.

세종 26년 2월 20일, 최만리 등이 올린 훈민정음 반대 소견은 이렇게 시작된다.

"언문을 제작하신 것이 지극히 신묘하지만, 의심되는 것들이 있어 이를 정리해서 올리니 살펴보아 주십시오."

그리고 한글의 문제점 여섯 가지를 제시하고 있다. 그 내용을 간략하게 줄이면 다음과 같다.

첫째, 우리 조선은 계속 중국을 섬겨오고 중화의 제도를 지켜왔는데, 이렇게 새로운 문자를 만드니 놀랍고 중국이 이 사실을 알게 되면 비난받을 수 있다.

둘째, 몽골이나 서하, 여진, 일본은 저 나름의 문자가 있지만 이는 오랑캐의 일이다. 새로운 문자를 만드는 것은 중국을 버리고 오랑캐가 되는 것이다.

셋째, 이미 설총의 이두를 사용해서 문자를 알게 된 사람이 많다. 새로운 문자는 여기에 혼란을 불러올 것이며, 또 언문은 너무 쉽기 때문에 성현의 공부를 열심히 하지 않을 것이다. 결국 학문에는 방해되고 정치에는 유익하지 않아 아무리 생각해도 좋은 것이 없다.

넷째, 왕은 언문으로 옥송(獄訟) 같은 것을 쓰면 어리석은 백성들이라도 모두 알아들어 억울함이 생기지 않을 것이라고 하지만, 사실은 고문으로 억지로 고백하는 것이 오히려 많으니 옥졸 관리들의 문제이지 언어의 문제가 아니다. 그러므로 언문으로 옥사를 공평하게 한다는 것은 잘못된 말이다.

다섯째, 언어를 만드는 일은 풍속을 바꾸는 일이므로 신화들과 함께 의논하고 중의를 모으며 몇 번이나 검토하고 중국에 알려야 부끄러움이 없고 시행할 수 있다. 그런데 갑자기 가르치고 책을 만들고 인쇄하니 언문은 그리 급한 일도 아닌데, 어째서 이것만은 보급에 서둘러 왕의 건강마저도 망치고 있다.

여섯째, 여러 취미생활은 사람의 기운을 갉아먹는데, 세자는 아직 유학을 열심히 배워야 한다. 하지만 언문은 재주의 한 가지뿐이고 정치에 유익한 것은 조금도 없는데 이에 정신을 소모하고 시간을 허비하고 있다.

이 중 여섯 번째 주장으로 인해 한글창제에 문종이 참여했다는 설이 제기되고 있다. 어쨌든 최만리가 중심이 되어 올렸던 훈민정음 반대 글은 현대인의 눈으로 보면 정말 고리타분한데다가 사대주의에 물든 것으로 보이지만, 당시 사람들에게는 오히려 올바른 말이었다. 그리고 최만리가 지적했던 대로, 세종이 '날치기식'으로 훈민정음의 반포를 서둘렀던 것은 최만리와 같은 반대의견이 제기될 것을 미리 짐작했기 때문일 것이다. 사실 세종 자신도 유학을 공부했으니, 한글의 창제가 사대주의와 얼마나 어긋나는지는 누구보다도 잘 알고 있었다. 그래서 세종답지 않게 모든 반대를 힘으로 눌렀다. 설령 반대의견이라고 해도 귀담아 듣던 세종이었지만, 이번만은 관련자들 처벌이라는 초강수로 나온 것이다.

"내가 너희들을 부른 것은 처음부터 죄를 주려 한 것이 아니고, 다만 소(疏) 안에 한두 가지 말을 물으려 하였던 것이다. 그런데 너희들이 사리를 돌아보지 않고 말을 변하여 대답하니, 너희들의 죄는 벗기 어렵다."

이리하여 부제학(副提學) 최만리, 신석조, 김문, 정창손, 하위지, 송처검, 조근 등 7명은 굴비 두름처럼 줄줄이 끌려가서 의금부 감옥에서 하룻밤을 지내게 되었다. 그래도 하루 만에 풀어줬으니 솜방망이 처벌에 불과했다. 다만 이 중 정창손과 김문은 처벌을 받았는데, 정창손은 훈민정음을 만들어봐야 백성들이 효자, 효녀가 될 리 없다는 지극히 현실적인 반론을 펼친 것 때문이고, 김문은 처음에는 찬성했지만 나중에 반대로 돌아섰기 때문이다. 세종은 자신의 의견에 토를 단 정창손은 파직시키고, 변절한(?) 김문에게는 곤장을 때리는 처벌을 내렸다.

왕조실록에는 이들 외에 다른 신하들이 훈민정음에 대해 반대했다는 기록은 없다. 그렇다고 찬성을 했다는 기록도 보이지 않는다. 당대의 명신들은 물론 여러 신하들은 훈민정음이라는 화제를 다시는 이야기하지 않기로 약속이라도 한 것만 같다. 한편으로 세종과 언어학으로 반론을 제기할 수 있었던 것이 집현전 학사들뿐이었기에 다른 반대가 없었던 게 아닐까 하는 생각도 든다.

그래도 최만리를 마지막으로 훈민정음에 대한 신하들의 반대가 뚝 끊긴 이유는 훈민정음에 대한 세종의 의지가 매우 확고했기 때문이라고 생각할 수 있다. 문자를 만든 것에서 도덕적인 명분이 가장 큰 문제가 되었는데, 세종은 가장 아끼고 총애하던 집현전 사람들을 줄줄이 의금부에 처넣음으로써 자신의 단호한 의지를 보여주었다.

하지만 이것만은 분명하다. 당대 사람들, 특히 관리들은 훈민정음을 그리 중요하게 생각하지 않았다. 당시 한자의 위상은 절대적인 것이었고, 이런 한자를 배운 지배층들은 지식 엘리트로서의 특권을 누리고 있었다. 한자가 배우기 어렵고 복잡하다고 하지만, 오히려 그렇기 때문에 배운 사람들의 박식함과 뛰어남을 드러낼 수 있는 증거가 되었던 것이다. 때문에 한글이 만들어진다고 해도 한자의 위상에는 조금도 흔들림이 없었다. 한자에 비하면 한글은 한문을 보조해주는 역할밖에 못하는 이등 문자였다. 그래서 공부 못하는 상놈이나 쓰는 말이라며 언문(諺文)이라고까지 했던 것이다.

당시의 사람들 중에서 한글이 이토록이나 널리 쓰이게 되리라는 것을 상상한 사람들이 얼마나 될까. 역사란 때로 상상도 못한 방향으로 흘러가기도 한다.

집현전의 설치
지혜로운 자들을 한데 모으다

그러면 훈민정음의 창제에 결정적인 역할을 한 집현전은 대체 어떤 기관일까? 사전적으로 '현명한 사람들이 모인 큰 집단'이란 뜻의 집현전(集賢殿)은 하나의 행정기관이자 국가정책자문기관이었다. 이름의 어원은 중국 당나라 때 시작되었고, 고려 시대에 잠깐 설치되었으며, 조선 정종 때도 같은 이름의 기관이 있었다. 하지만 집현전을 진정으로 활용하고 키워낸 것은 세종이었다.

세종 2년에 정식으로 다시 설치되어 세조 2년에 혁파되기까지 집현전은 다양한 기능을 수행했다. 우리의 상식보다 훨씬 많은, 다양한 사람들을 포함하고 있었고, 이들이 끼친 영향력도 문화, 문학, 그리고 정치에 이르기까지 매우 광범위했다. 그래서 집현전이 세종 시기 중요한 기관이었다는 것은 의심의 여지가 없으며, 이후 많은 사람들은 인재 육성의 요람으로 집현전을 꼽았다.

지금 우리가 알고 있는 집현전의 가장 중요한 역할은 훈민정음을 만든 것이다. 그 다음으로는 세조가 즉위한 뒤 단종의 복위를 위해 집현전 출신의 학사들이 뭉쳤고, 이로써 그들이 반역자로 처참하게 죽은 것은 물론 집현전마저 폐쇄되었다는 것이 유명하다.

그렇다면 집현전을 거친 인물에는 어떤 이들이 있을까. 가장 유명한 것은 바로 사육신이지만, 처음 집현전이 세워졌을 때 여기에 배치된 이들은 주로 태종 시대의 관리들이었다. 이변갑, 김돈, 최만리는 집현전이 설치될 때부터 박사의 직위를 가지고 참여했고, 신숙주의 아버지인 신장도 집현전 출신이었다. 그리고 유명한 사육신과 동기이지만 죽지 않고 살아서 세조, 예종의 시대를 살아간 이들도 있었다. 배신자의 대명사 '숙주나물' 소리를 듣는 신숙주를 비롯하여 최항, 서거정, 이석형 등을 들 수 있다. 그런 점에서 집현전은 세종의 시대 그 자체를 나타낸다고도 할 수 있다. 또 집현전이 제대로 기능을 발휘했던 것도 세종 시대에 한정된다고 할 수 있기에, 세종 시대를 살펴볼 때 집현전을 빼놓고 넘어갈 수는 없다.

집현전이 설치된 것은 세종 2년으로, 이때는 아직까지 태종이 정치의 실세를 가지고 있던 시절이었다. 이에 앞서 세종 1년 2월 16일, 이미 좌의정 박은이 집현전을 제대로 설치하자는 의견을 내었다.

"문신들을 선발하여 집현전에 모아 문풍을 진작시키십시오."

박은은 잘 알려졌다시피 태종의 심복이었고, 이 때문에 세종의 장인이었던 심온을 죽음으로 몰아넣는 데 큰 역할을 한 사람이다. 세종은 개인적으로 박은을 마음에 들어 하지 않았지만, 그렇다고 그가 올린 유용한 제안마저도 귓등으로 흘린 것은 아니었다.

사실 집현전이 아니라고 해도, 인재 양성은 굉장히 시급한 문제였

다. 태종이 물러난 당시, 조정의 실권을 잡고 있는 신하들은 태종의
충복들이자 이미 늙은이들이었다. 즉 세종의 주변에 젊은 인재가 없
다는 것은 왕으로서 치명적인 결점이었다. 이렇다 할 지지 세력이 없
던 세종으로서는 자신의 생각을 찬동해주고, 충성을 담아 일해 줄 사
람들이 필요했다.

또한 갑작스러운 세자의 교체는 조선 정치판도의 대격변을 불러왔
다. 세자를 두는 이유는 후계자 교육을 시키고 정권계승의 충격을 최
소화하기 위한 것이다. 세자는 다음 대의 왕으로서 수업을 받는 한
편, 사람들을 사귀어 자연스럽게 다음 정권의 주요 인물들을 결정했
다. 하지만 갑자기 왕이 된 세종에게는 그런 것이 없었다.

십여 년간 계속 세자로 있어서 그럭저럭 당파를 가지게 되었던 양
녕대군과 달리, 세종은 내내 대군으로 있었고 대인관계 역시 그리 넓
지 않았다. 이후 세종의 아들들이 활발한 정치활동을 하고 사람들을
사귀었던 것에 비하면, 세종의 젊은 시절의 친구나 동료는 거의 드러
나지 않았다. 그나마 힘이 되어주었을 장인 심온과 처남들은 숙청의
칼바람을 맞았으니, 세종 역시 그 사실을 인지하고 있었다.

때문에 집현전 설치를 발안했던 것은 박은 혹은 태종이었지만, 정
작 몸이 단 것은 세종 쪽이었다. 발안만 되고 몇 달씩이나 아무것도
진행되지 않는 집현전문제를 세종은 직접 거론하고 나섰다.

"일찍이 집현전 설치를 의논한 바 있는데 어째서 다시 아뢰는 사람
이 없는가? 선비 10여 명을 뽑아 날마다 모여서 강론하게 해라."

세종의 말이 떨어진 후 정식으로 집현전이 발족했다. 세종은 자신에게 필요한 인재들이 언젠가 나타나기를 무턱대고 기다리기보다는 직접 키워내기로 결심한 것이다. 이렇게 세조 때 문을 닫기 전까지 오랜 시간에 걸쳐 집현전에는 당대 최고의 인재들이 모여들었다.

그러니 집현전에는 아무나 들어올 수 없었다. 당시 공무원 시험, 즉 과거는 전국에서 수재라고 할 수 있는 사람들만이 급제할 수 있는 시험이었다. 그렇게 뽑힌 사람들 중에서도 가장 뛰어난 인재들이 집현전에 보내어졌다. 그런데 집현전에서 주로 한 일은 공부였다. 더구나 정기적으로 시험을 보고, 보고서를 올리게 하였다.

또한 가장 똑똑하고 뛰어난 인재들이 정치나 대인관계에 신경 쓰지 않고 한없이 공부할 수 있도록 사가독서(賜暇讀書) 제도를 만들었다. 이는 사실상의 휴가로, 학사들은 조용한 절간에 기숙하면서 책을 잔뜩 읽고 숙제를 하였다. 이렇게 지식을 마음껏 섭취해서 생각의 폭을 넓게 했으니, 세종은 정치의 귀재가 아니라 인문학의 인재를 키워낸 것이다.

요즘 이공계는 위기이고, 인문계는 이미 가사상태에 빠진 지 오래이다. 그러나 조선 시대만 하더라도 외교문서를 쓸 때나 나라 일을 집행하는 것은 물론, 선비들의 사귐에서 가장 필요한 것은 문학과 역사적 소양이었다. 중국이나 일본의 사신을 접대할 때도, 풍부한 지식과 매끄럽게 시를 짓는 문학적 능력이 필수였다. 역사적인 사실과 문학적인 표현을 얼마나 유려하게 포함시키느냐에 따라 문서의 가치와 수준이 달라졌던 것이다. 이 실력을 키우기 위해서 당연히 독서와 공부를 게을리해서는 안 되었다.

그래서 세종은 집현전 학사들이 정치에 참여하는 것을 싫어했다. 오히려 집현전에 온 이들이 정치적인 부서로 나가고 싶어하는 것을 알게 되면 화를 냈을 정도였다. 그래서 성삼문, 신숙주 등 유명한 집현전의 젊은 학자들이 정치에 나서게 된 것은 세종이 죽고, 문종이 즉위한 다음의 일이었다. 이들은 세종 말기에 여러 정책에 관해 비판 의견을 제시했으며, 문종 이후로는 그간 쌓아온 지식과 소양들을 발휘하며 도승지 혹은 대간으로 진출하기도 했다. 그 결과 집현전 몰락의 발단이 되었으니, 이에 대해서는 추후 다루겠다.

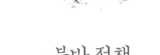

북방 정책
나라 북쪽의 경계를 긋다

세종은 많은 아이디어를 실행에 옮겼다. 그중에는 성공한 것도 많지만, 그 이상으로 실패했던 것도 많았다. 화폐제도의 시행은 결국 실패했고, 일본의 수차(水車)를 도입하는 것도 끝내 성공하지 못했다. 그러나 실패를 두려워하지 않고 새로운 시도를 거듭했다는 데 의의가 있었다. 또는 세종의 당대에는 별다른 효과를 거두지 못했지만, 이후 조선과 한국의 역사를 통틀어 전례 없는 업적을 남긴 일도 많이 있었다.

당대에 인정받지 못했던 세종의 사업 중 우리가 가장 감사해야 할 것은 바로 고구려, 백제의 역사를 정립한 것이다. 조선 시대만 하더라도 사람들이 열을 올려 공부했던 것은 우리나라의 역사가 아닌 중국의 역사였다. 《춘추》나 《사기》, 《자치통감》이 진정한 교양이었고, 그에 비해 우리 역사는 찬밥신세였다. 또한 신라가 정통이라는 역사관이 중심이었다. 하지만 세종은 친히 삼국 시대의 역사를 다룬 《삼국사략》을 읽어본 후, 신라 단독의 역사관을 배제하고, 삼국이 모두 조선의 선대라고 결정을 내렸다.

"삼국이 정립(鼎立), 대치(對峙)하여 서로 막상막하(莫上莫下)였으니, 이것을 버리고 저것만 취할 수는 없다."

세종은 조선의 왕이었다. 세종의 뜻은 곧 조선의 방침이었다. 그래서 이제까지 신라 일변도였던 조선의 방침이 바뀌어 각국의 조상들을 위한 제사가 시행되었다. 이 말은 곧 조선이 자신들의 선조를 신라뿐 아니라 고구려, 백제라고 인정한 것이다. 이제까지 신라만을 정통으로 삼은 비좁았던 역사관이 이로써 넓어졌다. 또 세종의 그 한마디가 실록에 남아 이제까지 전해지고 있으니, 이제 현재의 우리는 '조선은 삼국 모두의 후계자'라는 사실을 주장할 수 있는 것이다. 가뜩이나 사료와 자료가 부족해서 목마른 고대사 전공자들에게, 세종의 한마디는 귀중할 수밖에 없다.

세종이 만들어낸 것은 역사의 지평선만이 아니다. 조선의 북쪽 국경선, 즉 영토의 지평선까지 확정지었다. 여기에는 여진족 정벌과 국제 정세의 안정이라는 중요한 의의도 담겨 있다.

마찬가지로 세종은 북방 정책에도 힘을 기울였다. 4군 6진의 개척과 파저강 정벌이 바로 그것이다. 세종의 대표적인 군사업적으로 들어지는 것이지만, 그렇다고 드넓은 벌판에 대제국을 세운 정복왕의 의미는 아니다.

하지만 세종의 정책은 대단히 적극적이었다는 데 의의가 있다. 당시 정부는 관리가 어려운 영토는 애써 다루기보다 그 지역의 주민들을 다른 곳으로 이주시키고 '버리는' 정책을 시행했다.

요즘이야 백두산이 있고 고구려의 옛 영토라며 각광을 받는 지역이지만, 사실 만주와 간도의 땅은 대단히 춥고 척박한 곳이다. 이러한 곳에서 세종의 명령을 받은 최윤덕은 파저강의 여진족을 토벌했고, 김종서는 10년간 북쪽 영토를 개척했다. 그러나 많은 노력에도 불구하고 문종 이후에는 변방의 유지가 힘들어졌고, 특히 세조 때 김종서의 오랜 동료였던 이징옥이 반란자로 제거되면서, 그 일대의 군사적 기반은 심하게 타격을 받았다. 그래서 내내 폐사군(廢四郡)은 방치되었다가 19세기에 이르러서 비로소 개척이 되었다.

이 결과만을 본다면, 세종의 북방 정책은 성과를 얻어냈지만, 그것이 후대에까지 이어지지 못했다는 점에서 아쉽다. 하지만 세종은 북방에 대해 강력한 의지를 가지고 있었고, 이를 실현해서 많은 기반을 닦았다. 또 원래 있는 영토에 안주하지 않고, 새로운 지평을 개척했다는 점에서 세종의 시도는 충분한 가치를 지닌다. 그리고 그 결과는 실록과 지리지에 기록으로 남았다. 만약 이 당시의 기록이 아니었다면 조선의 북쪽 국경선은 지금보다 훨씬 더 애매해졌을 것이다.

이 북방 정책에 크게 기여한 것은 최윤덕, 이천(여기 이천은 기술자로 공조참판을 역임했던 그 이천과 동일인물이다), 이진을 비롯한 여러 무장들이었지만, 역시 김종서(金宗瑞)를 빼놓을 수 없다.

본디 김종서는 세종보다 10여 세 연상이었다. 태종 시대부터 이미 관직생활을 시작했지만, 처음에는 실수가 많아 툭하면 곤장을 맞거나 좌천당했다. 이때만 해도 김종서가 후대에 훌륭한 인재가 되리라고는 누구도 생각하지 못했을 정도로 평범한 인물이었다. 그가 활동의 전성기를 맞이했던 것은 세종의 시대였고, 문종 이후로는 정승이 되어 조정의 중진이 되었다가, 계유정난 때 수양대군에게 목숨을 잃었다.

김종서의 가장 대표적인 업적으로 4군 6진 개척, 북방 개척이 알려져 있지만, 사실 그는 유학자였다. 집현전을 다니지 않았을 뿐이지 학술적 업적은 웬만한 학자 못지않았다. 당대 최고의 명문으로 꼽히던 정인지와 함께 《고려사》의 편집을 담당했을 정도였고, 세종실록의 편찬에 직접적으로 참여하진 않았어도 부록을 만들자고 건의한 것도 그였다. 무엇보다 김종서는 젊었을 때는 행정가로서 수완을 발휘해, 난민들의 구제와 관리들의 부정을 색출해내는 데 탁월한 솜씨를 발휘했다. 그러니 김종서의 활동 분야를 북방 정책 하나만으로 한정하는 것은 오히려 부족하겠다고 하겠다.

김종서는 황희와의 야사에서 그려지는 대로 당대의 유능한 인물이었지만, 융통성 없고 고집스러운 성격 때문에 싫어하는 사람도 많았다. 하지만 곧고 절개가 있어 김종서는 다른 관리들의 잘못을 밝혀내는 감찰의 일을 맡았다.

하지만 김종서의 완고한 성격은 북방 개척 중에 박호문과 갈등을 일으켰다. 박호문은 김종서를 모함했다는 이유로 세상에 다시없는 악당 취급을 받고 있지만, 여기에 대해서는 자세한 내막을 알아볼 필요가 있다.

박호문은 굳이 말하자면 온건 및 화평파로, 조선 사람이었지만 여진족의 추장(凡察)들과 의형제를 맺어 형님 아우 소리를 주고받을 만큼 사이좋게 지내고 있었다. 그에 비해 김종서와 이징옥은 여진족에 대해 강경한 입장이었다. 특히 이징옥은 공격적인 태세로 이름이 난 맹장으로, 여진족에게는 무자비한 공포의 대상이었다. 그러니 화평을 하려는 박호문에게 있어 이징옥은 같은 직장에 근무하되 뜻이 맞지 않는 동료였다. 여기에 세종의 명령을 받고 중앙에서 파견된 김종서는 이징옥과 뜻을 같이하였다.

결국 김종서 때문에 박호문의 정책들은 발목이 잡히게 되었고, 박호문은 이에 대한 원망으로 중앙정부, 곧 세종에게 김종서의 일을 나쁘게 말했다.

"종서는 겁이 많고 나약하여서 장수(將帥)로는 적합하지 아니합니다. 또 활 쏘고 말 타는 것을 그가 잘하지 못하여 한갓 야인들에게 병사의 위엄만을 보일 뿐이오니, 그가 능히 여러 사람의 마음을 복속(服屬)시킬 수 있겠습니까. 이징옥(李澄玉)은 위력으로 제압(制壓)하기를 너무 지나치게 하여서, 그는 알타리(斡朶里)와 등진 지가 이미 오래 되었습니다."

이외에도 박호문은 김종서가 너무 가혹하게 사람들을 다뤄, 병사 중에서 달아난 사람이 많다는 이야기를 했고, 또 김종서가 총애하는 기생이 뇌물을 받아 챙기고 있다는 말도 했다. 세종은 이에 대해 두 사람의 충돌이 여진족 정책의 견해 차이에서 나타났다고 판정을 내렸다.

세종의 북방 정책에서 잊어서 안 될 것은 두 번에 걸친 정벌은 승리로 끝났지만, 여진족에 의한 피해는 근절되지 않은 채 끊임없이 되풀이되었다는 사실이다. 냉정하게 평가한다면 북방 정책은 얻은 것보다 잃은 것이 많았다. 전쟁에서 이기고 영토를 넓혔다고는 하지만, 이때 희생했던 막대한 국력과 비용, 인명을 생각해보면 더욱 그렇다. 물자를 나르느라 고생했던 사람들, 전쟁 와중에 희생당했던 사람들, 무엇보다도 살던 곳을 떠나 그 지역으로 강제로 이주당해서 살아가야 했던 사람들은 어떤 생각을 했을까.

그리고 힘들고 괴로운 것은 김종서도 마찬가지였다. 김종서는 몇 번이고 한성에 올라가게 해달라고 세종에게 청을 했지만, 끝내 거부당했다. 또한 도중에 어머니의 상을 당한 김종서에게 세종은 기복을 명했다. 즉 3년 상을 치르지 말고 계속 관직에 있게 한 것이다. 본디 부모가 돌아가시면, 유교에서는 부모의 묘소 곁에 움막을 짓고 3년 간을 돌보게 되어 있다. 그런데도 세종은 이 기간을 줄이고 나라의 일을 하라고 한 것이다. 충(忠)보다는 효(孝)를 더욱 중요시하는 유교 사회에서 이것은 굉장히 파격적인 조치였다. 아무리 나라가 위기에 빠진다 해도 부모의 상이 더욱 중요했고, 아무리 충신이라 해도 여막살이를 안 하면 불효자라고 사회적으로 매장되었다. 하지만 세종은 김종서를 비롯한 유능한 신하들에게 곧잘 기복을 명했다. 이는 세종의 실리주의가 드러난 조치라고 할 수 있다.

사실 중앙에서 나름 출세코스를 밟고 있던 김종서로서는 변방, 그것도 북쪽 끝에 10년도 훨씬 넘게 보내어진 것이 못내 불만이었다. 당시 관리들에게 임금에게서 멀어지는 것은 좌천을 의미했고, 이때 온갖 누명이나 허물을 듣기 십상이었다. 얼굴이 멀어지면 마음도 멀어진다는 말은 연인에게만 통용되는 것이 아니었다. 실제로 김종서도 그런 일을 당했다.

세종은 어떤 분야를 그 전문가에게 맡기면, 그를 절대적으로 믿고 지원하였다. 그런데 세종은 잠시나마 김종서를 믿지 않고 의심한 것이다. 그것은 아무래도 군대와 관련된 일이기 때문이었다. 군대란 곧 힘이고, 힘을 가진 이가 만약 마음을 달리 먹는다면 한순간 반란세력으로 돌변할 수 있다. 다른 누구를 말할 것도 없이 조선왕조의 첫 번째 왕 태조 역시 같은 방법으로 나라를 세우지 않았던가. 세종이 앞서 박호문의 험담에 마음이 흔들린 것도 어쩔 수 없는 노릇이었다.

그래도 김종서는 이 위기를 현명하게 넘겼다. 억울함을 호소하되, 이를 양비론으로 대처한 것이다. 박호문과 이징옥, 자신 수하의 두 사람의 장점과 단점을 나란히 열거하고 그간의 얽히고설킨 관계를 설명하였다.

"두 사람은 각기 장점이 있으니, 징옥은 방수(防守)를 잘하여 오랑캐들이 두려워하고 꺼려하며, 호문은 이적(夷狄)들을 잘 대접하여 오랑캐들이 은혜를 생각하여, 모두 변경(邊境)에 이롭습니다."

김종서는 누명을 썼다거나 혹사당했다고 해서 반란을 일으킬 위인은 아니었다. 세종은 김종서의 말을 듣고 옳고 그른 것을 구분할 수 있을 정도로 깨어 있는 사람이었다. 세종은 서둘러 박호문에게 책임을 물었고, 김종서에게는 부드러운 책망의 말을 보내었다. 자칫 커다란 사단이 될 수도 있었지만, 이 정도 선에서 끝난 것이 오히려 기적이었다.

어쨌든 오랜 북방 근무를 통해 김종서는 6진을 설치할 기반을 닦았고, 이주된 백성들을 다스렸으며, 간간이 일어난 여진족 침입과 역병의 피해를 추스르면서 척박한 땅을 하나하나 조선의 영토로 만들어 나갔다.

그리고 김종서는 도중 잠깐 한성에 돌아와 의정부의 우찬성 자리를 맡기도 했지만, 이내 충청도로 보내어져서 그 지역의 실태를 살폈고, 또 여진족의 침입이 벌어지자 3년 만에 다시 평안도절제사가 되어 이번에는 조선의 서북쪽 국경, 그러니까 의주 일대의 성을 쌓는 등 계속해서 변방의 방비에 힘썼다.

그래서 세종이 승하할 때에도 김종서는 한성에 없었다. 세종이 승하하기 며칠 전, 김종서는 명을 받고 군사를 거느린 채 귀환했다. 당시 세자(문종)는 몸을 거동하기 힘들 정도로 심한 종기를 앓고 있었고 쇠약해진 왕에게는 죽음이 다가오고 있었다. 아무리 나라가 안정되어 있다 한들, 왕이 떠나가고 새 왕이 들어설 때에는 불안한 법이다. 김종서의 급한 귀환은 이런 교체기에 따른 불안함을 가라앉히기 위해서였던 것 같다. 김종서가 비로소 중앙의 보직을 받고, 좌의정의 자리에 오르게 된 것은 세종이 세상을 떠난 다음의 일이었다.

김종서가 죽은 뒤, 그리고 세조 때 이징옥이 죽은 뒤로 조선의 북방 정책은 한결 시들해졌다. 변방을 장악하려는 시도가 아주 없었던 것은 아니나, 세종 시대처럼 공격적으로 북방에 관심을 가지고 많은 노력을 기울이지는 않았다.

힘들거나 혹은 이루기 어렵거나. 북방 정책은 바로 그런 문제 중 하나였다. 세종은 평생에 걸쳐 그런 문제들을 피하거나 내버려두지 않고, 하나씩 시행하여 해결하였다. 결국 북방 정책도 세종이라는 시대의 속성을 드러내는 하나의 소재인 것이다.

그리고 세종을 대신해서 이 정책을 시행한 것은 다름 아닌 김종서였다. 세종 스스로도 말했다.

"북방의 문제는 김종서와 짐 중 어느 누가 없었더라면 끝내 시행되지 못했을 것이다."

정책을 기획하는 것은 세종이요, 이를 시행하는 것은 김종서였다. 세종은 김종서를 오래도록 곁에 두고 있었고, 따라서 그 사람됨과 능력에 대해서는 누구보다도 잘 알고 있었다. 세종이 무엇을 근거로 김종서를 국경 방비의 최적임자로 생각했는지는 분명히 나타나지 않는다. 그러나 세종이 가장 어렵고 미묘하기까지 한 군사문제를 김종서에게 맡긴 것은 당시 문예 발달에 치중하고 있던 상황에서 그가 문과 무 양쪽에서 모두 출중한 능력을 지닌 인물이었기 때문일 것이다.

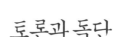

토론과 독단
파저강 정벌과 수령 육기제의 논란

세종의 시대는 조선의 건국 이래 이례적으로 평화로운 시대였다. 비록 양녕대군이 속을 썩이긴 했어도, 이것이 나라를 둘로 나누는 분란으로 이어지지는 않았다. 마찬가지로 세종의 즉위 기간 내내 이렇다 할 반란 시도나 역모도 없었고, 사화(士禍)가 벌어지지도 않았다. 세종 시대의 문화 진흥 정책과 집현전의 육성은 바로 이런 정치의 '평화'를 바탕으로 벌어진 것이다. 그러니까 이제 행정가로서뿐만이 아니라, 정치가로서 세종의 능력 또한 새로이 인식할 필요가 있다.

세종의 정치를 한마디로 말한다면, 이 시대는 딱히 왕조 시대의 정치라기보다는 오히려 초보적인 민주주의 정치 시대라고 보는 것이 타당하다. 세종은 분명 왕이었고, 또 많은 신하들을 거느리고 있었지만, 나라의 모든 일을 자기 마음대로 시행했던 것은 아니었다. 때로는 적극적으로 신하들의 의견을 구했던 것이다.

대표적인 것이 군사분야였다. 사실 군사문제라면 굳이 누군가의 의견을 구하지 않고 왕이 독단을 내려도 될 것이었다. 실제로 태종도 대마도 정벌을 할 때, 망설이는 세종과 반대하는 다른 신하들의 의견을 물리치고 단독 발안으로 시행하였다. 그런 의미에서 대마도 정벌과 파저강 정벌은 태종과 세종의 서로 다른 개성을 분명하게 드러내는 예이다.

세종 15년 2월 15일, 세종은 군사정벌의 방법에 대해 위로는 황희, 맹사성, 허조 등의 고관들은 물론, 각 조의 판서와 참판을 비롯한 모든 신하들을 모아 정벌 및 그 방법을 놓고 토론을 벌였다. 비밀리에 진행되었다고는 하나, 이만큼 많은 인원들이 모여 함께 여러 가지 필요한 것을 생각하고 전법의 가능성을 타진하는 회의였으니, 상당히 오랜 시간과 공을 들여야 했다. 그렇지만 가장 중요한 세부사항들은 현장 감독관이었던 최윤덕의 의견에 따랐다.

여기에는 군사분야에 자신이 없는 세종의 면모가 드러났다고도 할 수 있지만, 사실 세종은 대부분의 정책 시행에 있어 이런 방법을 사용했다. 자신이 발안을 하고 계획을 추진하되, 그 분야에 대해 가장 잘 알고 있는 사람의 의견을 존중한다는 것이다.

그렇다고는 해도 파저강 정벌 대토론회는 이 시대 사람들의 개성이 속속들이 드러난다는 점에서 꽤 흥미로운 읽을거리이다. 이 내용을 담은 실록은 사실상 상당한 정리를 걸친 회의록이다. 하지만 그렇게 되기까지 수많은 난상토론이 벌어진 것이 분명해 보인다. 그만큼 신하들의 의견은 각양각색이었다.

사실 세종 시대의 많은 정책들은 이렇게 토론을 통해 결정된 것들이 상당히 많다. 뿐만일까, 세금제도인 공법(貢法)의 시행에는 경상도, 충청도, 황해도, 평안도 등 전국을 대상으로 거의 9만 명 가까운 사람들(여기에는 수령과 같은 관리들은 물론, 촌민들까지도 대상으로 하고 있었다)

에게서 여론조사를 벌이기도 했다. 이것은 단순한 구색 맞추기로 끝나지 않았다. 시간 유예가 있을지언정 그 결과는 어떻게든 국정에 반영되었다.

　토론 정치의 좋은 점은 정치가들의 자발적인 참여를 이끌어낼 수 있다는 것이다. 어떤 문제에 관한 의견을 내라고 왕이 명령을 내리면, 해당자 외에 다른 관리들도 한두 마디씩 말하게 된다. 이럴 때 건성으로 말할 수는 없는 노릇이다. 그러니 자신이 잘 아는 분야라면 물론이거니와, 만약 모르는 것이라도 기본적인 지식을 갖추고자 열심히 하게 된다. 때로 발탁의 영광을 누리기도 했다.

　실제로 세종은 이제까지 낮은 관직에 있던 사람을 어떤 분야의 전문가라는 이유만으로 전격적으로 초청한 예도 있었다. 이왕 조선의 공직자가 된 마당에, 나라에서 가장 높은 사람들 앞에서 한껏 '가오'를 잡아보고 싶은 것도 사내대장부로서의 일대 목표 아니겠는가.

　아무리 겸양의 미덕이 중시된다고 해도, 나라의 정책이 자기가 낸 안대로 돌아가는 것은 굉장히 기분 좋은 일이다. 하지만 어떤 정책을 주장하거나, 혹은 반대할 때도 제 때에 제대로 대답하려면 충실한 공부가 필요했다. 우선 왕이 웬만한 학자 수준의 지식을 갖추고 있으니 어설프게 토를 달았다가는 그 자리에서 깨지기 십상이다. 그래서 주입식 정치와 달리 토론식 정치는 참여자들의 자발적인 동참을 이끌어낼 수 있었다.

　그런 토론식 정치의 단점은 너무 많은 사람들이 다양한 이야기를 하다보니 말의 꼬리가 꼬리를 물게 되고, 그러다보면 본래의 목적은 잊어버리고 배가 산으로 가기 십상이라는 것이다. 세종이 황희를 비롯한 다른 인물들을 정승으로 임명해 오래 곁에 두었던 것은 바로 토론의 나침반 역할 때문이었다. 안숭선이 황희의 가장 큰 장점으로 보았던 '널리 보는 장점'이란 자잘한 의견의 파도가 오가는 와중에 멀리 나아갈 방향을 볼 수 있다는 의미가 아니었을까. 그리고 허조는 어떤 상황에도 자신을 관철하는 사람이었고, 맹사성은 여러 의견들을 조정했다.

세종은 앞에서 누차 말했듯이, 공부를 좋아하는 임금이자 토론의 귀재였다. 여러 분야에 걸쳐 박학한 지식을 가지고, 또 열정에 가득해서 쉬지 않고 공부를 해왔으니 관료들이 세종을 상대로 말싸움, 혹은 토론으로 이기기 어려웠다. 실제로 세종은 반박의 근거를 제시해보라는 말로 신하들의 반대의견을 논파한 경우가 몇 번이나 있었다. 뿐만 아니라 세종은 토론을 통한 정치를 기조로 하되, 때로 반대할 것이 뻔한 정책은 자신의 단독으로 밀어붙이기도 했다. 이를테면 양녕대군의 문제, 훈민정음의 문제, 그리고 지방수령의 임기문제는 결코 토론 석상에 올리지 않았다. 올라온다 하더라도 어디까지나 왕인 자신의 마음대로 결정하고, 신하들의 의견을 반영하지 않았다.

그렇다면 여기서 세종의 능수능란함이 빛을 발한 지방수령의 임기문제를 한번 보자. 지방수령 육기제는 한마디로 지방수령의 임기를 6년으로 하는 제도인데, 그 전까지 임기가 3년이었던 것을 생각하면 2배로 늘린 것이다. 이 정책의 시행을 위해 태종이 승하한 직후부터 세종 22년에 이르기까지 십수 년 동안 시행하려는 세종과 반대하는 신하 사이에 치열한 공방이 오고 갔다.

세종 7년 6월 27일, 집현전 부제학 신장(신숙주의 아버지)은 수령 육기제의 역사적 근거가 없다는 의견을 올렸다.

"예로부터 순리의 많기가 서한(西漢)만한 적이 없다고 하나, 반사(班史)에 기재된 것이 여섯 사람에 지나지 아니하오니, 대체 천하의 큼과 인재의 많음으로도 오히려 이와 같거늘, 하물며 우리 한 나라[一國]에 있어서야 어떻겠습니까. 이것이 곧 여섯 돌의 제도가 사람들의 마음에 맞지 않는 바입니다. … 당나라 송나라의 전성시대에도 수령의 임기는 그렇게 오래지는 아니하였습니다. 엎드려 바라옵건대, 전하께서는 여론대로 구부려 따르시고 성심(聖心)으로 결단하시어, 일체를 조종이 이루어 놓으신 법대로 따르시면 중외의 신하들이 기뻐 즐거워하지 않을 이 없을 것이오니, 혹시 화기를 불러 일으켜 천재를 막을 수가 있을까 하나이다."

이에 세종은 받아쳤다.

"나의 하는 바가 그렇게 매우 그른 것인가. 너희들은 모두 사기 서적[史籍]을 읽었을 것이니, 오래 맡기는 것이 불가함과 자주 갈리는 것이 유익하였다는 것이 어느 전적(典籍)에 기재되어 있더냐."

한마디로 시행해서 안 된다는 역사적 근거를 대보라는 것이다. 이렇게 신장의 반론이 무위로 돌아가고, 이후 세종의 편에서 제도의 시행을 적극적으로 주장하고 나선 것은 허조였다. 나중에는 황희까지 이 의견에 찬성했다. 그에 비해 맹사성은 한결같이 제도 시행을 반대하였으며, 더욱 본격적으로 반박한 것은 형조참판 고약해였다.

세종 22년 3월 18일 정사를 보던 와중, 고약해는 자리에서 일어나 세종에게 말을 올리며 소인이라는 말을 두 번 했다. 왕에게는 소인이라는 말 대신 소신을 써야 한다. 그러니 자리는 대번 찬물을 끼얹은 듯이 조용해졌다. 그리고 이후로 펼쳐진 것은 왕과 신하의 문답이 아니라 말꼬리잡기 싸움이었다. 세종이 미처 말을 끝내기도 전에 고약해가 말을 시작해서 세종은 "경이 내 말을 자세히 듣지 아니하고 감히 말하는가. 경은 끝까지 들으라."라고 말할 지경이었다.

"소인이 충성이 부족하여 천의(天意)를 돌리지 못하옵니다. 전일(前日)에 수령(守令)의 육기법(六期法)을 혁파할 것을 청하였으나 윤허하심을 받지 못하였고, 또 청하여 또 윤허를 받지 못하였습니다. 이 같이 말할 만한 일을 신이 만약 말하지 아니하면 누가 즐겨 전하를 위하여 말하려 하겠습니까. 육기의 법을 세움으로부터 수령으로서 범장(犯贓)하는 자가 많사옵니다. 또 인신(人臣)이 6년 동안이나 밖에 있어, 조계(朝啓)와 상참(常參)에 참여하지 못 하오면, 신자(臣子)의 마음에 어찌 억울함이 없겠습니까. 육기의 법은 예전 사람이 비록 이미 행하였사오나, 시대와 일이 다른 것이옵니다. 삼대(三代)에 덜고 더한 것[損益]이 다 때를 따라서 마땅함을 얻은 것이오니, 굽어 신의 청을 좇으시기를 엎드려 바라옵니다."

고약해로서는 이제까지 몇 번이나 주청을 올렸는데도 세종이 듣지 않으니, 이렇게 극단적으로 말한 것이었다. 이에 세종은 크게 화를 냈다.

"신자가 군부(君父)에게 감히 망령되게 말하지 못하는 것이다. 수령으로서 범장(犯贓)한 자가 누구이냐."

하지만 고약해는 왕의 진노에도 아랑곳하지 않고 자신이 할 말을 모두 하며 수령 육기제를 비판했다.

"자신의 주청을 허락하지 않고 오히려 자신이 틀렸다고 하니 실망했습니다."

이런 고약해의 말은 옳고 그름을 떠나, 굉장히 불손했던 것이다. 세종은 이때 당장 끌어내지 않고 화를 삭히며, "내가 이미 다 알았다."라고 하며 자리에 앉게 했다. 그리고 나중에 그 불손함을 문제 삼아 벼슬을 파직시켰다. 그렇게까지 세종의 화를 내게 했으면서도, 그 정도 처벌이면 오히려 가볍다고 하겠다.

하지만 고약해의 인간성이 워낙 좋았는지, 아니면 당시 조선 조정에는 인정이 넘쳤는지 여러 신하들은 세종에게 고약해를 용서해달라고 요청했다. 특히 하위지는 고약해는 본디 충신이고, 왕에게 간하는 것이 중요하니 다시 생각해달라는 긴 상소문을 올리기도 했다. 세종은 하위지에게 술과 먹을 것을 내릴 뿐 이를 허락하지 않았다.

이런 공방에도 불구하고 결국 그의 치세 내에 수령 육기제가 정착했으니(단종 때 폐지되었다), 바로 세종 자신의 집념과 독단이 작용한 결과였다.

"내가 여러 가지 일에 있어서 여러 사람의 의논에 좇지 않고 대의(大義)를 가지고 강행하는 적이 자못 많다. 수령 육기, 양계축성(4군 6진 개척), 행직(行職), 수직(守職)을 자급에 따르는 등의 일은 남들이 다 불가하다고 하는 것을 내가 홀로 여러 사람의 논의를 배제하고 이를 행했다."

이렇게 말한 게 세종 26년 7월 23일의 일이다. 남들이 뭐라 해도 세종 스스로 자신이 멋대로 정책들을 시행했다고 자인하고 있는 것이다.

세종은 언제나 신하들의 속내를 잘 꿰어보고, 대의명분을 적절하게 이용할 줄 알았다. 때로 독단을 내릴 때도 있었지만, 결코 이것을 남용하지 않았다. 그것은 어디까지나 그 자신이 하고 싶은 일과 실리에 부합하는 일부의 경우에만 한정되었다.

만약 이게 통용되지 않을 경우, 세종은 왕으로서의 권위를 앞세우거나, 상대방의 약점이나 속내를 드러내어 찌르는 수법도 사용했다. 결국 우리가 알고 있는 세종은 성군이기는 하지만, 동시에 능수능란한 정치가라는 사실을 기억해야 한다.

세종은 평생 유교 경전을 읽어온 사람이지만, 유교의 대의명분에 목숨을 걸지도 않았다. 사실 세종 자신이 유교의 원리에서 벗어나 있는, 적장자가 아니면서도 왕이 된 사람이었다. 또한 세종은 유교와 토론이라는 명분에 자신의 많은 부분을 두고 있었지만, 필요하다 싶을 때면 얼마든지 이것을 벗어나서 왕으로서의 독자적인 결정을 내리기도 했다. 어느 것을 철두철미하게 고집한 것이 아니라는 점에서, 세종을 유학자 혹은 성군이라는 이미지 하나에만 고정시킬 수는 없을 것 같다.

결국 세종은 실리주의에 명분을 두고 있던 것이다. 유용하거나 필요하다고 생각된다면 그 무엇이든 받아들이고, 시험해보고, 또 도전했다. 이를 입증하듯 세종의 취미와 관심은 유교 경전만이 아니었고, 천문과 과학, 음악, 경제의 분야에까지 폭넓게 펼쳐져 있었다. 그런 의미에서 세종은 딱히 정통의 유학자라기보다는, 세상의 다양한 분야에 관심이 걸쳐져 있는 마니아(mania)라는 표현이 훨씬 적절한 게 아닐까.

진정한 학자라면 자신의 분야에서 대성을 하고 일가(一家)를 이루어야 한다. 세종은 많은 관심을 가지고 다양한 일에 몰두했던 것이 사실이지만, 그 자신이 스스로 무언가를 이룬 적은 거의 없다. 이것은 실무를 맡았던, 아마 세종보다도 그 분야에서는 더욱 뛰어났던 다른 전문가가 있기 때문이었다. 그러나 그런 전문가들은 세종이라는 임금을 만나지 못했더라면, 과연 제 능력을 발휘할 수 있었을까? 그 능력을 펼칠 환경을 만들어주고, 자금을 후원하고, 일을 완성해낼 때까지 지켜주는 듬직한 방벽을 만나지 못했더라면, 자기 능력을 발휘하기는커녕 그저 그런 관리로 끝났을 것이다.

세종이 만약 공론에 따르기만 했다면, 한국의 북쪽 국경은 지금보다 한참 남쪽으로 내려왔을 것이고, 우리는 지금도 외국의 문자로 우리나라 말을 쓰고 있을지도 모르는 일이다.

3

빛이 강할수록
어둠도 짙은 법

世宗

첫째도 아닌 셋째왕자가 별다른 후계자 교육도 없이 왕이 되었지만, 이렇게 왕위에 오른 세종은 많은 이들의 우려를 불식시키고 훌륭한 업적을 만들어냈다. 우리나라가 문화, 역사, 제도에 이르기까지 각양각색의 분야에서 이렇게까지 발전한 때는 이전에도 없었고, 이후로도 없었다. 그러나 이 모든 결과들이 하루아침, 아니 1, 2년이나 10년 만에 이루어진 것은 아니었다.

　세종의 시대는 조용하게 흐르는 커다란 강에 비유할 수 있다. 무엇 하나 특별하게 드러내거나 시끄럽게 날뛰지 않았다. 그저 하나씩 하나씩, 작은 벽돌을 쌓아 만드는 것처럼 많은 준비와 단계를 거치고 먼 길을 돌아가되, 보다 단단하게 쌓아올린 것이다. 하루하루 지내다보면 아무 변함없어 보이지만, 어느 순간에 돌아보니 커다란 건물이 완성되어 있는 것이다. 이것이 세종 시대의 본질이었다. 그래서 처음 태종의 섭정 비슷하게 치세를 시작했지만, 어느 틈엔가 세종의 시대로 완전히 뒤바뀌었다. 하지만 영원할 것 같은 세종의 시대도 차츰 저물어갔는데, 그것은 어쩔 수 없는 시간의 흐름이었다.

1438년, 맹사성이 죽었다. 그 이듬해인 1439년에는 허조가 죽었다. 두 사람 모두 일흔을 넘긴 나이였다. 그리고 그보다도 많은 신하들이 병으로, 혹은 그 외의 이유로 물러나거나 세상을 떠났다. 황희만은 세종보다 오래 살았지만, 이전처럼 활발하게 국정을 운영하는 것은 물론 의견을 제시하는 것도 힘들어졌다.

그러나 무엇보다 가장 심각한 것은 세종 자신의 늙음이었다. 세종은 나이가 들어서도 정무에 열심이었으나 몸의 노쇠와 질병만은 어쩔 수 없었다. 특히 22년 즈음부터 세종의 건강은 크게 나빠졌다. 언젠가 세종은 자신이 앓았던 질병을 거론했는데, 눈병을 시작으로 해서 풍증, 임질 등 온갖 병에 시달렸다.

사실 세종의 질병은 나이 탓도 있었지만, 자신이 초래한 것도 컸다. 세종은 선천적인 책벌레였을 뿐만 아니라 그 이상으로 일중독이었다. 그러니 어느 신하보다도 국정에 열심이었고, 경연을 통해 공부하기를 좋아했다. 신하들이 완전히 병을 떨어버려야 한다며 쉬기를 권했을 때도 거절했던 세종이었다. 본인이 말한 대로 한가로이 지낸 적이 없고, 늘 책을 손에서 놓지 않았으니 몸의 병이 낫지 않는 것도 당연했다.

몸의 병보다도 심각한 것은 마음의 병이었다. 확고한 이 나라의 왕으로 선 지 수십 년, 그토록 인내심 강하고 신중했던 세종은 차츰 고집스럽고, 괴팍한 늙은이가 되어갔다. 후대에 들어서는 사소한 일에 고집을 부리거나, 화를 내거나, 원칙 없이 일을 벌이기도 했다. 이런 세종의 어두운 변화가 처음부터 두드러지게 나타난 것은 아니었으나, 시간이 흐르면서 점점 더 분명해졌다. 그래서 가끔 실록을 보면 과연 이것이 세종이 맞나 싶을 정도로 역정을 내거나 무리한 일을 시키고, 능력이 없는 일부의 사람들을 지나치게 총애하는 면모를 보이고 있다.

그러나 동시에 세종의 다음 대를 이어갈 아들들과 인재들이 무럭무럭 자라났다. 자신의 업적을 만드는 것만큼이나 인재를 키우는 데 열과 성을 다한 세종이었다. 그가 평생을 투자해서 가꿔나간 문화와 인재들은 이제 장성해 있었다. 자신이 죽어도 자신의 아이들이 다음을 이어나가리라고 생각했던 것이리라.

어쨌든 젊은 날의 눈부신 업적만큼이나 시대의 그림자는 짙어지고 있었다. 아니, 세종이 너무도 많은 것을 쌓아올렸기에 차츰 시대의 발걸음이 무거워지고 있었다. 그것이 어떤 결과를 가져올지 어느 누구도 상상하지 못했다.

세종의 건강기록부
낫지 않는 눈병, 그리고 임질의 논란

세종은 즉위한 지 32년 만에 세상을 떠났으니, 향년 54세였다. 옛날 사람 치고 오래 살았지만, 또 그만큼 많은 병을 오래도록 앓았다. 세간에는 세종이 성병을 앓고 이것 때문에 죽었다는 소문도 있다. 다른 병이라면 또 몰라도 하필 성병일까. 평생 자식을 22명이나 두었으니 여색을 좋아한다고 해도 아주 설득력이 없는 것은 아니지만, 어쨌든 나라의 성군으로 알려진 세종과 성병이라니 잘 어울리지 않는다. 이에 세종대왕이 성병 같은 데 걸릴 리 없다고 주장하는 요지의 논문도 있다.

진실이 어떤지 밝힐 방법은 없다. 그러나 상식적으로 생각해보자. 당시는 남녀 간의 사랑은 고사하고 부부간의 애정조차도 드러내놓고 말하기 어려웠던 시대였다. 하물며 성병이라면 어떻겠는가? 왕이 스스로 성병에 걸렸다는 말을, 한 번도 아니고 여러 번씩이나 신하들에게 공개적으로 말할 수 있었을까? 게다가 만약 세종이 신하들을 믿고 말했더라도 사초를 기록한 사관들, 실록을 쓰는 편수관들이 '왕의 부끄러운 기록'을 제대로 남겼을지 의문이다. 아무리 엄정한 기록의 대명사 조선왕조실록이라고는 하지만, 집현전 인물들이 상당수 편수관으로 들어간 세종실록은 유난히 세종에게 호의적이기 때문이다.

왕조 시대 때 나라의 왕이 병을 앓는다는 것은 굉장히 심각한 일이었다. 왕의 건강은 나라의 중대사였고, 전염될 수 있는 병을 가진 사람이 왕에게 가까이 다가갈 수는 없었다. 실제로 세종은 중국에서 온 사신이 열병을 앓고 있자, 전염이 될까 저어해 도승지를 대신 보내기도 했다. 어쨌든 세종이 앓았던 병에는 심각한 것들이 많았고, 우리가 유난히 세종의 질병에게 관심을 가지는 것은 세종이 그만큼 인기 있는 왕이기 때문일 것이다.

세종이 가졌던 질병 중 가장 널리 알려진 것은 역시 비만이다. 이는 실록을 통해 젊은 시절 세종의 건강상태에 대해 가장 많은 정보를 제공해준 태종이 밝힌 사실이다. 태종은 세종이 유난히 고기반찬을 좋아하니 빼놓지 말고 먹이라는 명령까지 한 적이 있다. 결국 세종은 고기를 좋아하고 움직이는 것을 안 좋아하며 늘 책을 읽었던 전형적인 운동부족이었다.

"주상은 사냥을 좋아하지 않으시나, 몸이 비중(肥重)하시니 마땅히 때때로 나와 노니셔서 몸을 존절히 하셔야 하겠으며, 또 문과 무에 어느 하나를 편벽되이 폐할 수는 없은즉, 나는 장차 주상과 더불어 무사(武事)를 강습하려 한다."

태종이 말한 비중(肥重)은 '몸에 살이 쪄서 무겁다'는 뜻이니, 조금이나마 세종의 모습을 추측해볼 수 있다.

여하튼 타고난 건강체는 아니었던 듯, 세종은 젊은 시절에도 가끔 며칠씩 드러누워 앓기도 했다. 아무리 건강한 사람도 때로 감기 같은 병에 걸릴 수 있다. 하지만 이런 병들이 뿌리 깊이 나타나게 된 것은 집권 10년이 훌쩍 넘어간 때로, 장년의 시기에 접어들면서였다. 나이가 들면서 가장 먼저 앓기 시작한 병은 풍질(風疾)이었고, 이는 세종이 앓는 질병 중 가장 공식적으로 알려진 것이기도 했다.

이 이야기가 처음 나온 것은 세종 14년이다. 차후에 세종이 스스로 말한 바에 따르면, "언젠가 젊은 날 2층에서 풋잠을 자는데 그때 양 어깨가 찌르는 듯한 아픔이 있었고, 이것이 고질병으로 굳어졌다."고 하였다. 그렇게 세종은 풍질을 몇 년이나 앓았고, 특히 9월경에는 이 증세가 여러 번 반복되어 나타났다. 세종은 마침내 승정원에게 명령을 내려 온수(지금의 온양)에 갈 계획을 마련하고 준비하게 했다. 이전부터 온천에 가서 제대로 치료하고 싶었지만 백성들에게 끼칠 피해가 염려되어 차마 계획을 옮기지 못하고 몇 년이나 병을 키워왔던 것이다. 왕이 온천에 가서 휴양을 하는 것은 세종이 처음은 아니었다. 선왕인 태종도 늘그막에 심각한 풍병을 앓아 몇 번이고 온천에 가서 휴양을 했던 일이 있다.

그럼에도 세종의 풍병은 점점 더 심해져서 세종 28년에 이르러서는 손이 너무 떨려서 중국으로 보내는 외교문서에 수결(手決), 곧 사인을 할 수 없을 지경이었다는 말도 있다.

또한 세종은 이미 20대 때부터 다리가 아픈 증상을 앓고 있었고, 이 때문에 마음대로 돌아눕지도 못했으며, 그것 말고도 많은 병을 앓고 있었다.

"그 이전부터 목이 말라 물을 많이 마시거나[소갈병], 등에서 부종이 생기는 증상이 이미 몇 년이나 묵어 있었다."

세종 21년 7월 2일, 세종은 도승지 김돈에게 자신의 몸이 어디가 아픈지를 자세히 이야기하였다.

"이 병을 치료하려면 마땅히 희로(喜怒)를 하지 말고 마음을 깨끗이 가지고 화락(和樂)하게 길러야만 합니다."

세종의 병을 진찰한 어의는 이렇게 권했는데, 이는 곧 정무를 보지 말고 쉬라는 말이었다. 왕이라고 매일 주지육림에 빠져 노는 것은 아니다. 나라를 운영하다 보면 신경 쓸 일도 많고 스트레스도 많이 받게 된다. 더군다나 세종은 스스로 말했듯이 편안히 놀기보다는 일을 찾아서 하는 일벌레였다. 그러니 스트레스가 끊이지 않고, 병도 낫지 않은 것이다.

이날의 기록에는 임질(淋疾)이 제일 처음 언급되기도 했다. 세종은 이때 처음 증상이 나타난 지 11일이 지났다고 말했고, 이후 10월에는 잠깐 나았지만 또 도졌다고 했다. 임질은 원래 비뇨기 계통에 생기는 여러 질병을 통틀어 이르는 병명으로, 세종이 어떤 종류의 임질을 앓았는지는 기록에 남아 있지 않다.

세종은 또한 몸이 아픈 것 말고도 기억력도 이전만 못해 자주 잊어버리는 지경이 되었다고 했고, 무엇보다 일을 끝내면 몸이 노곤해진다고 말했다. 세종의 이런 증상들은 당뇨병, 소갈증, 만성피로 등으로 추정되고 있다.

하지만 무엇보다 세종 자신에게 가장 불편한 증세는 눈의 병, 안질(眼疾)이었다. 책읽기를 좋아하는 그에게 눈병은 가장 큰 고통이었을 것이다. 같은 날 언급에서, 세종은 지난 봄 이래로 왼쪽 눈에 병이 생겼고, 이러다보니 오른쪽 눈으로만 보다가, 마침내 양 눈이 모두 어두워졌다고 했다. 특히 한 걸음만 멀리 떨어져 있으면 사람 있는 것은 알아도 누구인지 알아볼 수 없다고 했으니, 겨우 형체만 분별할 수 있었다는 소리다. 이때 세종의 나이 겨우 마흔 살 즈음이었으니, 노안이라고 해도 심한 증상이었다. 세종은 '눈에 막이 덮어씌운 듯'하다는 표현을 했으니, 당뇨로 인한 백내장이나 그런 비슷한 류의 질병을 앓았던 게 아닌가 싶다.

이런 병들을 치료하기 위해, 가장 많이 사용한 방법은 온천치료였고, 세종도 소헌왕후와 함께 온천으로 행차하기도 했다. 온천을 한 이후에 풍병과 소갈병은 조금 나았다고 언급하고 있다. 그런데 왕의 온천 행차에는 철저한 사전조사가 필요했다. 세종 23년 1월, 부교리(副校理)인 최항(崔恒)을 비롯한 여러 관리들은 온천이 눈병에 효험이 있는지를 시험하기 위해 온천으로 향했다. 물론 온천의 설비를 닦아 두는 조치도 동시에 시행되었다.

이때 큰 문제가 된 것은 이로 인해 백성들이 겪을 고초였다. 왕이 한번 오고 갈 때마다 굉장히 많은 인원과 비용이 필요했고, 머무는 곳의 백성들도 많은 불편을 겪었다. 왕이 머물 행궁을 세우거나 사람들이 묵을 장소 및 비용을 준비해야 했던 것이다. 덧붙이자면 이렇게 행차할 때마다 지방의 관리들이 뇌물을 바치는 것이 관행이었는데,

결국 여기에 드는 뇌물 비용은 백성들에게 뜯어내는 것이었다. 이런 저런 폐해가 많았기 때문에 왕의 온천행차에는 신하들의 반대도 점차 커졌다. 세종 역시 두어 번 가고 난 뒤 온천이 질병에, 특히 안질에 별다른 효과가 없다며 잘라 말했다.

"온천을 한성으로 옮겨온다 한들 온천욕을 하지 않겠다."

임금으로서 많은 백성들에게 폐를 끼치며 행궁하느니, 차라리 자기가 혼자 아프고 말자는 입장을 지킨 것이다.

이후로도 세종은 여러 차례 자신이 앓고 있는 질병을 설명하며, 이 때문에 여러 날 정무를 보지 못했다고 하였다. 그런데 이는 단순히 하소연을 하거나 자신의 건강상태를 기록으로 남기려는 이유만은 아니었다.

기실 세종이 질병 이야기를 꺼낸 것은 세자에게 강무(講武)를 대행시키려는 의도에서 언급된 것이었다. 강무란 이를테면 조선 시대의 군사훈련 혹은 예비군 동원으로, 왕이 군사들을 이끌고 나가 사냥 및 무예훈련을 하는 것이다. 젊은 시절 세종은 곧잘 강무를 나갔는데, 이제 그 일을 세자에게 시키기를 원했다.

하지만 이런 세종의 의도는 많은 난관에 부딪혔는데, 이는 세종의 집권 초기가 그랬던 것처럼 나라의 권력이 나누어질 것을 염려한 탓이었다. 그러니 세종은 본인이 정말 아팠던 것도 있지만, 다른 한편으로는 신하들의 반대를 꺾고 주장을 관철하기 위해 자신의 증세를 정치적인 도구로 이용했던 것이다. 그리하여 세종은 앞서 언급했던 많은 질병 내력을 말하면서, 강무의 일을 세자에게 위임할 것을 논의하게 하였다.

"내가 지난번에 세자로 하여금 강무하게 하려고 하였더니 대신들이 말리고 너도 역시 말렸는데, 나는 그 옳은 줄을 알지 못하겠다. 하물며 이제는 쇠하고 병이 심하여 금년 가을과 내년 봄에는 친히 사냥하지 못할 듯하니, 세자로 하여금 숙위(宿衛) 군사를 나누어서 강무하게 하자."

요약하자면 자신이 이렇게 아픈데 어떻게 강무를 하겠느냐, 세자를 대신 시키자, 라는 것이다. 이 말이 나왔을 때 세자(문종)는 한창 젊은 나이인 24세였다. 일찍이 세종은 그 나이 때 이미 한 나라의 왕이 되어 있었으니, 세종의 조치가 그렇게 급작스럽거나 의외의 것은 아니었다. 오히려 다음 왕이 될 세자로서는 훌륭한 인턴 경험을 쌓을 수 있는 기회이기도 했다.

그리고 점점 시간이 흐르면, 세종은 강무뿐만이 아니라 자신을 대신해서 정치와 군사, 여러 분야를 세자가 분담하게 하려 했다. 그 자신의 아버지가 그리했던 것처럼 말이다.

그러나 신하들은 자칫하면 왕과 세자의 사이가 벌어지고 국론이 분열될 수도 있다며 세종의 뜻을 받아들이지 않았다. 신하들의 의견이 아주 틀린 것은 아니었기에 세종은 잠자코 그를 받아들였지만, 이 때문에 불퉁해졌는지 이런 말을 하기도 했다.

"만약 성심으로 임금을 사랑하고 그의 병을 근심한다면 내가 명하는 바에 따라 세자로 하여금 섭정(攝政)하게 하는 것이 옳을 것이다. 그러나 우리나라 풍속이 본시 이러하니 어찌하겠는가."

그런데 한 가지 신경 쓰이는 점은, 세종이 자신이 아프다며 세자에게 나라의 정권을 분담시키려고 애쓴 시기가 즉위 이래 20~23년의 즈음이라는 것이다. 그리고 바로 25년에 훈민정음이 창제되었다. 이를 다시 갈고 닦고 정리를 해서 정식으로 반포한 것이 28년의 일이니, 그 즈음은 훈민정음 연구가 최고조에 이르렀을 때였다. 위에서 언급했듯이 훈민정음 같은 문자체계가 하루나 이틀, 하다못해 1년 만에 뚝딱 만들어졌을 리는 없다. 게다가 무슨 일이든지 처음 시작하는 것보다도 마무리 짓는 것이 어렵다는 세상의 이치를 생각해볼 때, 그 즈음은 완성단계의 한글을 마무리 짓는 시기였을 것이고, 한글 프로젝트의 발안자이자 시행자였던 세종 역시 눈코 뜰 새 없이 바빴을 것이다. 그래서 이 당시 언급되었던 세종의 질병이 정말 아픈 것이라기보다는, 한글 창제에 시간과 정신을 집중하기 위해 정무를 세자에게 미뤄두기 위한 '꾀병'이었다고 보는 사람들도 있다.

아무튼 세종 19년부터 세자는 왕의 서무를 보았으며, 24년에는 첨사원이 설치되어 세자가 국정을 전담하는 정도가 훨씬 커졌다. 그리고 세종 27년 5월 1일, 마침내 세종은 중요한 군사를 제외하고는 세자에게 대신 나라를 다스리게 했다. 하지만 황희를 필두로 한 신하들은 이를 적극적으로 반대했다. 내선(內禪), 즉 살아서 왕위를 물려주는 것만은 못하지만 세자가 나라 일을 대신한다면 세상이 어떻게 보겠느냐는 이유였다. 세종은 이때도 자신의 건강을 방패로 내세웠다.

"만약 약한 몸을 억지로 일으켜서 친히 서무를 재결하게 되면 반드시 오래 살지 못할 것이다. 이러므로 한가롭게 몸을 수양하면 만약에 한두 해 동안이라도 목숨을 연장하여 세상에 살아 있는다면 어찌 다행하지 아니하겠느냐."

한마디로 자기가 빨리 죽어도 좋겠느냐고 협박을 한 것이나 다름 없었다. 이렇게까지 말하니, 신하들은 결국 세종을 따를 수밖에 없었다. 그리고 마침내 세종은 번다한 국정에서 한 손을 놓고 쉴 수 있게 되었다.

당시 세자였던 문종은 탁월한 행정가였고, 세종 후반부는 세종과 문종이 국정을 분담하여 나라의 일익을 담당하였으니, 사실상 이때도 두 사람의 왕이 통치하는 시기라고 할 수 있다.

그런데 과연 세종은 정말로 아팠던 것일까? 실록에서는 비록 세종이 아프기는 했어도 조금 차도가 있으면 이내 밀린 일거리를 받아들었고, 젊을 때나 다름없이 물 흐르듯 처리했다는 말이 남아 있다. 세종은 과연 병을 치료한다는 이유로 신하들에게 방해받지 않고 궁궐 안에 틀어박혀 조용한 시간을 지냈을까? 확실하게 기록으로 남아 있는 것은 세종이 늘그막에 〈여민락(與民樂)〉 등 음악을 작곡했다는 사실이다.

어쨌든 세종이 차츰 쇠약해졌던 것만은 분명하다. 결국 세종은 즉위한 지 32년 만에, 54세의 나이로 막내아들 영응대군의 집에서 승하한다. 정식 궁궐이 아닌 아들의 집에서 세상을 떠날 만큼 세종의 죽음은 급작스러운 것이긴 했다. 하지만 이미 세자는 무려 29년 동안이나 세자의 역할을 담당하며 장성해 있었고, 국정을 분담하고 있었던 차라 승하 이후에 별다른 혼란은 없었다. 아니, 없을 것이라고 믿어졌다.

사대주의의 병폐
열을 잘 한다 해도 하나를 잘 하지 못한다면

세종대왕의 위대함이 제대로 발휘되지 못했던 부분을 들자면 역시 중국과의 외교문제였다. 중국과 한국은 먼 옛날부터 사대의 관계로 맺어져 있었다. 불행하게도 일본이나 베트남처럼 거리가 멀거나 자연의 장벽이 없었던 한국으로서는 어쩔 수 없이 늘 중국이라는 강적을 상대로 저항하거나, 혹은 고개를 숙여야 했다.

그런데 세종 시대의 명나라는 보통 우리가 생각하는 중국의 이미지에서 조금 벗어나 있는 특이한 나라였다. 갓 세워진 명나라는 초대황제였던 주원장이 빈농 출신이었고, 나라를 세운 구심세력이 백련교(白蓮敎)라는 종교 단체였다. 그런 만큼 명이라는 나라가 세워졌으되 중국으로서의 정체성을 확실히 갖추지 않았고, 유목민족이었던 원나라의 잔재를 짙게 물려받았다. 이것은 명나라 내부에서 법석을 부리는 데에서 끝나지 않았고 조선에까지 악영향을 끼쳤으니, 바로 화자(환관), 공녀의 진상과 순장제도가 그것이다. 게다가 공녀뿐만이 아니라 반찬을 만드는 여자들, 노래 잘 하는 여자들까지 보내야 했다. 세종 당시만 하더라도 궁중의 요리는 남자들이 전담했기 때문에, 젊은 여인들을 골라다 특별히 요리를 가르쳐야 했다. 이렇게 중국에 보내진 여인들 중 어떤 이는 영락제의 총애를 받아 황후나 진배없는 호사를 누리기도 했지만, 궁정의 음모에 얽혀 하나는 독살당하고, 하나는 몸이 갈기갈기 찢겨 죽었으며, 또 하나는 자살하였다. 또한 궁인들의 도움을 받아 간신히 살아남았던 한씨마저 영락제가 죽자 자살을 강요당해 순장되었다. 그런 명나라이다 보니, 조선과 정상적인 외교관계가 시행되면 그것이 오히려 이상할 것도 같다. 이미 태종 시절에서부터 명나라와 조선의 외교관계는 일방적으로 뺏기는 신세였다.

세종도 처음 중국과의 관계에서는 속수무책이었다. 그나마 세종 11년 12월 13일, 중국과의 외교는 상당한 진전을 보이게 된다. 여기에는 태종의 아들이자 세종의 이복동생인 경녕군 인을 정사, 원민생을 부사로 파견하였는데, 이들은 금과 은을 진헌품에서 제외시키는 성과를 거뒀다. 여전히 매와 공녀를 바치는 일은 있었지만, 그래도 이전처럼 마냥 일방적으로 쥐어 짜지는 관계에서는 벗어나려 발버둥 친 것이다. 또 하나 사신들의 무리한 요구를 원천적으로 막을 칙서도 받을 수 있었다. 조선이 사신들의 횡포에 대해 보고서를 올리자, 당시 명의 황제였던 선덕제(宣德帝)는 어보, 즉 옥새가 있는 칙서에서 요구하는 물품만을 주고, 황제의 명이라면서 바라거나 무리한 요구는 모두 거절하라는 답변이 내려왔다.

여기서 중요한 것은 황제의 칙서가 '표를 보고 모두 알았다'라는 말로 시작하고 있다는 데 있다. 조선정부는 이 보고서를 작성하기 위해 얼마나 공을 들였는지, 이미 7월에 황희, 맹사성, 허조, 그리고 당대의 명문으로 유명한 변계량 등이 흥덕사에 모여 의논을 거듭하였다. 표에는 우선 조선에 금과 은이 많이 나지 않아 수십 년간 고통받고 있다는 사실을 알리고, 여기에 더해 사신들의 횡포가 심각하다는 사실 역시 포함하였다. 그 전문은 실록 곳곳에 실려 있다.

특히 사신의 문제가 포함된 것은 창성(昌盛)과 윤봉(尹鳳)의 일이 계기였다. 이전 7월에 중국의 사신 창성, 윤봉, 두 사람이 사상 최대로 뇌물을 받아간 것이다. 이때 짐 나르는 사람만 수백 명으로 굉장한 장관이었다고 하니, 나라의 등골이 휘지 않을 수 없었다.

그나마 윤봉은 조선 출신이라는 자신의 출신을 잊지 않았는지 창성에 비해서는 덜 요구했으며, 뇌물 요구를 조선이 받아들이지 않아도 잠자코 있거나 빼앗아간 물건을 때로 돌려주는 양심을 발휘하기도 했다.

그에 비해 중국 출신이었던 창성은 훨씬 악질이었다. 무관의 칼을 잠깐 보여 달라고 부탁한 뒤 그대로 빼앗아 간다거나, 숙소에 있던 놋그릇이나 화로, 자물쇠, 갈고리, 심지어 쇠못마저 빼내 몰래 녹여 갔으니 날강도가 따로 없었다. 사신뿐만 아니라 그 밑의 수하 두목들마저 기고만장한 나머지 뇌물을 챙기는 것은 물론, 군마를 비롯한 값비싼 것을 함부로 빼앗아가거나, 여기에 항의하는 조선 관리를 심하게 폭행하는 일도 허다하게 벌어졌다.

그런데 이들은 황제의 칙서가 나온 뒤에도 공공연히 뇌물을 요구했다. 이에 조선의 관리들이 칙서의 내용을 들어 뇌물의 상납을 거부하자, 창성은 연회장에서 국그릇을 내던지며 난동을 부렸고 폭언을 일삼았다.

"이 나라는 지극히 불순하다. 장차 반역하려는 거구나."

그리고는 조선이 주최했던 연회에도 참석하지 않았다. 이후로도 창성은 대놓고 뇌물을 받을 수 없게 되니 기기묘묘하게 방법을 짜내었다. 사냥을 나간다고 한 뒤, 날씨가 춥다는 핑계로 모자에서 옷, 신발까지 수십 벌씩 뜯어내기도 했다.

세종은 다각도로 사신의 횡포를 막고자 애썼다. 창성이 불손한 발언을 한 것을 모두 기록하고, 무리한 요구에는 황제의 명령이라며 거절하기도 했다. 그런 사실을 중국에 보내 사신들의 횡포를 알리려고 했던 것은 물론이다.

하지만 조선왕조의 사신 길들이기는 결국 실패했다. 세종 14년, 세종은 당시 승정원에서 대언을 맡고 있던 김종서를 불러놓고 한탄했다. 차라리 이전 김종서가 건의한 대로 사신이 원하는 뇌물을 주었더라면 이렇게 사태가 심각해지지 않았을 텐데, 그렇지 않고 버텼다가 오히려 피해가 더 늘었다는 것이다. 사실 김종서는 그보다 몇 년 전인 11년, 사신의 횡포를 비난하다가 충돌했었다. 그런 김종서조차도 사신에게 뇌물을 바쳐 달래자는 의견을 제시했고, 마침내 세종도 그것을 인정한 것이다.

그리하여 조선은 끊임없는 중국 사신의 욕심에 맞춰주고, 뇌물을 바쳤으며, 여기에 항의하는 조선의 관리들을 오히려 처벌했다. 이때의 외교는 굴욕 그 자체였다. 이상은 저 높은 데 있건만, 현실은 그보다 훨씬 못했던 것이다.

조선은 계속해서 중국의 눈치를 보아야 했다. 훈민정음을 창제할 때만 해도 가장 먼저 들어온 반대의견의 근거는 '중국이 어떻게 생각하겠느냐'는 것이었다.

이런 일이 계속되자, 때로 조선이 지레 겁을 먹고 움츠리기도 했다. 더욱 한심한 사건은 앞서 보았던 김개의 일이다. 본디 국적이 중국인이었던 그는 여진족에게 납치되었다가 조선으로 흘러들어오게 된 기술자였다. 뛰어난 기술을 가지고 있던 그는 조선에 귀화하고자 했다. 조선으로서는 그의 기술을 전수받을 수 있을 테니, 세종도 마음에 들어 했다. 하지만 이후에 그들의 가족들이 만주 일대에 있어 소문이 번지게 되자, 결국 중국으로 돌려보냈다. 신하들의 중화의지를 세종만으로는 꺾을 수 없었던 것일까? 아니면 강대국 명나라의 치사함에 조선은 숙이는 것 말고는 어떻게 할 수 없었던 것일까?

세종 시대의 외교만큼은 정말로 바닥 점수였다. 하지만 이것은 당시 세계사의 흐름과 더불어, 조선과 중국의 국력의 문제에서 어쩔 수 없는 일이기도 했다. 세종에서 조금 앞선 태종 5년, 명나라의 영락제는 대규모의 군대를 파견하여 베트남 정벌을 강행했다. 정벌 결과는 실패라고 하기에도 성공이라고 하기에도 애매한 것으로, 명나라의 대군은 베트남을 정벌하고 왕조를 멸망시켰으며, 일시적으로 베트남을 중국의 일부로 만드는 데까지 성공했다. 그리고 이때의 정벌을 교두보로 삼아 벌어진 것이 아프리카까지 도달했다는 환관 정화의 서방원정이었다. 영락제의 사후, 베트남은 레러이[黎利]의 주도하에 다시 독립을 되찾았지만, 그렇게 되기까지 베트남이 겪어야 했던 피해는 엄청난 것이었다. 여하튼 영락제의 무시무시한 정벌이 조선을 비롯한 주변 국가들을 위축시킨 것도 나름 자연스러운 결과였다.

태종 시대, 그리고 세종 시대 때 조선이 유난히 중국에게 저자세였던 것은 당시 최전성기를 맞아 전 세계로 뻗어나가고 있던 명나라의 비위를 거스르는 것이 좋지 않다는 판단 때문인 것 같다. 자존심이 상하는 것은 어쩔 수 없으나, 자칫 상황이 틀어져서 전 국토를 전쟁의 소용돌이에 빠뜨리는 것보다는 치욕을 감내하는 길을 선택했던 게 아닐까.

세종의 예스맨
도승지 조서강과 아첨꾼

왕조 시대의 권력은 왕에게서 나온다. 그러니 왕의 비서인 승정원과 도승지가 강력한 힘을 발휘하는 것은 어쩔 수 없는 일이기도 했다. 세종의 도승지는 왕의 일처리를 돕는 것은 물론, 신하 사이를 연결하고 때로 중재를 도맡았다. 왕의 손발이 되어 도승지로 얼마간 일한 뒤에는 조정의 인사권을 쥔 이조, 특히 이조참판으로 옮겨가는 경우가 많았으니, 출세의 지름길이기도 했다.

세종의 오랜 집권 기간 중 도승지가 한 명만 있었던 것은 아니다. 하지만 하나같이 당대의 유능한 인물들이었고, 개중에는 안숭선은 물론, 김돈처럼 집현전의 박사를 지내고, 자격루의 서문을 쓰는 데에 참여한 사람도 있었다. 반대로 성염조처럼 거만하다고 탄핵을 받은 이도 있었다. 즉 세종의 도승지가 모두 훌륭하고 유능했던 것은 아니었다.

특히 세종은 나이가 들어서는 병을 이유로 구중궁궐 안에 틀어박히거나, 궁궐을 떠나 자식들의 집을 오가면서 도승지나 아들들(대군)을 통해 간접적으로 명령을 전달하기만 했다. 이러니 신하들은 왕의 얼굴 보기도 어려운 지경이었다. 또 이런 상황에서 도승지는 세종에게 듣기 좋은 말만 떠들어대고 신하들이 세종에게 올리는 말을 막았다 해서 비난을 듣기도 했다. 그 대표적인 경우가 바로 조서강(趙瑞康)이다.

조서강은 세종 초중반의 도승지였던 안숭선과는 반대로, 본디 사간원 쪽에서 일하다가 도승지가 된 경우였다. 그러다 세종 21년 3월에 우승지에 임명되었고, 이후 계속 승정원 내의 직임을 맡다가 세종 23년 도승지가 되었다. 세종은 조서강을 상당히 신임했고, 중요한 일이나 명령의 전달을 맡겼다. 세종 24년 12월 17일, 세종은 조서강에게 명령을 전하며 이런 말을 하기도 했다.

"그대가 내 뜻을 아니 남김없이 다 말하라"

이심전심으로 세종의 마음 속속들이 알고 있지 않다면야 이런 말을 하기도 어려웠을 것이다. 그리고 조서강은 세종의 뜻을 대변하는 것 말고도 비위를 맞춰주는 데 소질이 있었다.

그런데 이런 조서강의 성품에 앞서, 당시 세종이나 시대의 탓도 생각하지 않을 수 없다. 조서강이 도승지가 되었을 때 세종은 이미 나이가 들었고, 병도 늘었으며 따라서 많이 고집스러워졌다.

대표적인 예가 불교의 경우였는데, 세종은 신하들의 온갖 반대에도 무릅쓰고 불교행사를 벌이거나 승려를 원조하는 등의 여러 조치를 취했다. 당연히 집현전을 필두로 한 유학자들이 극렬히 반대했는데도, 세종은 이를 받아들이지 않았다. 아무리 싫은 의견이라도, 혹은 이단이라고 해도 살펴보려고 했던 세종의 너그러운 태도는 말년에 들어 차츰 사라지고 있었다. 세종은 불교 관련 반대상소를 올리면 보지 않겠다고 말할 정도로 강경한 태도였으며, 특별히 신경질적이 되어서 '세종답지 않게' 폭언을 퍼붓거나 무작정 추진했다. 세종이 과연 독실한 불교신자였는지, 아니면 잠시 늘그막의 변덕이었는지는 알 수 없다. 여하튼 이 문제를 논의한 논문이 몇 개나 있을 정도이다.

기실 젊었을 때의 세종은 그렇게까지 불교에 호의적이지는 않았다. 세종 5, 6년 극심한 가뭄으로 백성들이 굶어 죽어가는 와중, 곡식을 주는 대신 일을 하게 했더니 승려들이 모두 달아났다는 보고를 듣고 이렇게 말하기도 했던 것이다.

"불도(佛道)가 사람을 미혹하는 것이 심하다. 굶어 죽은 백성이 있다는 것을 내 들었으나, 중이 굶어 죽었다는 것은 못 들었다."

또한 이런 말도 남겼다.

"자신이 경사(經史, 경전과 역사)를 공부하고 성학(聖學, 성리학)을 연구했는데 불교를 믿을 수 있겠느냐."

그러니 세종 말년에 집중적으로 벌어진 불교행사의 진흥은 확실히 비정상적인 면이 있었다. 그리고 도승지 조서강은 철저하게 세종의 편에 서서 그의 뜻에 따랐다.

이 와중에 벌어진 것이 바로 승정원과 집현전의 충돌이었으며, 더 자세히는 조서강과 최만리 간의 다툼이라고 할 수 있다. 최만리는 한글에 반대한 것으로 너무도 유명하지만, 원래 집현전의 중진이자 고집 센 유학자였다. 유학자로서 유교 국가인 조선에서 불교가 진흥되는 꼴을 볼 수 없었던 그는, 세종에게 불교 행사인 사리제의 개최를 반대하는 장문의 글을 써서 올렸다. 이것이 세종 23년 윤11월 14일의 일로, 공부를 많이 한 집현전 학자답게 중국의 역대 황제들과 불교에 얽힌 나쁜 일들을 일목요연하게 정리해서 불교의 해악을 상세히 말했다. 이는 훈민정음의 반박글에 비하면 훨씬 양호하며 논리적이다.

당시 도승지였던 조서강은 집현전에서 올린 상소를 읽어보고 대놓고 비웃었다.

"유자(儒者)가 이런 말을 하는구나. 유자가 이런 말을 하는구나."

그런데 이 일이 어떻게 집현전의 귀에 들어간 모양이었다. 집현전, 아마도 최만리는 다시금 조서강에게 직접 글을 올렸다. 조서강이 맡고 있는 승지의 역할이 얼마나 중요한지를 하나하나 따져 말하고, 왕에게 충성을 하고 백성들에게 덕을 베풀어야 한다고 주장하였다.

"합하(閤下)는 우리들을 가리켜 오유(迂儒)라 여기고, 미친 소리를 한다고 하실는지 알지 못하겠으나, 그윽이 합하를 위하여 애석하게 여깁니다. … 엎드려 바라건대, 합하는 충성된 정성을 분발하여 살펴 아뢰어서 우리들로 하여금 윤허를 얻게 하면, 사문(斯文)의 다행일

뿐 아니라, 실로 우리 국가의 무궁한 복이 되오니, 합하는 굽어 살피
소서."

화를 내도 당연한 일이거늘, 최만리는 오히려 점잖게 따지고 있었
다. 조서강은 부끄러웠는지 이 글을 숨기고 다른 사람이 알지 못하게
했다고 한다. 그래도 실록에 전문이 실린 것을 보니 어떻게든 알려진
모양이다.

조서강이 어째서 세종의 불교 정책을 전적으로 찬동했는지, 그 이
유는 불명확하다. 어쩌면 그 자신이 불교신자였을 수도 있겠다. 당시
신하들은 겉으로는 유학자이면서 내심 불교를 믿거나 장례를 불교식
으로 치르는 경우가 허다했으니까. 하지만 세종의 비위를 맞추기 위
해 일부러 그런 것이라는 추측도 가능하다. 세종은 불교 행사 건에만
은 유독 고집을 부렸고, 조서강은 세종의 명령을 충실하게 시행해 사
헌부와 사간원에서 상소가 올라왔음에도 세종에게 전달하지 않았다.
당연히 신하들은 여기에 항의를 했지만, 조서강은 끝내 세종에게 올
리지 않았다. 이런 식으로 일부러 신하들의 말을 전달하지 않자, 다
른 신하들이 불만을 가진 것은 당연한 결과였다.

뿐만이 아니었다. 세종 24년 3월 10일, 당시 장령이던 이사철(李思
哲)과 정언(正言) 이휘(李徽)가 세종이 행궁에서 강무 및 사냥을 하던
와중, 광대에게 음악을 연주시키고 막내아들인 영응대군에게 말을
타고 사냥을 하게 한 일을 두고 간한 적이 있었다. 늦게까지 음악을
연주했고, 또 아직 어린 대군에게 무리한 일을 시키니 다칠 것이 우
려된다고 간하였다. 그런데 이에 세종은 음악이 필요한 것이라고 설

명하고, 본디 조선의 왕가가 무(武)를 중시하고 숭상했으니 상관없다고 하였다. 여기까지는 그래도 무난했다. 하지만 조서강은 이사철과 이휘가 물러간 다음을 기다려, 작은 소리로 이렇게 말했다.

"대간들이 술과 고기의 하사를 받아 배불리 먹고 술에 취하여 별로 마음 쓸 곳이 없으므로 이 같은 오활하고 간절하지 못한 말을 하는 것입니다."

이것이야말로 진실한 뒷담화였다. 한편으로 이런 사실까지 기록된 것을 보면 조사강이 사관들에게 많이 미움을 샀던 것 같다.

그런데 세종 25년 3월 25일에는 조서강을 비롯한 승정원의 승지들이 충청도관찰사에게 대거 뇌물을 받은 것이 문제가 되었다. 뇌물이라고 해도 곡식 몇 섬, 소금 얼마라는 적은 양이긴 했지만, 이런 뇌물 수수가 관행으로 벌어져 왔던 것으로 밝혀지자 세종은 상당히 충격을 받았다. 이런 일 때문이었을까? 같은 해 8월, 조서강은 도승지의 직무를 끝내고 이조참판으로 옮겨졌다.

조서강은 이조참판으로 옮겨간 뒤, 별다른 행적이 나타나지 않는다. 그리고 얼마 지나지 않은 26년 3월 10일, 홀연히 세상을 떠났다. 세종은 이를 슬퍼하며 제문을 지었는데, 그 내용을 보면 조서강은 한동안 병을 앓고 있다가 잠깐 차도가 있었고, 또 이것이 더 악화되어 죽은 것으로 되어 있다. 하지만 그 사람의 됨됨이를 정리하여 평가를 올리는 졸기는 기껏 부의로 곡식 몇 섬을 내렸다는 기록만 있을 뿐, 좋다거나 나쁘다거나 아무 평가가 없다. 세종이 직접 제문까지 지어줄 정도였고, 이제까지 했던 활약에 비하면 야박하다는 느낌도 든다.

이렇게 말하면 조서강은 꽤나 간신인 것 같지만, 사실 세종의 건강을 가장 가까이에서 보살핀 것도 그였다. 특히 세종이 이곳저곳 아프기 시작한 24년 즈음, 도승지는 세종이 마셔야 할 약을 직접 맛까지 보았고, 세종이 이를 감사하며 특별히 선물을 내릴 정도였다. 또한 세종이 온천에 가지 않으려 하자, 가장 적극적으로 온천행을 권한 것도 조서강이었다. 그는 온천을 다녀온 사람들에게 치료효과를 탐문하기도 하고, 며칠 온천에서 푹 쉬면서 세종에게 병을 치료하라고 권하였다. 또 아픈 세종을 마냥 곁에서 보고 있었다면, 마음을 어지럽히는 곤란한 문제들을 올리지 않으려고 하는 것도 내심 이해할 수 있는 일이다.

하지만 조서강의 행동은 단순히 개인의 잘못뿐만이 아니라, 서서히 동맥경화를 일으키고 있는 세종 치세를 드러내는 것이기도 했다. 황희를 비롯한 정승들의 노화는 이미 다른 신하들에게 지적을 받은 바 있었다. 세종도 늙었다. 나이가 든다는 것은 경륜이 늘고 경험이 쌓인다는 것을 말했지만, 한편으로 완고해지고 용기를 잃는 것을 뜻하기도 했다. 세종은 차츰 젊은 날의 도전의식과 공정한 마음을 천천히 잃어버리고, 딱딱하고 어려운 것보다는 듣기 좋고 먹기 쉬운 것을 골라잡게 되었다. 또 그렇게 싫은 소리만 듣기 수십 년이었으니, 아부나 찬성같은 기분 좋은 말이 듣고 싶어지는 것도 어쩔 수 없었을 것이다.

세종 자신의 몸도 격무에 시달려 지쳐 있었다. 그리고 왕이 마음대로 할 수 있는 일보다는 그렇지 않은 일이 훨씬 더 많았다. 처음에 기댈 수 있는 것은 오직 아버지 태종뿐, 힘없는 왕으로 시작했던 세종이었지만, 20년 넘는 집권을 통해 차츰 기반을 닦아 나갔고 명실공히 조선의 왕이 되었다. 그러니 새파란 젊은이들의 객기와 구분이 되지 않는 무모한 '간언'을 기분 좋게 받아들일 베테랑 임금이 어디 그리 흔할까. 그래서 세종도 말년에는 자주 애송이 선비들(迂儒)을 비난하곤 했다.

그렇다고는 하지만, 세종은 여전히 성군이었다. 이렇게 나이가 들고 몸이 아프고 고집스럽게 변해가면서도, 그렇게까지 극단적인 잘못을 저지르지도 않았고, 포악스러워지지 않았다. 잘못이 있다고 해도, 인간적인 범위 내에서 그것을 이해하고 넘어갈 수 있는 수준이었다는 것이다. 도승지를 전면에 내세우고 듣기 싫은 소리를 거르는 것이야 잘하는 일이라고는 할 수 없지만.

젊었을 적의 성군이 나이 들어 폭군이 되는 일은 의외로 자주 있는 일이다. 하지만 세종은 그러지 않았기 때문에, 그의 치세를 성공적으로 마무리 지을 수 있었고 성군으로서 매듭을 지을 수 있었다. 언제나 처음만큼이나 끝을 제대로 내는 것이 중요한 것이다.

세종의 여인들
혜빈 양씨와 세종의 비빈들

세종대왕의 험담(?)을 할 때 빠지지 않는 이야기가 바로 여색을 밝혔다는 것이다. 세종에게는 여러 비빈들이 있었고, 그들에게서 많은 자식을 얻었으니 그런 소리를 들을 법도 하다. 하지만 조선왕조의 역대 왕 중 가장 심한 바람둥이였던 태종이나 성종, 선조에 비한다면 훨씬 양호한 수준인데, 그런 말을 듣는 세종으로서는 조금 억울할 것도 같다.

세종이 왕이 된 것은 22살이었고, 이때 이미 소헌왕후 심씨와의 사이에서 아들이 셋이나 있었다. 이후에 태종이 일부러 비빈들을 넣어주겠다고 나섰던 것을 보면, 그 전까지 세종은 아버지나 큰형님만큼 여인들에게 관심을 가지진 않았던 것 같다. 사실 공부하랴, 큰형 뒤쫓아다니며 잔소리하랴, 그리고 막냇동생 병치레 간호하랴, 그러다 보면 여인을 가까이 하기 힘든 것도 나름 당연하지 않을까. 그런 것치고는 꽤 많은 자식들을 거느렸지만.

우선 세종대왕의 자식이 30명이었다는 소문이 있는데, 이는 잘못된 지식이다. 30명이나 되는 자식을 가진 것은 아버지 태종과 후손 성종 쪽이다. 세종의 자식들은 아들 18명에 딸 4명으로 총 22명이다.

그러면 세종의 가족 구성을 자세하게 살펴보자.

세종		
	소헌왕후 (8남 2녀)	1남 문종
		2남 세조 (수양대군)
		3남 안평대군
		4남 임영대군
		5남 광평대군
		6남 금성대군
		7남 평원대군
		8남 영응대군
		1녀 정소공주 (어릴 때 사망)
		2녀 정의공주
	영빈 강씨 (1남)	서1남 화의군
	신빈 김씨 (6남)	서2남 계양군
		서3남 의창군
		서5남 밀성군
		서7남 익현군
		서9남 영해군
		서10남 표양군
	혜빈 양씨 (3남)	서4남 한남군
		서6남 수춘군
		서8남 영풍군
	숙원 이씨 (1녀)	서2녀 정안옹주
	상침 송씨 (1녀)	서1녀 정현옹주
	장의궁주 박씨	
	명의궁주 최씨	

먼저 세종의 여인으로 제일 첫 번째이자 가장 많은 이야깃거리가 있는 사람은 역시 소헌왕후 심씨이다. 소헌왕후는 조선왕조의 역대 왕비 중에서 가장 많은 자식을 낳았다. 훗날 문종이 된 큰 아들에서 부터 늦둥이 영응대군에 이르기까지 아들 여덟을 낳았고, 정소공주, 정의공주 등 두 딸을 낳았다. 그 외 비빈들을 보자면, 우선 신빈 김씨가 아들 여섯을 낳았고, 혜빈 양씨가 아들 셋을 낳았다. 영빈 강씨는 아들 하나, 숙원 이씨가 딸 하나, 상침 송씨가 딸 하나를 얻었다. 그리고 태종의 강권으로 비빈으로 들였지만, 끝내 자식을 얻지 못했던 장의궁주 박씨와 명의궁주 최씨가 있었다.

그러니까 비빈의 수는 꽤 여럿이 있었던 셈인데, 태어난 아이들의 숫자가 집중적으로 몰려있는 것이 특이하다. 모든 분야에서 끝까지 파고드는 세종의 성격이 인간관계에서도 여실하게 드러난다고 해야 할까. 더군다나 가장 아이를 많이 낳은 것이 정비인 소헌왕후였다. 조선 후대에는 정비가 자식을 낳지 못하고 후궁이 후계자를 생산하자 위계질서가 흔들리는 등의 문제가 많았던 것에 비하면, 세종은 전혀 그런 걱정을 할 필요가 없었다.

세종은 신하들 앞에서 소헌왕후가 투기를 부리지 않으며 현덕한 사람이었다고 극구 상찬했다. 물론 이때는 순수한 사랑의 마음에서 아내를 자랑하는 것이기도 했지만, 그 즈음에 소헌왕후를 왕비로 봉하는 등 필요에 의해 신하들의 찬동을 끌어내기 위한 것이기도 했다. 그리하여 이제까지 내내 공비(恭妃)였던 소헌왕후를 정식으로 왕비로 책봉한 것은 세종 14년이었다.

세종이 소헌왕후를 아낀 것만은 분명하다. 자식들의 숫자만으로 사랑의 양을 따지는 것은 너무 속물스럽기도 하지만, 그래도 될 만큼 소헌왕후는 많은 아이들을 낳았다. 우선 첫째와 둘째 사이는 2년 차이였지만, 둘째 수양대군과 셋째 안평대군이 연년생으로 태어났고, 광평대군 이후로 자식 셋이 모두 연년생으로 태어났다. 그리고 첫째 문종과 막내 영응대군의 나이 차이는 무려 20년에 이르렀다. 소헌왕후는 그 많은 아이들을 생산하느라 고생스러웠겠지만, 또 그만큼 세종과 소헌왕후가 금슬 좋고 가까이 지냈다는 반증도 된다. 소헌왕후가 병을 앓자 세종은 크게 걱정해서 산천에 기도하고 불공을 올리는 등 갖은 방도를 쓰도록 명령을 내리기도 했고, 늘그막에는 부부동반으로 (각자 앓던 병이 있었다고는 하지만) 이천으로 온천여행을 다녀오기도 했었다.

소헌왕후가 자신의 평생을 어떻게 생각했을지는 모르겠지만, 어쨌든 세종 시대의 내명부는 참으로 평온했다. 소헌왕후는 정치적인 일에 거의 참여하지 않았고, 그래서 실록이라는 역사의 표면에 떠오르는 일은 없었다. 분명 아버지 심온이 죽임당하고, 넷이나 되는 남동생들은 귀양 갔으며, 어머니와 여동생은 노비가 되었지만, 그녀가 응당 흘렸을 눈물 한 방울조차 기록되어 있지 않으니, 어떻게 보면 슬픈 일이다.

또 하나의 여인은 왕비 다음으로 많은 아이를 낳았던 신빈 김씨이다. 본디 김씨는 내자시(內資寺)의 종으로, 세종의 어머니 원경왕후가 세종이 즉위했을 때 소헌왕후에게 보냈다고 한다. 이때 김씨의 나이는 13살이었다. 우리가 그녀에 대해 잘 알 수 있는 것은, 세종이 소헌왕후와 같은 이유로 신빈 김씨를 공개적으로 칭찬했기 때문이다. 세종은 본디 천한 신분이었던 김씨를 빈으로 책봉하기 위해, 드러내놓고 그녀의 좋은 점들을 신하들에게 말했다. 본디 신빈 김씨는 여자종이라는 미천한 신분이었고, 소헌왕후의 지밀나인이었다. 지밀나인은 중전의 비서이자 측근이다. 세종이 어떤 연유로 신빈을 총애하게 되었는지는 알 수 없지만, 그만큼 중전과 자주 만나다 보니 신빈도 만나게 된 게 아닐까. 어쨌든 신빈은 소헌왕후를 오래도록 모셨고, 그래서 소헌왕후는 그녀를 두텁게 신뢰했다. 한 남자를 모셔야 하는 두 여자가 라이벌이 되지 않고 친구가 될 수 있었던 것은 이런 이유로 생각된다.

하지만 과연 여인들이 정말 행복했을까? 잘 알려졌다시피 세종이 즉위한 직후 소헌왕후의 친정은 반역죄로 몰려 사단이 났다. 그리고 태종의 총신인 박은 등은 폐비문제를 공공연히 거론하기도 했다. 물론 태종의 원래 뜻은 외척의 견제에 있었을 뿐이지, 새로운 비와 외척 만드는 것을 원하지 않았기 때문에 공빈(소헌왕후)은 무사할 수 있었고, 이 문제는 유야무야되었다. 그러나 외척의 역모는 남은 평생 소헌왕후를 위축시켰을 것이 분명하다.

그리고 세종이 즉위한 지 불과 2년이 지나 대비 원경왕후가 세상을 떠났으니, 이후 궁궐 내명부의 최고의 자리에 있는 것은 소헌왕후였다. 그리고 신빈 김씨는 본디 소헌왕후의 측근이었으니, 세종 시대 초반의 내명부는 이 두 사람이 전담했을 것으로 추정된다.

사실 내명부의 일들은 그렇게 외부에 드러나지 않는 편이며, 기록도 되지 않는다. 세종이 몇 마디 한 것으로 이들 비빈들의 사이가 어느 정도였겠구나 하고 추측할 따름이다. 소헌왕후와 신빈 김씨는 원래부터 잘 아는 사이였고, 이후 소헌왕후가 자기 막내아들 영응대군의 양육을 부탁했었다고 하니 그만큼 가까웠으리라.

과연 세종의 여인들은, 그리고 내명부는 어떤 분위기였을까. 세종은 21년 1월, 당시 소의(昭儀)였던 김씨를 빈으로 봉하기 전에, 우선 귀인(貴人)으로 높여주었다. 이때 김씨의 부덕(婦德)을 극구 칭찬하면서, 그런 와중에서도 세종은 소헌왕후의 위신을 생각했는지 이런 언급을 했다.

"내가 정궁(正宮)에 아들이 많으니 소의의 자식을 자랑할 것은 없지만, 그러나 여섯 아들이 다 오래 산다는 것은 사람으로는 할 수 없는 것이요, 실로 하늘이 시키는 것이니 또한 소의의 명(命)은 귀한 것이다."

여기에서 세종 시대의 내명부가 평화로웠던 이유 중 하나를 알 수 있다. 우선 다른 후궁들 사이에서 자식을 많이 얻었다고는 하지만, 중전 곧 소헌왕후의 자식들이 가장 많았으며, 왕위 계승을 할 세자의 자리는 확고했다. 또 왕자들의 능력이 유별나게 출중하여 결코 후궁이나 그 자식들이 정궁의 자리를 넘볼 수 없었다.

야사이긴 하지만 《연려실기술》과 《공사기문》에는 이런 이야기가 실려 있다. 한 후궁이 세종의 총애를 받아 늘 가까이에서 모셨다가, 그것을 믿고 부탁을 하나 했다. 그러자 세종은 이렇게 말했다고 한다.

"아녀자가 감히 간청하는 말을 하였으니 이는 내가 사랑을 보여서 그런 것이다. 이 아이가 어린데도 불구하고 이러하니 자라면 어떠할 것인가를 짐작하겠다."

그리고 세종은 이를 물리치고 다시는 가까이 하지 않았다. 세종은 감정이나 총애에 이끌려 질서를 무너뜨리는 일은 절대로 용서하지 않았다.

왕이 누리는 환락의 장소로 오해받기 쉬운 왕비와 후궁, 그리고 내명부는 사실 임금이 다스리는 외명부 못지않게 정치적인 장소였다. 왕비를 중심으로 신분 및 위계질서가 만들어지고, 다음 대의 왕을 키워내고 왕비의 자리를 잇는 정치적인 집단으로서 의의를 가지고 있었던 것이다. 사실 세종이 처음 즉위했을 때 왕권이 약했던 것과 마찬가지로 소헌왕후 역시 위세가 강하지 못했다. 당시에는 실제로 궁녀가 그녀의 옷을 찢어서 모욕을 주는 일까지 있었다. 결국 태종의 명령으로 그 궁녀가 처벌을 받기는 했지만, 세종도 아니고 태종이 직접 나서서 며느리 소헌왕후의 위세를 세워줘야 했을 만큼, 명분이 허약했던 것이다.

하지만 역사는 그녀를 당당한 세종의 배필이자, 이후 왕들의 어머니로 기록하고 있다. 어떻게 소헌왕후가 자신을 조선의 왕비이자 국모로 만들어나갔는지, 그 수십 년의 과정을 직접 살피기는 불가능하지만, 그녀 역시 어렵고 힘든 길을 걸어 역적의 딸에서 조선의 왕비가 될 수 있었다.

세종 시대 초기의 내명부가 유난히도 평화롭고 다툼이 없었던 것은, 그리고 문종을 비롯한 여러 왕자들이 각자의 재능을 빛내면서 훌륭하게 자라날 수 있었던 것은 소헌왕후와 신빈을 비롯한 후궁들, 그리고 세종까지 합작해서 만들어낸 또 하나의 업적이었다.

그런 사실을 증명하는 것은 세종의 여인들 중 혜빈 양씨이다. 소헌왕후와 신빈 김씨가 세종의 초기에 있었다면, 혜빈 양씨는 세종 후기와 사후 내명부의 주요 인물이었다. 그녀는 세종과의 사이에서 세 아들을 낳았지만, 그보다도 더욱 중요한 일을 수행했으니 바로 단종의 양육이었다.

소헌왕후는 세종보다도 2년 먼저 세상을 떠났고, 신빈 김씨는 세종이 승하하자마자 머리를 깎고 승려가 되어 명복을 빌었다. 세종의 어머니인 원경왕후는 그보다 훨씬 이전에 세상을 떠났고, 본래 중전이 되었어야 할 문종의 부인 자리는 공석이었다.

여기서 문종의 비빈을 잠시 살펴보자. 제일 처음 들었던 세자빈 휘빈 김씨는 남자를 홀리는 압승술을 썼다고 해서 쫓겨났고, 그 다음 레즈비언 소동을 벌인 봉씨도 폐적되었다. 그녀들의 아버지는 수치심에 딸을 죽이고 자신도 자결했다. 이런 일이 두 번이나 있었는데 어떻게 다시 세자빈을 들일 수 있었을까. 본래 두었던 후궁 중에서 권씨를 세자빈으로 봉했지만, 그나마 그녀도 단종을 낳은 후 며칠 만에 세상을 떠났고 단종은 고아가 되었다. 문종은 이후로 정식으로 왕비를 두지 않고 무려 12년간을 홀아비로 지냈다.

그러니 단종은 귀한 자식이요, 훗날 나라를 이을 유일한 적통의 자식이었다. 비록 낳아준 어머니를 잃었다고는 해도 귀하게 키워야 했다. 이런 상황에서 혜빈 양씨는 죽은 생모 권씨를 대신해서 단종을 키운 어머니였다.

어째서 문종의 다른 비빈들이 아니라 세종의 후궁이 그런 일을 했느냐고 하면, 마침 그때 혜빈은 둘째아들을 낳은 직후였기 때문이다. 당시 세종이 손자와 나이가 같은 아들을 가졌다는 사실은 차지하고, 어쨌든 양씨는 단종을 열심히 돌보기 위해 오히려 자신이 낳은 자식을 다른 사람에게 맡기고, 어린 단종을 길렀다.

이런 인연들 때문이었을까. 혜빈 양씨는 후궁이고, 왕자를 낳았으되 왕을 낳은 것은 아니었지만, 소헌왕후 사후의 내명부를 상당히 장악하고 있었다. 나이는 비록 자신의 대와 비슷하지만 아버지의 후궁이었으니, 문종을 비롯한 세종의 아들들은 어느 정도 혜빈을 존중하였다. 특히 어머니를 잃은 덕에 자식처럼 돌보아진 단종은 혜빈을 지극 정성으로 따랐다.

훗날 세조가 된 수양대군은 혜빈을 두고 정권을 농단했다고 비판했다. 그러나 대왕대비는커녕 대비도 없고 중전조차도 없는 초유의 사태를 맞이한 문종-단종 시기에는 궁궐의 집안일을 집행해야 하는 사람이 필요했던 것은 사실이다. 본디 혜빈도 그렇게까지 정치적인 활동을 했던 것은 아니다. 하지만 세종이 죽고 문종이 죽으면서, 혜빈은 차츰 아들들과 더불어 정치의 흐름 한복판으로 뛰어들 수밖에 없었다.

단종이 즉위한 뒤, 그런 경향은 한층 더 두드러졌다. 문종만 하더라도 혜빈을 아버지의 후궁으로서 존중했고, 그녀가 요구하는 대로 불상을 내어주거나 머무를 궁을 세워주기도 했다. 그에 비하면 30년 가까이 왕비의 자리에 있었지만 소헌왕후는 이런저런 부탁이나 말을 한 적이 없었다. 이것은 신빈 김씨도 마찬가지였다. 우리가 소헌왕후에 대해 잘 알 수 없는 것은, 이렇게 그녀 자신이 나서서 무언가를 하려고 들지 않았기 때문이다. 하지만 세종 말년과 특히 문종 때에 들어가면, 혜빈은 이런저런 부탁을 하거나, 관여를 해서 실록의 기록 전면에 모습을 나타내게 된다. 소헌왕후처럼 내명부의 안에 침잠해 있지 않고, 적극적으로 나서서 외명부에까지 목소리를 냈다는 소리이다. 그런데 이런 혜빈의 적극적인 면모는 세종의 아들들(특히 소헌왕후 소생의 대군들)의 반감을 불렀다.

"이미 혜빈은 문종에게 자신이 내명부의 일을 관할하겠다고 말한 것 같다."

"혜빈이 일찍이 대행왕께 청하여 교태전(交泰殿)에 들어와 있어 내정을 총괄하려고 하였는데, 대행왕께서 심히 그르게 여기었다. 지금도 또한 들어와서 궐내를 마음대로 하고자 한다."

이는 안평대군이 거론한 사실이지만, 수양대군도 마찬가지의 일을 언급하며 혜빈을 불쾌하게 여겼다. 하지만 단종은 자신을 키워준 혜빈과 돈독한 사이였고, 자주 혜빈을 만나보려 했다. 그래서 조선 역사상 두 번 다시 없을 만큼 특이한 일이지만, 후궁이 사실상 왕대비의 위치 비슷한 곳에 있게 된 셈이었다.

특히 단종 시기에 들어와서는 이런 내명부의 권력다툼이 한결 더 분명해졌다. 단종을 등에 업은 혜빈을 견제하기 위해, 수양대군 및 신하들은 일부러 문종의 후궁 중 한 사람인 홍씨의 작위를 한 등급 높여 숙빈(肅嬪)에 봉한 것이다. 이는 아직 왕이 어리고 궁궐에 여자 어른이 없는 상황에서, 혜빈 양씨와 숙빈 홍씨의 주도권 다툼이 된 셈이었다. 이것이 단종 즉위년 8월 9일의 일이다.

그런데 혜빈이 안평대군이 반역을 꾀한다는 사실을 밀계한 것은 그로부터 오래 지나지 않은 단종 1년 5월 19일의 일이었다. 그래서 혜빈은 안평대군, 그리고 김종서와 황보인들이 죽은 뒤 공을 세운 사람 중 하나가 되어 죄인들(계유정란 때 살해당한 사람들)의 저택 중 여러 곳을 하사받기도 했다. 특히 수양대군은 원래 다른 사람에게 주도록 되어 있는 집을 일부러 혜빈에게 줄 만큼 크게 우대했다. 그만큼 혜빈의 밀계가 안평대군을 제거하는 데 중요한 역할을 했기 때문일 것이다.

어째서 정치가도 아닌 혜빈이 안평대군의 역모를 알렸을까? 이해할 수 없는 일이지만, 이는 혜빈의 활동영역이 궁정 안은 물론이고 바깥으로 넓게 뻗어 있었다는 사실을 반증한다. 어쨌든 수양대군은 혜빈의 밀계를 토대로 안평대군을 역적으로 몰아 죽게 만들었다. 어째서일까? 혜빈은 안평대군이 단종을 몰아낼 것으로 염려했던 것일까? 아니면 수양대군과 어떤 정치적인 약조를 맺었던 것일까?

하지만 그 다음은 잘 알려진 대로였다. 단종은 왕위를 숙부 수양대군에게 넘겼고, 처음에는 상왕으로 존중을 받았지만, 복위운동이 알려진 이후로 대군도 아닌 군, 노산군이 되어 영월로 귀양 보내졌다. 이때 혜빈과 그 아들들은 단종의 편에 섰던 것이 분명하다. 세종의 친아들 중에서 가장 단종과 사이가 돈독했던 금성대군이 귀양 갔던 것처럼, 혜빈 자신은 청풍(淸風)으로 귀양 가게 되었고 가산은 적몰되었으며, 혜빈의 아들들도 모두 지방으로 귀양 보내어졌다. 이유는 혜빈이 교만한데다가, 노산군(단종)을 보호한다는 핑계로 제멋대로 하였고, 세조를 원망하여 금성대군과 손을 잡고 뇌물을 주고받으며 계략을 꾸몄다는 것이다. 세조는 자신의 동생인지라 벌을 내리지 않고 죽이지 않으려고 애를 썼지만, 금성대군은 이를 듣지 않았다고 말했다.

세조의 명분이야 단종을 지키는 것이었지만, 이는 곧 단종의 곁에 남아 있는 최후의 측근들을 모두 제거한 것을 의미했고, 이날 단종은 자신의 왕위를 세조에게 넘겨주었다.

하지만 혜빈의 운명은 여기에서 끝나지 않았다. 세조 1년 11월 9일, 혜빈은 교수형에 처해졌고, 그녀가 낳은 아들들은 귀양지에서 모두 처형당했다. 이후로도 세조는 혜빈을 이런저런 말로 악평했다. 시간이 흘러 숙종 때에 이르러서야 혜빈은 그 아들들과 함께 복권되었고, 정조 때 이르러서는 특별히 민정(愍貞)이라는 시호가 내려졌다. 혜빈이 어린 단종을 키운 공로가 있었고, 안평대군·금성대군과 함께 의리를 위해 목숨을 던진 미덕이 있다는 이유였다.

혜빈이 사사된 세조 시기의 기록은 꽤 많은 편견으로 가득하니 있는 그대로 받아들이기는 어렵다. 하지만 혜빈이 안평대군을 밀계한 것만은 분명한 사실인 것 같다. 어쨌든 정조는 혜빈의 굳은 절개를 가상히 여기고 그녀가 제사받지 못하는 것을 불쌍히 여겨 신주를 새로 만들게 하였다.

이것만 보아도 한 가지 분명한 사실은 세종 시대, 그리고 그 이후의 내명부는 질투하지 않는 현덕한 왕비와 그를 모시는 착한 후궁들이 가득한 곳은 절대로 아니었다는 것이다. 세종이라는 커다란 나무 아래로 드리워진 그림자 속에서, 그가 남긴 것들은 서로 싸우고 있었다.

멧돼지와 귀공자
수양대군과 안평대군

세종의 둘째아들인 이유(李瑈)는 수양대군이라는 이름으로 익숙하지만, 사실 처음부터 그 이름이었던 것은 아니었다. 세종 15년 7월, 세종은 이유를 진양대군(晉陽大君)으로 봉했다. 그 이전에는 진평대군(晉平大君), 함평대군(咸平大君)이라고 했지만, 함평이 함흥의 다른 이름이라 혼동이 되어 바꾼 것이었다. 그리고 27년 2월에 비로소 수양대군(首陽大君)으로 고쳐졌다. 다른 대군들은 한번 내려진 이름이 거의 바뀌지 않았는데, 유독 수양대군만 이렇게 변동을 겪었던 이유는 분명하지 않다.

그런데다가 이름의 뜻을 가만히 생각하면 참으로 아이러니하다. 세종은 무슨 뜻으로 둘째아들의 휘를 수양(首陽)이라고 지었을까. 한자로 보면 '머리 수' 자에 '볕 양' 자를 쓴다. 그런데 둘째아들에게 머리, 혹은 처음을 뜻하는 수를 내린 것은 아무래도 미묘하다. 뿐만 아니라 수양이란 중국의 지명이기도 한데, 이에 전해지는 옛날이야기가 하나 있다.

고죽국이라는 나라가 있었고 그 나라에는 세 왕자가 있었는데, 첫째 백이와 셋째 숙제(叔齊), 그리고 둘째가 있었다. 이 중 가장 현명했던 것은 막내인 숙제였다. 아버지는 막내가 왕위를 잇기를 바랐고, 이 사실을 알아차린 백이는 왕자의 자리를 버리고 홀로 나라를 떠났다. 그런데 이 사실을 알게 된 숙제도 형의 뒤를 따라 나라를 떠났다. 함께 이곳저곳을 떠돌아다니던 두 형제는 주나라 무왕이 세상을 바로잡겠다며 은나라(상나라)를 정벌하려 하자 이를 말렸다. 아무리 은나라가 잘못되었다고 해도 군사로 공격하는 방법을 써서는 안 된다는 것이다. 하지만 끝내 주나라는 은나라를 멸망시키고 새로운 천자가 되었다. 두 형제는 수양산에 몸을 숨기고, 덕 없는 왕을 섬길 수 없고 그 나라의 곡식도 먹을 수 없다고 해서 고사리를 캐먹다가 마침내 굶어죽었다. 이후로 그들 자신은 물론, 수양산은 현실에 타협하지 않은 충성 및 절개의 상징이 되었다. 심지어 사육신의 한 사람인 성삼문은 젊은 시절 중국에 다녀오면서 지은 〈난하사(灤河祠)〉라는 시에서 수양산의 충신들을 노래했다.

당시 말고삐 잡고 감히 잘못을 말했으니
대의가 당당하여 백일처럼 빛났지
초목도 또한 주나라 비와 이슬을 맞았으니
그대 수양산 고사리 먹은 것도 부끄럽구나.

이때 성삼문의 시에는 꼿꼿한 절개가 살아 있어, 백이와 숙제가 주나라의 고사리를 먹은 것조차도 부끄러운 일이라고까지 말했다. 훗날 사육신으로서의 기백이 이미 엿보인다. 그런데 수양대군이란 이름은 바로 수양산의 한자와 같다. 그러니 참으로 기묘한 휘가 되어버렸다. 세종은 둘째아들이 절개를 지키기를 바랐던 것일까? 과연 누구에게 말인가?

조선 시대는 물론 어느 시대에나 왕족들은 고귀한 신분을 타고 났지만, 자신의 능력을 온전히 쓸 수 없는 경우가 대부분이었다. 왕위 후계자가 아닌 다음에야 지나친 능력과 인망을 가진다면 반란의 혐의를 받기 일쑤였다.

세종은 나이가 들면서 궁궐 안에 틀어박혔고, 정무의 상당수를 세자와 황희 등으로 대표되는 의정부 정승들에게 맡겼다. 때로 명령을 내릴 때에는 도승지만을 만나거나, 혹은 아들들에게 직접 맡겼다. 그리고 대군들은 단순히 명령을 받아 전달하는 것뿐 아니라 중요한 국가 정책의 시행을 담당하기도 했다. 이제까지 세종의 형들인 양녕대군이나 효령대군은 나라일에 참여해봐야 사신을 접대하거나 왕족의 결혼식에 참여하는 등 소박한 일에 그쳤다. 그러나 세종의 아들들은 백부들보다도 훨씬 적극적으로 움직인 것이다. 그리하여 세금제도나 토지문제, 그리고 왕릉을 세우는 것, 특히 세종 25년이 넘어서는 공법(貢法)의 실행문제 등 굵직굵직한 문제에 황희를 비롯한 정승들과 더불어 수양대군, 안평대군이 참여했다. 조선의 역사상 이때만큼 왕자들이 자신들의 능력을 발휘한 때가 없었으며, 이로 인해 편하게 놀고 먹는 대신 많은 업무에 시달려야 했다.

세종 29년, 안평대군은 꿈에서 도원을 다녀온 뒤 화가 안견을 시켜 그림을 그리게 했는데 이것이 그 유명한 〈몽유도원도(夢遊桃源圖)〉였다. 이때 안평대군은 어떻게 이 그림을 그리게 되었는지의 내력을 적었는데, 그중 이런 대목이 있다.

"내가 궁궐에 몸을 맡겨 새벽부터 밤까지 일을 하니, 꿈엔들 산림
(山林)에 이를 수 있겠는가? 또 어찌 이른다 하더라도 도원에 이를 수
있겠는가?"

즉 한가하게 여행을 다니고 싶은 마음은 가득하지만, 아침부터 밤
까지 나라 일로 혹사당하고 있으니 갈 수 없다는 말이다.

세종이 아들들에게 많은 자유와 동시에 무거운 책임을 준 것은 바
로 자신이 젊은 시절에 겪었던 서러움 때문이었을지도 모르겠다. 아
무튼 이리하여 왕자들의 타고난 재능은 환히 자라났다.

세종의 아들들 중에서 왕위 계승자인 세자(문종)를 제외하고, 가장
많은 활약을 했던 이들은 역시 둘째 수양대군과 셋째 안평대군이었
다. 세종의 아들들의 우애가 어떠했는지는 제대로 된 기록이 없지만,
수양대군과 안평대군은 오래전 양녕대군과 세종이 그리했던 것처럼
정말 극과 극의 사람이었다.

수양대군은 집안 전통의 무관기질을 타고 났고, 여러 가지 일화를
보면 성격이 강하고 화도 잘 냈다. 그런데다가 사냥 솜씨도 좋았다
니, 체격도 다부지고 강인한 인상이었을 것이다. 또한 성종 때 신숙
주의 말에 따르면, 세종은 경복궁 뒤뜰에 밭을 만들어 곡식을 심었는
데, 이 밭을 돌보는 것을 수양대군에게 맡겼다고 한다. 왕도 백성들
의 고생스러운 것을 알아야 한다는 것이 세종의 생각이었고, 그 담당
으로 수양대군이 선택된 것이다.

수양대군은 형 문종을 제외하고 가장 정치에 많이 관여했던 아들이었다. 세종 21년, 수양은 왕족들의 문제를 전담하는 종부시 제조의 직책에 임명되었고, 이후로 정치적 비중도 확대되었다. 세종은 화를 낼 일이 있거나, 억지로 강행할 일이 있을 때 주로 수양대군을 보냈고, 수양대군은 그런 아버지의 뜻에 잘 맞게 행동했다. 그중 가장 유명한 것은 세종 31년 6월에 있었던 홍천사의 기우제 일이다.

기우제 때 마침 승지 이계전이 병으로 결근을 하여 제사에 쓸 향이 다른 향으로 바뀌어 준비되는 사태가 벌어졌다. 그런데 세종은 이를 관리들이 불교 행사이기 때문에 반대의사를 밝힌 것으로 해석하고, 굉장히 화를 내며 대여섯 번이나 꾸짖는 말을 내렸다. 신하들이 애써 변명을 하자 비로소 화를 풀기는 했지만, 그래도 기우제를 강행했다.

이 기우제의 집행을 담당한 것이 바로 수양대군이었다. 수양대군은 몸소 향을 받들고 홍천사에 가서 합장을 하며 탑돌이를 했다. 그런데 자기만 하고 끝낸 게 아니라, 대감감찰(臺監監察) 하순경(河淳敬)에게도 똑같이 할 것을 강요했다. 나이가 많았던 하순경이 기세등등한 수양대군의 기세에 눌려 탑돌이를 하고 나자, 이어 도승지 이사철을 비롯한 관리들이 우르르 승려들과 뒤섞여 탑돌이를 했다. 실록은 이 일을 두고 상당히 점잖게 비난했다.

"이유와 도승지(都承旨) 이사철(李思哲) 이하 모두 중들과 더불어 주춤거려 뛰면서 여러 가지 이상한 짓을 갖추갖추하였다."

같은 해 7월에 다시 홍천사에서 기우제를 벌였는데, 이 역시 수양대군이 담당했다. 이때 수양대군은 승려들 사이에 섞여 뛰어 돌아다녔는데, 땀이 비 오듯 흘러 옷을 흠뻑 적실 지경이 되어도 피곤한 기색 하나 드러내지 않았다고 한다. 이때 수양대군이 했던 말은 이후로도 사람들의 의혹을 일으키는 말이 되었다.

"공자(孔子)의 도(道)보다 나으며, 정자(程子)와 주자(朱子)가 그르다고 한 것은 불씨(佛氏)를 깊이 알지 못한 것이었다. 천당(天堂) 지옥(地獄)과 사생(死生) 인과(因果)가 실로 이치가 있는 것이요, 결코 허탄(虛誕)한 것이 아닌데, 불씨의 도(道)를 알지 못하고 배척한 자는 모두 망령된 사람들이라, 내 취하지 않겠다."

외면의 뜻만 보자면 불교가 공자나 주자보다 낫다고 하는 개인적인 의견을 피력한 것이다. 그러나 문제가 되는 것은 불교를 배척하는 사람을 취하지 않겠다고 한 발언이었다. 말을 근거로 해서 수양대군이 이미 이때부터 왕 자리에 욕심을 내고 있었다고 해석하는 이들도 있다. 정말 그럴지도 모르겠지만, 확실히 자신이 왕이라도 되지 않는 한 누구를 쓰고 안 쓴다는 것은 상당히 위험한 말이었다.

그 외에도 수양대군은 주서(注書) 성임(成任)에게 공자의 도와 석가 중 누가 낫다고 생각하느냐고 물어보기도 했다. 의견을 물어보는 것이 그리 나쁜 건 아니지만, 그 강압적인 태도가 문제가 되었다. 이미 그 이전에 수양대군은 이전 예조좌랑 김장춘(金長春)이 부처에게 예를 갖추지 않는다고 꾸짖어 욕설을 퍼부은 일도 있었다.

그런데 불교를 좋아했던 것은 동생 안평대군도 못지않았다. 세종실록의 말미에는 수양대군과 안평대군이 불교를 지나치게 믿었다고 은근한 비난조로 이야기하고 있다. 수양대군과 안평대군은 모두 독실한 불교도였고, 안평대군 역시 앞서 수양대군처럼 불교 집회를 시행하는 한편, 승려 신미를 우대하여 어울리는 등 대놓고 불교진흥정책을 벌였다. 그래서인지 세종실록은 불교 정책의 폐단의 원인을 이 두 사람에게서 찾고 있다.

"일국의 신료가 극진히 간하지 않는 사람이 없었으나, 오히려 하늘을 돌이키지 못하여 성덕(聖德)에 누를 끼쳤으니, 이것은 실로 두 대군의 계적(啓迪)한 허물이었다."

한편 셋째아들인 안평대군은 예술가로 알려져 있다. 글씨를 잘 써서 조선 4대 명필 중 하나로 유명하며, 수양대군의 야심 때문에 희생당한 억울한 사람으로 흔히 알고 있다. 요즘에는 세종 말년-단종 시대까지 시회(詩會)를 중심으로 만들어진 폭넓은 교우관계와 특히 이현로와의 유착 덕분에 수양대군 못지않은 야심가로 해석되기도 한다.

일단 안평대군은 수양대군만큼이나 정치에 참여하지는 않았다. 그리고 온화하면서도 착한, 혹은 물렁한 성격이었다. 바둑알을 옥으로 만들거나, 비단 위에다 금니(金泥)로 글씨를 썼다는 등 사치로 안 좋은 이야기를 듣기는 했지만, 글솜씨나 예술적인 감각에서는 그를 따라올 만한 사람이 없었다. 특히 안평대군과 사이가 유별나게 좋았던 (그러나 나중에 세조의 편으로 돌아선) 서거정은 안평대군의 글씨를 두고 낯 뜨거운 칭송시인 〈귀공자 진초첩(貴公子眞草帖)〉을 쓰며, 안평대군을 귀공자(貴公子)라고 칭했다. 엄연한 왕의 아들이니 공자 소리를 듣는 것도 당연하지만, 이런 선입견 때문인지 안평대군을 생각하면 언뜻 준수하고 훤칠한 미남자가 연상된다.

세종 시절 때 안평대군에게는 재미있는 일화가 하나 전한다. 세종 21년 5월 4일, 세종은 드물게 자식들의 이야기를 했다. 이전 형님인 양녕대군이 패악질 부린 것을 걱정했던 듯, 세종은 아들들에게 하고 싶은 일이 있다면 꼭 자신에게 먼저 말하라고 당부했다. 그런데 당시 안평대군은 공교롭게도 동생 광평대군의 집에 있는 여자종 부전(浮典)을 보고 반한 터였다. 속앓이를 하던 안평대군은 세상 많은 자식들이 그러하듯 어머니에게 고민을 토로했고, 또 세상 많은 어머니가 그러하듯 소헌왕후는 자식들의 문제를 남편과 의논했다. 처음에 세종대왕은 안평대군의 짝사랑을 허락할 마음이었다. 부전은 신분은 종이지만 동생의 집 사람이고, 아직 혼인을 하지도 않았던 것이다. 하지만 부전은 감창(疳瘡)이라는 병을 앓고 있었고, 때마침 잇따라 발작을 한 터라 마침내 부부는 허락하지 않았다. 하지만 끝내 인연을 맺지 못한 후로도 안평대군은 부전을 잊지 못해서 괴로워했다고 한다. 안평대군이 세종 11년에 이미 정연(鄭淵)의 딸과 혼인을 했다는 사실은 잠시 잊도록 하자.

그 외에도 안평대군은 궁궐 밖의 소식을 아버지에게 전하는 역할도 했다. 세종 24년 3월 누런 비, 곧 황우(黃雨)가 내렸다는 소문이 돌았다. 안평대군은 직접 조사하고 나름의 실험을 거쳐서 사실은 송화가루가 섞인 물이었다는 사실을 밝혀냈다. 이듬해에는 성균관에서 시험을 본 유생들과 그 앞에서 술판을 벌인 전리(典吏)들 사이에 싸움이 낳는데, 여기서 유생들이 억울한 누명을 쓰자 이 사실을 밝혀 세종에게 알리기도 했다. 그뿐만이 아니라 안평대군은 특유의 친화력과 예술 기질로 세종 말에서부터 단종 때까지 최고의 인기인이었다.

세종은 이렇게 출중했던 수양대군과 안평대군으로 하여금 정승들과 더불어 나라의 일을 의논하게 한 것은 물론이고, 특히 집현전과도 협업을 시켰다. 이를테면 세종 26년 2월 집현전의 최항, 박팽년, 신숙주, 이개, 강희안 등을 시켜 《운회(韻會)》라는 책을 한글로 번역하게 했는데, 그 지휘자는 세자였던 문종과 수양대군, 안평대군이었다. 하지만 세자는 나라 일로 바빴으니, 사실상 이 일을 담당했던 것은 두 대군이었다. 집현전과 대군들이 협업한 일은 이것뿐만이 아니었다. 세종 27년에 완성된 의학책 《의방유취(醫方類聚)》는 집현전에서 자료를 수집해 책으로 묶어낸 것이고, 안평대군이 감수를 맡아 3년에 걸쳐 완성하였다.

하지만 대군들과 집현전의 학사들은 그저 함께 일만 했던 것은 아니었다. 수양대군은 신숙주와 동갑이었고, 또 성삼문은 안평대군과 동갑이었다. 그 외에도 최항이 16년에 집현전에 들어온 것을 시작으로, 이개는 21년, 박팽년은 23년 집현전에 들어왔다. 25년에는 하위지가 들어왔으며, 26년에 서거정, 27년에는 유성원이 들어왔다. 즉 또래의 왕자와 학자들이 함께 집현전에 모여 아버지이자 왕인 세종의 명령을 받아, 어려운 임무를 수행하며 동고동락했다는 것이다. 비록 왕자와 신하의 신분이라고는 하지만, 나이도 같고 같은 일을 하며 함께 고생을 겪다보면 정이 드는 것도 당연한 일이 아닌가. 집현전 학자들과 두 대군은 신분을 넘어선 친구가 되었다. 때로 세자(문종)도 책 하나 달랑 들고 밤 늦게 집현전을 찾아와 이들과 만나 이야기하고 교우를 가졌다. 이는 조선 역사상 다시 없는 특별한 일이었고, 집현전의 학사들은 이를 자랑스럽게 여겼다. 특히 안평대군이 벌였던 시회에서는 최항, 서거정을 비롯한 사육신들이 대거 참여했고, 이보다 더 길고 긴 시를 지었을 만큼 사이가 돈독했다.

또한 안평대군은 시심(詩心)이 절로 들게 하는 좋은 주제들을 골라 〈비해당사십팔영(匪懈堂四十八詠)〉이라는 시를 지었다. 눈 속의 동백꽃, 가득히 핀 해당화, 섬돌을 뒤덮은 작약, 서리 맞아 피는 국화, 이슬 맞은 누런 등나무, 새장 속의 화합조(華合鳥), 사슴이 잠든 정원의 풀밭, 깊은 시렁의 장미꽃, 남산의 맑은 구름, 인왕산의 저녁 종소리 등등 시와는 인연이 없는 사람이라고 해도 마음이 동할 만큼 감각적인 글감들이었다. 안평대군이 썼던 〈사십팔영〉의 서문은 지금 《패관잡기》에 실려 있는데, 그는 스스로 이런 시를 짓게 된 것을 친구들이 권했기 때문이라고 밝히고 있다. 그 친구들이 바로 집현전 학사들이었다. 최항, 신숙주, 성삼문, 서거정, 이개 등 문사들은 안평대군과 함께 많은 시를 지었고, 밤에는 불을 켜고 이야기하고, 달이 뜨면 뱃놀이를 하고, 술을 마시며 즐겁게 놀았다. 안평대군은 유학자들하고만 친한 게 아니어서, 때로 잡업에 종사하는 무뢰배들까지 모여들었다고 한다.

이처럼 집현전 학사들과 왕자들, 그리고 때로 세자인 문종까지 참여한 이들의 교우 관계는 세종이 심혈을 기울여 만들어놓은 또 하나의 꽃밭이었다. 그러나 후에 이 꽃밭은 어떻게 되었을까?

집현전
세종의 아이들

집현전은 세종 2년 때 설치되었다고는 하지만, 실제로는 그 이전 고려 시대부터 있었던 기관이었다. 정종 1년에 고려의 제도를 참조해 집현전을 만들었다가, 이듬해 보문각(寶文閣)으로 이름을 바꾸었다. 하지만 집현전이 세종 시대에 이르러 크게 활약했다는 사실만은 의심의 여지가 없다.

집현전(集賢殿)이라는 이름은 현명함을 모았다는 뜻이다. 그 인원은 보통 때는 20명, 특별히 수행할 업무가 있어 확장된 것이 32명에 불과했다. 하지만 숫자는 문제가 아니었다. 집현전은 조정에서도 가장 뛰어난 능력을 가진 이들이 주로 선출되었다. 그리고 한번 집현전에 들어가면 두 번 다시 나오지 못하는 것도 아니고, 다른 분야, 다른 벼슬로 전출되어 가는 경우도 있었으니, 집현전 자체는 상당히 유동적인 단체였던 셈이다.

사람들은 흔히 집현전에서 주로 담당한 일로 한글창제를 들지만, 사실 집현전이 주로 했던 일은 요즘 표현대로 하자면, 국가정책자문위원단이었다. 그것도 인문학 쪽이었다.

집현전은 왜 필요했을까? 그건 바로 조선이 아직 완성되지 않았기 때문이다. 세종은 조선의 4대 왕이었고, 그가 즉위했을 때 조선은 이미 들어선 지 수십 년은 된 나라였다. 그런데도 조선이 완성되지 않았다니 어딘지 어폐가 있는 듯하다. 하지만 본디 나라란 임금만 있어서 되는 것은 아니다. 백성도 있고 신하도 있어야 한다. 거기에 나라의 제도와 군사, 행정기구가 온전히 갖춰져야 나라라고 할 수 있다.

그래서 세종이 집현전에게 원한 기능은 정치적인 역할보다는 왕의 자문기관, 그리고 예제의 정립을 위한 지식의 조사와 정리였다. 또한 자신의 생각에 보탬이 되고 또 자극을 주는 생각의 창고이자 브레인의 역할을 기대했다. 그리하여 집현전 학사들은 세종의 전폭적인 지원 아래 예산이나 인원 보충 등 세세한 문제에 신경 쓰지 않고, 오로지 공부, 연구에 몰두할 수 있었다.

세종은 어떤 일을 해내는 것 이상으로, 그에 필요한 인재를 키워내는 데에도 몰두했던 군주였다. 그래서 세종은 자신의 브레인이 될 집현전 관리를 뽑는 시험에 직접 참여하기까지 했고, 집현전 학사들에게 음식과 선물을 내려주거나, 사가독서라는 초장기 휴가를 내려 공부를 할 수 있게 해주는 등 온갖 관심과 편의를 아끼지 않았던 것이다. 이때 빠질 수 없는 것이 신숙주의 일화다.

숙직을 하던 신숙주가 오래도록 책을 읽다가 늦어서야 잠이 들자, 세종이 자신의 옷을 벗어 어깨에 덮어주었다는 이야기는 굉장히 유명하다. 하지만 이 이야기도 실린 데가 어디냐에 따라 이야기가 조금씩 다르다. 《용재총화》에서는 세종이 어의를 덮어주었다고 되어 있는데, 정작 신숙주의 묘비에는 사경(四更)까지 자지 않고 공부를 하고 있자니 어의를 하사했다고 되어 있다. 밤늦게까지 책을 읽으며 공부를 했던 신숙주의 노력과 열성은 지금에도 참으로 본받을 만하다. 하지만 그 갖옷을 덮어주기 위해, 세종은 물론이거니와 내관들마저 잠을 자지 못했을 것을 생각하면 조금 웃음이 나오기도 한다.

대부분 책벌레인데다 공부는 아주 잘 했지만 대체로 순수하던 집현전의 사람들 중 신숙주는 유일하게 현실감각이 있는 인물이었다. 젊은 시절 지었던 한나라 장량, 제갈량에 대한 시에는 출세에 강한 의지를 보이고 있기도 하다. 비록 변절자의 대명사가 되었지만, 사실 그는 7개 언어에 능통했으며, 일본의 문물을 소개하는 《해동제국기》라는 책을 쓰기도 했던 대단히 글로벌한 인재였다. 그만한 인물이 집현전에서 지냈으니, 다른 인물들 역시 여기에 지지 않을 만큼 많은 지식과 뛰어난 두뇌를 가졌으리라 상상하기는 어렵지 않다.

이런 인재들이 주로 한 일은 나라의 제도는 물론, 세종이 원하는 정책을 수행할 때 국가의 정책에서 필요한 자료와 정보를 빠르게 정리하고 수합하여 준비하는 것, 이를테면 조교의 일이었다. 그러니까 집현전은 온갖 책들을 뒤져 정책에 필요한 지식을 긁어모아 자문하되, 정치적인 실권은 별로 없는 순수한 연구기관일 수밖에 없었다.

그렇다면 왜 집현전은 옛날의 책들을 뒤져야 했는지 의문이 생길 수도 있겠다. 이는 조선 시대, 혹은 동아시아 사회가 가졌던 강력한 역사인식에서 비롯된다. 당시 사람들의 인식을 지배하던 가장 큰 명분은 현실주의가 아닌 역사였다. 먼 옛날 성인들이, 그리고 조상들이 시행했던 정책과 언급들은 역사로서 그치는 게 아니라, 현실에 되살려 마땅한 도덕이자 법칙으로서의 가치를 가지고 있었다.

게다가 세종이 벌인 정책들은 모두 이전까지 없었던, 혹은 아직까지 조선에서 시행되지 않은 것들이 많았다. 자칫 왕의 마음대로 시행한다면 반발과 저항을 초래하게 된다. 하지만 '옛날 책에는 이러저러하게 되어 있다'는 근거를 두고 시작한다면 명분이 서게 된다.

그렇기에 세종은 집현전에게 많은 편의를 보아주고 정성을 들였지만, 하루 빨리 출세를 하고 싶어 하는 사람은 불만을 가질 수밖에 없었다. 때문에 집현전에 한 번 배속받았다가 다른 부서로 옮기고 싶어 하는 사람들이 꽤 많았고, 세종은 그 사실을 알고 괘씸하게 여긴 적도 있었다. 실제로 젊은 시절 사육신들과 신숙주가 사가독서로 공부를 하고 있을 때 〈삼각산 연구(三角山聯句)〉라는 연시를 함께 지으며 재상이 되겠다는 포부를 밝혔다.

서쪽으로 진관사에 맞닿아 있고
남쪽으로는 한강이 가로 지르네. (박팽년)
작아서 발돋움해야 겨우 닿는 것이 안타깝고
커서 우러러보되 굽어보지는 못해 싫구나. (신숙주)
위로는 반짝이는 별빛을 어루만지고
아래로는 드넓은 평야를 내려다보네. (성삼문)
선사의 차는 어찌 그리 차가운지
술 사러 마을에 내려가야겠네. (이개)
경문을 끝까지 공부하려고 산 속의 절을 찾았고
정신을 기르는데 하늘의 도움을 받았도다. (박팽년)
아침저녁으로 푸른 숲을 보고

앉았다가 누웠다가 옛 책을 읽는다. (신숙주)

시를 짓고 읊조리는 것을 무척이나 좋아하건만

공부는 거칠고 조악하지 않나. (성삼문)

산신령에게 비노니

우리 폐부를 넉넉하게 하소서. (이개)

이로써 넓고 크게 쓰일 일을 기원하니

재상의 자리에 이를 수 있기를 바라노라. (신숙주)

이렇게 당대 최고의 인재들이 모인 지식의 요람이었던 집현전이었지만, 이들에게도 한계는 있었다. 그들은 학자였지 정치가는 아니었다. 최항(崔恒)이나 신숙주를 제외하고 집현전 출신의 많은 사람들은 크게 출세하지 못한 것이 대부분이었다. 하지만 이보다도 더 큰 문제는 집현전이 어디까지나 세종 개인의 인재들이었다는 사실이다.

집현전이 역사에 그토록 깊은 인상을 남기게 된 것은 세종이 있었기에, 그리고 이후 세조 때 사육신의 난이 있었기 때문이다. 단종이 폐위되고 수양대군이었던 세조가 왕위에 오른 뒤, 성삼문을 비롯한 사육신들은 단종을 복위시키려는 계획을 꾸몄다. 하지만 군사를 동원한다거나, 정치적인 협상 및 치밀한 계획을 했던 것이 아니라, 경호를 서는 무관(별운검)에게 세조를 살해하게 한다는 실로 단순한 계획이었다. 이는 정치적인 감각이나 수완에 서투른 서생들의 면모를 여실히 드러내고 있다. 사육신들의 소박한 반란 모의는 실패로 돌아가 그들은 죽임을 당하고, 가족들 중 남자들은 죽고 아내와 딸들은 노비가 되어 '공신'들에게 물건처럼 나눠지는 고초를 겪었다.

그리고 결국 세조는 집현전을 폐쇄하였다. 단순히 집현전 출신의 사람들이 반란을 주도했다는 이유만은 아니었다. 세조는 세종과는 정반대로 자신의 의지와 변덕에 따라 정치를 했던 인물이었다. 기질로만 본다면 할아버지 태종을 쏙 빼닮았고, 예제와 원칙보다는 자신의 기호가 더욱 중시되었기에 과거의 전범이나 실례는 더 이상 필요하지 않았다. 게다가 나라의 전통을 만들고 예제를 정리하는 작업은 아버지 세종과 형 문종 때 어느 정도 일단락이 되었기에 집현전은 더 이상 필요하지 않았다. 물론 이후로도 왕의 자문기관은 필요했지만, 집현전 출신들의 사람들이 공모했던 단종 복위운동의 여파가 너무도 컸다. 또한 세종 후기의 집현전은 그저 정치의 보조 역할뿐만 아니라, 스스로 정책에 의견을 내는 언관(言官)으로서의 역할도 수행하고 있었는데, 세조는 이를 못마땅하게 여겼다. 이후 신숙주, 최항 등이 후세대의 교육기관을 만들자고 건의해도 "집현전과 다른 것이 무엇이냐."며 거부하기도 했다.

이후 성종 때에는 사라진 집현전 대신, 왕의 자문기관으로 기능했던 홍문관(弘文館)이 설치되었다. 하지만 홍문관은 순수한 학술기관이기도 했던 집현전과 다르게, 정치에 적극적으로 참여했다.

그런 의미에서 집현전은 세종 때 만들어지고 세종의 죽음과 함께 변질되어 마침내 그 수명을 다한, 세종만의 기관이라고도 할 수 있다. 우리가 지혜의 요람이자 세종 시대를 대표하는 성과로 거론할 만큼 수많은 인재들이 거쳐 갔던 집현전은 세종이 살아 있을 때만 그 능력을 최대한 발휘했던 것이다.

이렇게 변화에 취약했던 것은 세종 시대 인재들의, 그리고 세종의 시대 그 자체의 문제였다. 집현전 사람들은 세종이, 당대의 빼어난 인재들을 모아 열과 성을 들여 마음으로 키워낸 자식들이었다. 원래대로라면 사육신들도 집현전에서 가장 손꼽히는 인재들이었으니, 오랜 시간이 흐른 뒤 정승이나 그만한 높은 위치에 올라 왕을 보좌하여 나라를 다스렸을 것이다. 하지만 집현전 출신 학자들은 세종의 권유대로 세상일에 관심을 두지 않고 오직 공부만 하다 보니 현실감각이 현저하게 떨어졌다. 만약 집현전의 학사들이 지방의 관직을 다니거나, 실무를 담당했더라면 세상 돌아가는 것에 맞춰 절개를 꺾는 것이 쉬웠을지도 모르겠다. 그러나 많은 집현전 학사들은 단종 복위를 위해 애쓰다가 처형당했고, 또 일부는 벼슬과 세상을 버리고 초야에 파묻혔으며, 그 나머지는 세조의 편으로 돌아서서 살아남았다.

이들은 문종과 단종이 즉위해서도 여전히 세종의 신하였다. 사육신이 단근질과 모진 고문을 당하고, 마침내 온 몸이 갈가리 찢겨지는 참혹한 형벌을 받으면서도 단종을 복위시키려고 했던 이유는 세종이었다.

"이 아이를 부탁한다."

그들은 나이 든 세종이 어린 단종을 안고 나와 자신들에게 했던 말을 잊지 않았던 것이다. 마치 어린 오리가 처음 본 것을 어미라고 생각하고 맹목적으로 따르듯이, 집현전의 아이들은 자신들을 이끌어주고 애정을 쏟아주었던 세종을 수십 년 동안이나 가슴에 담고 있었다.

그들은 세종이 부탁했던 약속을 기억하고, 단종을 진정한 후계자이자 왕으로 생각했다. 그래서 세조를 찬탈자로 보고 용서할 수 없었고, 그것 때문에 죽어갔다.

이후 조선의 왕들은 집현전을 제대로 이용하지 못했으며, 또 집현전은 시대의 변화에 적응하지 못했다. 비단 집현전뿐만 아니라, 사실 많은 것들이 세종 시대에만 기능했고, 이후의 시대에는 명맥이 끊겼다. 이처럼 미래로 이어지지 못한 업적을 과연 우리는 어떻게 평가해야 하는가?

4

선량한 독재자의 그림자

世宗

세종을 선량한 독재자라고 부르고 싶다. 독재자라는 말에 거부감을 느끼는 사람도 있겠지만, 세종을 표현하기에 이보다 좋은 말을 고르기 어렵다. 우리나라뿐만이 아니라 세계 그 어느 시대에도 이렇게 강력하게 나라를 움직이고, 사람들에게 사랑받은 통치자는 없었다. 세종의 카리스마는 강력하게 윽박지르거나 화를 냄 없이도 아랫사람들이 알아서 노력하게 만드는 것이었다. 그렇게 하면 당장 눈에 띄는 결과는 얻을 수 없다. 하지만 그 오랜 기다림을 인내해가면서, 세종은 차근차근 자신의 기반을 닦고 세력을 넓혀갔다. 그리고 그 결과, 이 시대의 조선은 세종이라는 심장을 중심으로 맹렬하게 살아 움직이게 되었다.

　젊은 시절 처음 왕이 되었을 때, 분명 그는 허약한 명분을 가진 왕이었다. 젊은 혈기에 조바심을 느낄 법도 했건만, 세종은 아버지 태종의 사람들을 쳐내지 않았다. 오히려 아주 치명적인 잘못이 없는 한 예우하고 대접했다. 그러면서도 세종은 자신의 사람들을 찾아내고 키우는 일을 게을리하지 않았다. 세종의 업적 중 집현전이 중요한 것은, 역사상 통치자가 이렇게까지 자신의 사람들을 키우기 위해 노력을 기울인

예가 드물기 때문이다. 이리하여 세종 시대는 조선은 물론 한국 역사상 그 예를 찾아보기 힘든 태평성대요, 모든 문화와 기술이 꽃핀 전성기가 되었다.

하지만 이 모든 것은 다음시대로 넘어가며 훌륭한 유산이 아닌 무거운 굴레가 되었다. 모든 문제는 국정의 운영 및 전반에 걸쳐서 세종 자신의 영향력이 너무나도 거대했다는 데 있었다. 뛰어난 왕자들, 빼어난 인재들 그리고 수십 년 단위의 프로젝트들이 맹렬하게 돌아가던 세종의 시대, 이 모든 것이 존재하고 조선이라는 이름으로 뭉쳐 굴러갈 수 있었던 것은 위대한 왕 세종이 있어서이다.

왕자들은 아버지와 아들이라는 강한 끈으로, 신하들에게는 자신을 알아주고 도움을 주는 열성적인 왕과 신하라는 유대관계로 한데 묶였다. 이 시대 사람들의 강렬한 개성은 세종의 조용한 카리스마와 힘 아래 하나로 모여들었고, 또 그러기 위해서 왕 자신은 많은 노력과 공부를 필요로 했다. 이런 체제는 성공적으로 유지되었다. 세종이 살아 있던 한은 말이다.

사실 왕이 된 초년기의 세종은 당시 조정의 어떤 관리들보다도 많은 일을 해냈다. 그런데다 유능하기까지 했다. 더구나 왕에게 올라온 결재문서까지도 꼼꼼히 살펴서, 밑의 사람들이 잘 속여온 사건을 세종이 밝혀내는 일도 있었다. 자신에게 들어온 것을 무엇 하나 허투루 여기지 않고 하나하나 검토했다는 점에서, 세종은 정말 굉장한 사람이다. 하지만 반대로 그 모든 일을 혼자서 담당했다는 것이니, 세종은 얼마나 무리를 했을까. 실제로 세종은 밥을 먹을 때도 책을 손에서 놓지 않거나 한가로이 쉰 적이 없다고 스스로 말할 정도였다. 이러니 장년에 들어가면서 건강도 점점 나빠질 수밖에 없었다.

세종이 국정에 참여하는 비중이 점점 커지고, 그것이 정치적으로나 세종 개인에게 있어서나 지나치게 부담이 되자, 세종은 정치의 체계를 바꾸었다. 세종 18년, 이전까지 왕과 신하들이 토의를 거쳐 국론을 결정했었던 육조 직계제는 의정부 서사제로 바뀌었다. 즉 의정부, 곧 영의정을 비롯한 삼정승들이 먼저 국정을 의논하고, 이를 토대로 결정된 사안들을 왕에게 올리면 이것을 결정하는 식으로 바뀐 것이다. 또한 장성한 여러 아들들에게 나라의 일을 나누어 맡겼다. 이로써 왕이 하는 일이 크게 줄어들었다.

세종이 조선을 다스린 32년 동안, 그의 손길은 나라의 법제에서부터 예제, 세금, 문자, 인쇄, 군사, 천문에 이르기까지 안 닿은 곳이 없었고, 이로써 조선의 정체성이 마련되었다. 거기에 과학기술이나 음악, 훈민정음뿐 아니라 법전까지 새로 정리하여 훗날 《경국대전》의 모태가 되는 《원육전》, 《속육전》 등을 정리했다. 또한 집현전을 설치하는 등 관료 제도를 정리하였고, 세금수취제도인 공법(貢法)을 정립해서 나라 세수의 기본을 잡았다. 고려 시대 이래로 이어졌던 과전 제도를 관리의 품계에 따라 주는 제도로 정리한 것도 세종 시대의 일이다.

하지만 이렇게 많은 업적은 후대의 부담으로 이어졌다. 과연 이런 결과들은 세종의 시대가 아닌 때에도 제대로 기능할 수 있을까? 자로 잰 듯이 완벽하게 짜인 사회제도들은 제대로 운영만 된다면 충분한 효과를 거둘 수 있다. 하지만 이들은 세종 시대의 상황을 바탕으로 해서 만들어진 것이다. 즉 똑똑하고 유능한데다 나라 일에 열심인 왕과 각 전문 분야에 특화된 인재들이 열심히 일할 때 온전히 힘을 발휘할 수 있었다.

만약 세종처럼 유능한 왕이 이어서 즉위했다면, 이후로도 조선은 맹렬하게 발전을 계속했을지도 모르겠다. 그러나 역사에서는 문종, 그리고 단종에 이어지기까지 약하고 어린 왕이 연달아 즉위했다. 왕이 제역할을 하지 못하자, 세종이 만든 여러 시스템은 쓸모없어졌다. 오히려 기형적으로 뒤틀리기 시작했다. 특히 황표정치(黃票政治)로 대표되는, 어린 왕 단종 때 정승들이 인재선출이나 정치를 농단했던 일들은 본디 세종이 시작했던 의정부제도가 왜곡된 것이라 할 수 있다.

또 하나의 문제는 사람들에게 남겨진 세종의 그림자가 너무도 컸다는 데 있다. 세종이 다스리는 동안, 가문이나 파벌 대신 풍부한 지식으로 무장한 생기발랄한 인재들이 육성되었다. 원래대로라면 이들은 다음 대의 나라를 이끌어 나갈 동량이 될 재목들이었다. 그런데 이들은 세종이 아닌 다른 왕을 과연 얼마나 섬길 수 있을까? 후계자들의 시대는 아버지와 어떻게 달라질 것인가?

위대했던 왕 세종이 죽은 뒤, 어마어마한 유산이 남겨졌다. 그리고 그의 뒤를 잇는 사람들에게는 두 개의 선택지가 남아 있었다.

물려받느냐, 아니면 파괴하느냐.

앞서 세종은 아버지 태종의 유산을 물려받는 쪽을 선택했다. 오랜시간, 조금씩 시간을 들여가며 아버지의 사람들과 아버지의 정치를 자신의 것으로 바꾸어 나갔다. 이제 세종이 죽은 이후, 그 자신의 유산이 새로운 문제가 되었다. 세종의 사람들과 세종의 정치 체제 그리고 그의 그림자. 만약 세종의 유산을 온전하게 이어받는 후계자가 되려면 또 다른 세종이 되어야만 했다. 그래서 문종은 이어받았고, 세조는 파괴했다.

세종 승하
선량한 독재자가 떠나간 후

모든 사람은 태어나면 반드시 죽는다. 세종도 예외는 아니었다. 때로 어떻게 사는 것보다도 어떻게 죽느냐가 더 중요할 때도 있다. 그런 의미에서 세종은 부러울 정도로 편안한 죽음을 맞이했던 사람이었다.

말년에 세종은 경복궁에 오래 머물지는 않았다. 그렇다고 도성을 떠난 것은 아니었고, 오늘은 여기, 내일은 저기 하는 식으로 여러 왕자들과 효령대군 등 친지의 집, 알고 지내던 신하들의 집을 찾아다녔다. 이는 세종뿐만 아니라 아내 소헌왕후도 마찬가지였는데, 그녀 역시 궁궐을 떠나 둘째아들인 수양대군의 저택으로 가서 휴양하다가, 그곳에서 승하하였다. 일각에서는 세종이 이렇게 자주 돌아다닌 것은 불교 정책 등 자신이 원하는 정책을 밀어붙이기 위한 것이라고 보기도 한다. 신하들을 만나주지 않음으로서 불만을 표시하고 왕 노릇을 파업했다는 것이다.

확실히 세종의 잦은 이어(移御)는 정상적이라고 할 수 없다. 왕조 시대에 왕은 나라의 지휘자이자 모든 결정권을 가진 사람으로, 지금의 대통령보다도 훨씬 막중한 임무를 지니고 있었다. 그런 왕이 여기

저기 움직이는 것은 문제가 있었다.

세종이 이때 표면상으로 내놓은 이유는 경복궁이 불길하므로 이곳에 있지 않고 돌아다닌다는 것이었다. 세종 18년, 뱀 한 마리가 강녕전에 숨어 들어와서 아무리 찾아도 찾지 못했다가, 홀연히 책상 위에서 발견되었다. 이에 세종은 나쁜 일을 피하겠다며 수양대군의 집으로 거처를 옮기기도 했다. 젊어서 과학적이었고 미신을 믿지 않았던 세종에게 어울리지 않는 일이다. 그러나 계속 병에 시달리고, 아내와 아들 둘이 연달아 세상을 떠나는 불행을 겪고 나니, 변하는 것도 어쩌면 당연한 일이다.

더구나 수십 년 동안 세종은 왕으로 지냈으며, 열성적으로 일을 수행했다. 왕이란 겉으로 보기엔 화려하지만, 사실은 무시무시한 스케줄을 소화해야 하는, 이른바 휴일이나 방학도 없는 고된 직업이다. 세종이 다스리는 내내 가뭄과 홍수, 전염병이 유행했고, 어떤 문제를 해결하면 또 다른 문제가 생기는 등 모든 일이 쉽게 굴러간 때는 전혀 없었다 해도 과언이 아니다.

세종 21년 3월 이후로 그렇게 즐겨 참여하던 경연마저 폐지해버린 것은, 세종이 변했다는 사실을 단적으로 보여준다. 세종만큼 경연을 좋아했던 왕은 없었다. 할아버지 태조는 7회, 아버지 태종은 12회 참여했던 게 전부였던 경연이, 세종 시기에는 무려 1,898회나 벌어졌다. 하지만 말년의 세종은 사람들과 만나고 부대끼는 대신 자신의 세계에 침잠했고, 그를 끊임없이 괴롭혔던 것은 점점 심해지는 질병이었다.

세종 말년에 특히 심했던 병은 풍병, 즉 중풍이었다. 글씨를 쓸 수 없을 정도인 것은 물론, 거동도 불편했다. 또한 책을 마음껏 읽고, 모든 것을 외울 정도로 총명했던 세종이었지만, 나이가 들며 백내장과 노안으로 점점 눈이 어두워져 책 읽기도 힘들어졌고, 기억력도 희미해졌다.

이런 상황에서 왕이었던 세종이 마음대로 돌아다닐 수 있었던 것은 의정부 서사제(議政府署事制)로 조정이 개편되어 그만큼 왕의 부담이 줄어든 덕분이었다. 그런데다가 세자가 왕이 해야 할 결재를 도맡고 있었으니, 상대적으로 세종은 여유를 가질 수 있었다.

하지만 이때 악재가 닥쳐왔으니, 바로 왕위 계승자인 문종의 발병이었다. 이미 세종 30년경부터 문종의 종기가 심각해졌고, 원래부터 풍병을 앓아온 아버지와 아들이 나란히 병으로 드러눕는 사태가 벌어졌다. 나라의 통수권자와 후계자가 병을 앓게 되다니, 사람들이 불안해하고 나라가 어지러워졌을 법한데, 의외로 그 충격은 그리 심하지 않았고 국정은 그럭저럭 운영되었다. 의정부 서사제가 제대로 기능하고 있었기 때문이었다. 세종은 아픈 몸을 이끌고 자신이 정무를 보기도 하였고, 어떤 문제들은 재상들에게 내려 결정하고 시행하게 했다. 이때 신하들은 국정에 필요한 의견을 저술해서 올리긴 했지만, 이전만큼 길고 열렬한 답변은 내려오지 않았다.

세종이 승하하기 불과 몇 달 전인 세종 32년 초엽부터 세종과 세자는 거동(擧動)을 하기 어려울 정도로 증세가 심각해졌다. 세종은 특히 세자의 병을 걱정하여 전국 곳곳의 유명한 산과 사당, 그리고 절에서 제사를 지내고 재를 베풀게 했다.

이런 와중에 사신의 접대가 문제가 되었다. 세종 32년 1월 26일, 중국에서 사신이 왔으니 접대를 하는 예식을 가져야 하는데, 왕은 물론이요 세자도 앓아누운 처지였으니 사신을 만날 수도 없었다. 중국 사신은 자신을 맞이하는 자리에 왕도, 왕위 후계자도 나오지 않은 것에 불쾌감을 표시했다. 하는 수 없이 세종은 세자의 질병이 얼마나 심한지를 직접 설명해야 했다.

"내 오래된 병으로 인하여 몸소 맞이할 수 없으므로 세자로 하여금 조서를 맞이하게 하는 것이 진실로 마땅하다. 그러나 세자가 작년 10월 12일에 등에 종기가 났는데, 길이가 한 자가량 되고 넓이가 5, 6치〔寸〕나 되는 것이 12월에 이르러서야 곪아 터졌고, 창근(瘡根)의 크기가 엄지손가락만한 것이 여섯 개나 나왔다. 또 12월 19일에 허리 사이에 종기가 났는데, 그 형체가 둥글고 지름이 5, 6치〔寸〕나 되는 것이 지금까지 아물지 아니하여 일어서서 행보(行步)하거나 손님을 접대하는 것은 의방(醫方)에 꺼리는 바로서 생사(生死)에 관계되므로, 역시 세자로 하여금 조서를 맞이하게 할 수 없다."

지금이야 종기가 무슨 병인가 생각하기 십상이지만, 사실 조선 시대 왕들 중 상당수가 종기로 죽을 만큼, 무서운 병이었다.

그래서 병으로 드러누운 왕과 왕세자 대신 동생인 수양대군을 시켜서 사신을 대접하게 했으니, 얼마나 두 사람의 병이 위중했는지 짐작할 만하다. 이에 사신들은 자신들의 접대 담당이었던 성삼문, 신숙주에게 왕이 어떤 병을 앓느냐고 물어볼 정도였다. 그래서 강서원(講

書院)에서는 세손, 즉 훗날의 단종을 시켜 사신을 맞는 예식을 하자는 의견도 나왔으나, 결국 본격적인 접대는 둘째아들 수양대군이 대신하게 되었다. 즉 병든 세자가 다른 사람의 부축을 받고 사신을 맞는 한편, 연회를 베풀어 사신들을 환대하는 역할은 수양대군이 담당한 것이다. 중국 사신을 대접하는 게 워낙 국가지대사인데 이런 일을 왕자가 대신하는 것도 전례가 없는 일이라, 급히 '왕자가 대신 사신들을 접대하는 예절(禮節)'을 만들어야 할 정도였다. 그렇다고 하나 사신들도 이 점을 탐탁지 않게 여겼는지, 수양대군이 세자와 동복형제인지를 물어봤을 정도였다.

세종 32년 2월 4일, 병세에 조금 차도를 보인 왕이 마지막으로 행차했던 곳은 막내아들 영응대군의 집이었다. 세종은 소헌왕후에게서 얻은 막둥이인 영응대군을 무척 귀여워하였다. 심지어 한 해 전 궐밖에 영응대군의 집을 지을 때 주변의 인가 수십 개를 철거하면서도 커다란 저택을 지었고, 자신이 머물 건물까지 따로 짓게 했다. 이곳이 바로 세종이 승하한 동별궁(東別宮)이다. 영응대군의 집은 왕자가 살기에는 지나치게 크고 화려했는데, 세종이 이 문제를 묻자 다들 세종의 눈치를 보느라 그렇게까지 화려하지 않다고 답했고, 오로지 바른 말을 한 집현전과 군자판관(軍資判官) 조휘(曹彙)만이 세종의 역정을 듣기도 했다.

그리고 2월 11일, 세종은 평안도 도절제사인 김종서에게 군사를 거느리고 돌아올 것을 일렀다. 세자가 비록 몸이 아프다고는 하지만, 세손도 이미 책봉된 다음이었다. 한 나라에 아버지와 아들, 손자가 나란히 있었으니 왕위 계보상, 나라는 탄탄대계였다. 김종서를 급히 돌아오게 한 이유는 무엇일까? 세종의 사망과 더불어 일어날지도 모르는 소요를 염려한 것은 아닐까? 나라를 무려 30년 넘게 다스려온 왕이 없어지는 것은 크나큰 충격이다. 게다가 세자까지 와병 중이니 정세가 위태롭게 생각된 것도 어쩔 수 없는 노릇이다.

이즈음 세종의 병은 다시 심상치 않았다. 실록의 기록을 보면 며칠씩이나 세종은 어디로 옮겨 갔다, 어디로 갔다는 거동만이 나와 있고, 어떤 말을 했는지 기록이 없다. 2월 14일에는 세종의 증세가 조금 나아지고 세자도 드디어 종기의 뿌리가 빠졌다며, 신하들이 축하를 하려 했다. 그러나 세종은 아직 세자의 병이 완전히 낫지 않았다며 축하의 말은 20일 뒤에 다시 말하라고 미뤘다.

이것이 기록상 남아 있는 세종의 마지막 '목소리'였다. 당시 세종의 병세는 나아졌다기보다는, 오히려 저물어가는 해가 마지막으로 빛을 발했던 것과 같았다. 특히 같은 날의 기록을 보면, 이제까지 세종의 몸이 아프다 보니 승정원에서 나라의 일을 보고하지 못했고, 그러다 보니 사안이 늦춰지는 것이 많았다고 되어 있다. 이날에 이르러서야 일본, 여진을 비롯한 국제문제에 이르기까지 결재사안을 올렸는데, 세종은 이들을 물 흐르듯이, 그러면서도 꼼꼼하게 처리한 것이 언제나와 다름없었다. 하지만 이게 무리가 되었던 것인지, 밤 2고(鼓)에 이르러 다시 세종의 상태가 나빠졌다.

15일에는 승려 50명을 모아 세종이 있는 영응대군의 집에서 구병정근(救病精勤)이라는 행사를 가졌다. 하지만 바로 이튿날인 16일 세종의 증세는 갑자기 위독해졌고, 행사는 철수되었다.

그리고 그 이튿날인 세종 32년 2월 17일, 세종은 영응대군의 집 동별궁에서 승하했다.

세종의 졸기에 실린 인물평은 특히 칭찬으로 가득하다. 실록은 때로 신하들은 물론 왕에게도 용서 없는 비판을 가하곤 한다. 하지만 세종에게는 그가 젊어서부터 얼마나 공부하기를 좋아하고 성실했는지를 여러 미사여구를 써서 정리하고 있다.

"… 합(閣)에 있을 때부터 배우기를 좋아하되 게으르지 않아, 손에서 책이 떠나지 않았다. 일찍이 여러 달 동안 편치 않았는데도 글 읽기를 그치지 아니하니, 태종(太宗)이 근심하여 명하여 서적(書籍)을 거두어 감추게 하였는데, 사이에 책 한 권이 남아 있어 날마다 외우기를 마지않으니, 대개 천성이 이와 같았다. 즉위함에 미쳐, 매일 사야(四夜)에 면 옷을 입고, 날이 환하게 밝으면 조회를 받고, 다음에 정사를 보고, 다음에는 윤대(輪對)를 행하고, 다음에 경연(經筵)에 나아가기를 조금도 게으르지 않았다. 또 처음으로 집현전(集賢殿)을 두고 글 잘하는 선비를 뽑아 고문(顧問)으로 하고, 경서와 역사를 열람할 때는 즐거워하여 싫어할 줄을 모르고, 희귀한 문적이나 옛사람이 남기고 간 글을 한 번 보면 잊지 않으며 증빙(證憑)과 원용(援用)을 살펴 조사하여서, 힘써 정신 차려 다스리기를 도모하기를 처음과 나중이 한결같았다. 이로써 문(文)과 무(武)의 정치가 빠짐없이 잘 되었고, 예악(禮樂)의 문(文)을 모두 일으켰으매, 종률(鍾律)과 역상(曆象)의 법 같은 것은 우리나라에서는 옛날에는 알지도 못하던 것인데, 모두 임금이 발명한 것이다."

이렇게 세종의 실록이, 정확히는 실록을 정리했던 사관들이 세종에게 우호적인 태도를 가진 것은 자연스러운 결과이다. 세종실록의 말미에는 편수관, 그러니까 사초들을 정리해서 실록을 쓴 사람들의 이름이 적혀 있는데, 상당수가 집현전의 사람들이다. 집현전에서 늘 하는 일이 공부하고 글로 쓰는 일이었고, 이들은 당대의 뛰어난 인재들이었으니 실록 편찬에 참여하는 것도 당연한 일이다. 세종에게 여러 은혜를 받은 덕분일까. 세종의 평생에 걸쳐 대표적인 실수로 꼽을 수 있는 말년의 불교 진흥책에 대해서도 실록은 이렇게 변명(?)을 해 주고 있다.

"늘그막에 비록 불사(佛事)로서 혹 말하는 사람이 있으나, 한 번도 향을 올리거나 부처에게 절한 적은 없고, 처음부터 끝까지 올바르게만 하였다."

정작 세종 자신은 "내가 이미 불교를 좋아하는 임금이 되었다."라고 말한 적이 있었다. 그렇게 불교를 좋아하는데 아무렴 예불 한 번 안 했을까. 설령 그 자신이 안 했더라도, 아들들, 특히 수양대군과 안평대군은 경쟁적으로 불교를 진흥했는데, 이는 아버지의 윤허를 통해 시행된 것이었다. 그런데도 실록은 세종이 불교에 빠진 것을 비난하기보다는, 소헌왕후가 승하하고 두 아들이 일찍 죽어서 상심했기 때문이라는 피치 못할(?) 사정을 설명해주고 있기까지 하다. 이 말은 세종이 겉과 속이 다르다는 게 아니라, 신하들에게 진정으로 사랑받는 왕이었다는 것이다. 다들 늙은 왕에게 불만을 느끼기보다는 그 괴로움과 상처를 이해하고 용납했던 것이다.

《사기》의 〈자객열전〉에 실려 있는, 춘추전국 시대의 자객 예양은 이렇게 말했다.

"여자는 자신을 사랑해주는 이를 위해 화장을 하고, 선비는 자신을 알아주는 이를 위해 목숨을 바친다."

집현전을 비롯한 당대 세종의 신하들이 그러했다. 그래서 그들은 나라 일에 힘을 다한 것은 물론, 그 왕이 죽어서는 약속을 기억하고 자신들의 모든 것을 걸었다.

역사상 이렇게까지 신하들에게 사랑받은 임금이 또 있었을까. 그저 임금이라는 이유만으로, 혹은 선물을 많이 해주고 좋은 것을 먹여준다는 것으로 이렇게까지 사람의 마음을 얻을 수는 없다. 세종이 얼마나 당시의 사람들에게 크나큰 부분을 차지하고 있었는지, 얼마나 위대한 왕이었는지 이것만 보아도 분명해진다.

세종의 승하는 한 시대의 종언을 뜻했다. 이제 이 나라를 30년 넘게 다스려온 왕이 세상을 떠났다. 나라 안이 깊은 슬픔에 잠겼고, 우리나라 역사상 영원히 잊히지 않을 위대한 왕의 시호는 세종(世宗)이 되었다.

8공자의 강성
메뚜기 왕자들의 번성과 비극

앞서 살펴본 대로 세종에게는 빼어난 재능을 가진 훌륭한 자식들이 있었다. 그런데 이들은 바로 다음 시대인 단종 때에는 왕권을 위협하는 원흉이 되었고, 마침내는 상당수가 반역자로 몰려 죽임을 당했다.

《역대요람(歷代要覽)》이라는 책에서는 단종이 즉위했을 때의 상황을 두고 이렇게 표현했다.

"노산군(단종)의 나이가 어리고 8공자가 강성해서 인심이 흉흉해졌다."

여기에서 말하는 8공자란 세종의 아들들, 그중에서도 특히 소헌왕후 사이에서 태어난 적자 8명을 말한다. 정확히 말하자면 8공자 중첫째인 문종은 세자이고, 다섯째 광평대군과 일곱째아들 평원대군은 병으로 부모보다 일찍 죽었기 때문에, 단종 때에는 네 명밖에 남지 않았다. 그러니 이 말에는 어폐가 있지만, 어쨌든 세종의 말년에 대군들이 정치, 사회적으로 크게 활약했던 것은 사실이었다.

당시의 조선 조정에 각양각색의 다재다능한 인재들이 만발하고 있었다면, 세종의 아들들 역시 마찬가지로 8인 8색, 다양한 개성들을 가지고 있었다. 세종은 신하들에게 그랬던 것처럼, 아들들에게도 각각 자신이 가장 잘 하는 것을 골라 그것에 몰두할 수 있도록 교육했다. 그래서 왕자들은 한 부모에게서 태어났지만, 무술이면 무술, 예술이면 예술, 말썽이면 말썽 등 다양한 분야에서 출중한 실력을 자랑했다.

몸의 건강 말고는 흠잡을 데 없었던 왕위 계승자였던 첫째아들 문종, 무예에 솜씨를 가졌던 수양대군, 그리고 조선 4대 명필 중 하나이자 타고난 예술가였던 안평대군이 대표적이다. 난봉꾼 자질에 있어서는 큰아버지인 양녕대군에 지지 않았던 말썽쟁이 임영대군도 빼놓을 수 없으며, 다른 일찍 죽은 자식들도 글이나 기술에서 저마다 역량을 발휘했다. 가족 모두의 사랑을 받았던 늦둥이 영응대군도 마찬가지다. 조선 역사상 왕자들이 이렇게까지 출중했던 예는 드물다. 바로 수십 년 전인 태종이 다스렸을 때에도 말이다.

8공자들은 세종이 살아 있을 때만 해도 왕가의 자랑이었다. 세종은 왕이자, 모두의 아버지이고 흔들리지 않는 기둥이었으니까. 하지만 세종이 승하하고 나자 상황은 더 이상 낙관적이지 않았다. 이는 세종이나 왕자들의 잘못이라기보다는, 그 상황이 빚어낸 어쩔 수 없는 일이었다.

과거 세종이 즉위하고 나서, 양녕대군과 효령대군은 굉장히 어려운 상황에 놓여 있었다. 자신들은 살아 있는 한 세종의 왕권을 가장 강력하게 위협하는 대상이었다. 운 나쁘게 역모에 이름이 얽힌다면 그들 자신은 물론이요 부인, 자식들마저 도륙될 것이었다. 그러니 두 형은 세종의 치세 내내 최대한 숨죽이고 살 수밖에 없었다.

그에 비해 세종의 아들들은 상황이 훨씬 나았다. 문종은 몸이 약하고 수줍음을 타서, 세종이 "여자아이를 키우는 것 같다."고 말하기도 했지만, 그래도 성실하고 온화하여 흠 잡을 데 하나 없었다. 단종이 태어난 뒤로는 왕위 계승 구도가 좀 더 확실하고 굳건해졌다. 그러니 다른 대군들도 숨통이 트인 셈이다. 적장자의 계보가 굳어지면, 대군들은 원칙적으로는 아무리 날고 기어도 왕이 되지 못한다. 그러니 세종의 아들들은 백부들에 비하면 두려움에 떨 필요 없이 자유를 만끽할 수 있었다.

그러나 왕자들은 대부분 왕족이라는 신분에 만족하며 나태하게 놀기보다는, 학업을 열심히 하였다. 아버지의 일, 곧 나라 일을 도왔고, 많은 문인들과 사귀기도 했다.

또한 앞서 언급한 대로 세종의 자식들은 특히 연년생들이 많았다. 함께 자라난 비슷한 나이의 아들들은 형제이면서 동시에 친구였고, 또한 라이벌이었다. 그리고 이들에게는 세자에 상응하는 역할을 수행할 것이 은연중에 요구되었다. 이런 상황에서 아들들은 아버지의 총애를 얻기 위해 형제끼리 치열하게 경쟁했으며, 자신을 갈고 닦으며 노력했다.

이런 세종의 아들들은 나라 안은 물론이거니와, 나라 밖에서도 자랑거리였다. 세종 32년, 중국에서 온 사신 예겸(倪謙)은 수양대군을 비롯한 왕자들과 술을 마시면서 세종의 빼어난 아들들을 두고 이렇게 말하기도 했다.

"메뚜기 떼는 정답게 모이니 그처럼 자손들도 많다고 했는데, 이는 전하를 두고 한 말이다."

왕자들 중 특히 빛을 발했던 것이 잘 알려진 수양대군과 안평대군이다. 일단 문종은 세자이니 쉽게 움직일 수 없었던 것에 비해, 이 두 왕자는 훨씬 자유롭게 움직일 수 있었다.

수양대군, 즉 세조는 조선 시대 역대 왕 중에서 태조, 정종, 태종을 이으며 마지막으로 무(武)의 성향을 가진 왕이었다. 조선이라는 나라가 점점 확립되어 가면서, 왕은 이제 스스로 말을 타거나 전쟁에 나설 필요 없이 신하들에게 맡기면 그만이었다. 그래서 조선의 왕은 점점 더 말을 달리기보다는 책상물림이 되어 갔다. 같은 무골 성향 군주라고는 해도, 태종의 성격에서 인내심과 융통성, 지략, 능청스러움을 빼면 바로 세조가 되지 않을까.

안평대군은 인망이 높고 사람을 끌어당기는 매력이 있었다. 글씨를 잘 썼으며, 뛰어난 문학적 재능으로 당시 유명한 문인들과 두터운 교류를 가지는 등 인기가 많았다.

만약 넷째 임영대군도 행실이 똑바랐다면 수양과 안평처럼 중요한 임무를 수행했을지도 모르겠다. 그러나 임영대군이 왕실의 종친으로 활약하며 그럭저럭 빛을 본 것은 큰형, 셋째형과 조카 등 한때 빼어난 이들이 모두 죽고 난 뒤인 세조 시절이었다. 이런 임영대군의 아들이 불과 20대에 영의정이 된 구성군 이준이다.

세종은 29년에 걸친 오랜 시간 동안 세자를 다음 시대의 왕으로 키워냈고, 이것은 세손에게로 이어졌다. 하지만 왕위 계승문제를 제외하고는 다른 자식들에게도 관심과 사랑을 공평하게 나누어주었다는 것이 문제였다. 그리하여 세종의 아들들은 나란히 성균관에 입학해 최고의 교육을 받고 자랐고, 아버지의 명령을 받아 나라일을 수행했다. 하지만 이것이 나라의 발전이 아니라 권력을 위한 다툼으로 이어졌으니, 이야말로 역사의 아이러니이다.

수양대군의 한
계유정난에 희생당한 인재들

　세종은 자식들을 위해 참으로 많은 것을 준비하였다. 최고의 교육, 인재들, 제도와 예제, 문화를 비롯한 나라의 기틀까지. 그리고 문종은 흔히 기가 약하다, 몸이 약하다고는 하지만 쟁쟁한 동생들을 두고도 전혀 손색이 없는 훌륭한 왕위 계승자였으며, 그 오랜 동안 세자노릇을 하면서 이렇다 하게 실수한 적도 없었다. 더구나 세종이 앓아누운 말년에는 문종이 나라의 정무를 분담하고 있었기에, 세종의 초기와는 조금 다른 형태로 두 사람의 왕이 다스리는 시기였다고 하겠다.

　문종은 몸이 약하고 즉위기간이 짧았던 탓에 존재감이 없어 보이지만, 세종을 가장 많이 닮은 아들이었다. 문종 역시 학구열이 뛰어났는데, 이를테면 문종이 가뭄으로 인한 백성들의 고통을 걱정하여 손수 비의 양을 재었던 것을 세종이 신하들에게 자랑하기도 했다(그래서 측우기의 발명자를 문종으로 보는 경향도 있다). 게다가 문종 역시 아버지만큼이나 효자여서, 세종에게 손수 앵두를 따 드리기도 하였고, 언제나 아버지를 존중하였다. 더하여 동생들을 다독였던 좋은 형님이기도 했다.

또한 문종은 근 10년이 넘도록 국가의 정무를 담당하면서, 아버지와 다투거나 긴장을 만든 적이 없었다. 자신의 자리와 권위에 도전하는 동생들에게도 온화하게 대했다(이를 두고 문종이 대군들의 세력에 몸을 사렸다고 평하는 이들도 있다).

그런 문종이 가지지 못한 것은 건강한 몸이었다. 세자이다 보니 이런저런 격무에 시달려야 했고, 상대적으로 활발하게 움직일 기회가 없었다. 더하여 세종 말년의 정치 대행이 문종의 명을 짧아지게 한 것은 아닐까 추측도 할 수 있다. 실제로 문종의 종기가 재발하며 낫지 않자, 사간원에서는 내의(內醫)들이 초반에 병을 잡지 못하고 세자에게 계속 정무를 보게 해서 병을 도지게 했다며 처벌할 것을 주장하기도 하였다.

또한 문종은 자신과 더불어 해로할 아내가 없고 손이 귀했던 것도 문제여서, 단종은 문종이 28세였던 세종 23년에야 태어났다. 하다못해 단종이 만약 10년, 아니 단 5년이라도 일찍 태어났더라면, 만약 문종이 건강하게 계속 왕 자리를 지키고 있었더라면 어땠을까? 세종을 닮았던 문종이 그 뒤를 잇고, 김종직과 황보인 등 세종 시대 때 실무를 맡아왔던 노신들이 정승이 된다. 그리고 세자와 어린 시절부터 동고동락을 해왔던 왕자들과 집현전의 학사들이 나라의 몸이 되어 움직인다. 그러면 조선은 어떤 나라가 되었을까. 이미 세종이 마련해두었던 기틀을 바탕으로 남은 것은 탄탄대로를 달리는 것뿐이니, 더욱 큰 문화의 꽃이 피어났을지도 모른다. 그러나 아쉽게도 문종은 그렇지 못했고, 이후 수양대군은 왕권의 약화와 공신들의 문제를 들고 일어났다.

수양대군은 황보인, 김종서 등이 어린 왕을 몰아내고 안평대군을 새로 왕으로 세우려 한다는 명분으로 무력을 일으켰고, 하루아침에 조정은 수많은 사람들의 피로 얼룩졌다. 하지만 정작 단종을 왕자리에서 몰아낸 것은 수양대군 자신이었고, 여기에 반대했던 사람들은 죽거나, 혹은 벼슬을 버리고 떠나가 그 능력을 초야에서 썩혔다.

수양대군, 즉 세조에게 한스러운 것은 바로 이것이다. 인재를 키우는 것은 국가의 백년대계라 하지 않던가. 사람들을 쓰는 것보다, 그 사람이 최고의 능력을 가지도록 키워내는 것이 더욱 어렵고 힘든 법이다. 세종의 시대는 그 오랜 통치기간 중 단 한 번의 사화나 숙청작업이 없었고, 그래서 평화로운 시대에 자라난 인재는 세종의 시대 이후로 좀 더 나은 세상을 열어낼 수 있는 가능성을 가지고 있었다.

그러나 세조는 불안한 왕권을 강화한다는 명목으로 계유정난(癸酉靖難, 1453)을 일으키고, 왕좌에 혈육의 피를 뿌렸다. 그리하여 왕위는 손에 넣었으나, 사람들의 마음은 손에 넣지 못했다.

이때 희생된 사람들을 한번 보자.

안평대군. 그는 본바탕이 예술가였으며, 사람들과 어울려 노는 것을 좋아하다 보니 사치도 많이 했다. 그는 도원에 가고 싶지만 나라 일이 너무 많아 언제 갈 수나 있겠느냐고 투덜댄 사람이었다. 이미 왕자로서 그림 그리고 시 짓고 온갖 호화로운 여가를 지내고 있는데, 굳이 힘들고 바쁜 왕 노릇을 하고 싶었을까. 그를 역적이라고 고한 혜빈 양씨의 밀계에서는, 안평대군이 왕이 되려는 욕심을 가지고 풍수지리설에 따라 무계정사(武溪精舍)를 세웠다고 하였다. 실제로 안평대군이 시회(詩會), 즉 모여서 놀면서 시를 짓는 모임을 갖기 위해 만든 정자가 한두 개가 아니긴 했다. 그러나 안평대군은 왕이 된다는 욕심을 실현하기에는 너무도 감상적이고, 야심을 숨기기엔 너무도 순수했던 사람이었다.

황보인과 김종서. 특히 김종서는 고집이 세고 타인을 배려할 줄을 몰랐으며, 욕심도 많았던 인물이다. 그래서 쌓은 공만큼 적도 많았다. 그래도 선왕 시절부터 공적을 쌓은 이들이었는데, 하루아침에 사냥당하는 짐승처럼 피를 뿌리며 고통스럽게 죽어가야 했다.

사육신들은 어떨까. 사육신의 옥사 때 연루되어 수많은 사람들이 죽었다. 직접 연루되지 않은 사람들도 세조에게 반대했다는 이유로 죽었다. 이전 세종 때 활약했던 허조의 아들, 허후는 수심에 잠겨 세조가 내린 벼슬을 거절했다가 거제도로 귀양 가서 교수형을 당했다. 그리고 사육신의 가족들 중 남자들은 모두 죽임당했고, 아내와 딸, 첩들은 이른바 공신이라는 사람들에게 선물로 '배분' 되었다.

그런데 공신들은 이렇게 나눠지는 여자들을 하나라도 더 받기 위해 자기들끼리 싸웠다. 흔히 신숙주가 단종의 왕비 정순왕후(定順王后)를 노비로 받겠다고 청했다는 이야기가 야사로 전하는데, 이는 사실 세종의 사위였던 윤사로(尹師路)의 일이었다. 윤사로는 안평대군의 첩들도 당연히 공신들에게 나눠줘야 한다고 주장했다. 한술 더 떠 송현수의 딸, 즉 정순왕후의 자매를 노비로 받고 싶다며 도승지 조서강에게 뻔뻔하게 요구했다. 단종의 후궁이었던 권중비(權仲非)까지 공신의 여자종이 되었다는 사실은 야사도 아닌 실록에 수록되어 있다. 어제까지 형님 아우, 혹은 마마님이라고 불렀던 사람들이 하루아침에 노비가 되어, 욕심 많은 비열한 자들에게 물건처럼 건네어지고 부려지며 모욕을 당했다. 그리고 정말로 공신들의 노리개가 된 여인도 있었다.

그런데 이렇게 죽은 공신들, 예를 들어 한산 이씨였던 이개도 그렇지만, 성삼문, 박팽년 등은 조선 전기의 선비 가문 출신이었다. 이들의 아내 역시 어엿한 사대부 가문 출신들이었고, 당대 명사들의 누이와 동생들이었다. 그 사이에서 난 아들들은 물론, 노비가 된 딸들은 모두 누군가의 조카이자 손자손녀들이었다.

세조의 등극으로 벌어진 대숙청이 유난히 충격적인 것은, 평화 뒤에 찾아온 대파란이었기 때문이다.

세조가 벌인 이른바 쿠데타의 여파는 단순히 단종이 물러나고 사육신이 죽는 데에서 끝나지 않았다. 세종 시대에 젊은 시기를 보냈던 인물들의 마음에 커다란 응어리를 남겼고, 이후 수십 년 동안 조선은 극심한 인재난에 시달리게 되었다.

멧돼지 한 마리가 30년 동안 세종이 키워왔던 인재의 꽃밭을 쑥대밭으로 만드는 데 채 3년도 걸리지 않았다. 이후 조선은 수십 년간 상처를 치유하지 못한 채, 공신들끼리 기득권을 다투는 사화의 시대로 이어진다.

부서진 세종의 유산
조선 시대 최대의 골육상쟁

조선 시대 때, 가장 참혹한 비극을 뽑는다면 단종 때의 계유정난, 그리고 세조 시대의 정축지변(丁丑之變, 1457)을 들고 싶다.

앞에서 살펴본 대로, 계유정난으로 세종의 셋째아들이자 세조의 동생이었던 안평대군 이용과 김종서, 황보인을 비롯한 여러 조정의 중신들이 살생부에 따라 살해당했다. 이후 단종은 자의 반 타의 반으로 왕좌에서 밀려났고, 세종의 6남이자 수양대군의 동생이었던 금성대군은 귀양지에서 반란 및 단종 복위운동을 시도했다. 그러나 노비의 밀고로 발각되었고, 그 결과 그 자신은 물론 귀양 가 있었던 세종의 서자들 셋이 모두 죽임당했다.

당시 영월에 귀양 가 있던 노산군, 단종은 이 소식을 듣고 스스로 목을 매어 자살했고, 이를 예(禮)로써 장사지냈다고 실록에서는 기록하고 있다. 그러나 그것이 사실이 아니라는 것은 이제 잘 알려져 있다. 관리가 단종의 목을 졸라 살해했다는 이야기도 있고, 아무도 묻어주지 않아 강물에 버려진 어린 왕의 시신을 엄흥부가 몰래 수습했다는 이야기도 있다. 이것들이 모두 야사라고 치부하자니, 이미 중종 때 단종의 묘소를 찾지 못해 한바탕 수색이 벌어졌다는 역사적인 사실이 있다. 예를 갖춰 장사를 지냈다면 무덤을 찾지 못할 리 있겠는가.

게다가 세조의 동생들은 몸만 죽은 것이 아니었다. 반역자로 몰린 세종의 아들들은 길바닥에 버려지고, 파묻혔다. 다행히 그들 자신은 죽었어도 가족들마저 모두 죽임당하지는 않았다. 하지만 종친의 명부에서 모조리 삭제되어 버리고 부록에나 기록되게 되었다. 물론 이들은 세조의 조카들이었다.

그뿐일까. 지금의 경북 성주에는 세종의 자식들, 그리고 조금 떨어진 곳에는 손자였던 단종의 태를 묻어둔 곳이 있다. 세종의 왕자들 태 18개와 단종의 1개를 합하여 19개가 모셔진 곳이었다. 그런데 세조가 즉위하고 단종 복위운동이 벌어진 다음인 세조 4년 7월 8일, 난신(亂臣)들의 태가 한자리에 있다고 하여 동생 안평대군, 금성대군과 서동생 한남군, 영풍군, 화의군의 태와 태실비를 파내어버렸다. 1970년대가 되어서야 버려진 비석들을 찾아 놓았으나, 태를 담아두었던 태실은 이미 없어졌다. 나라에게 죄를 지은 난신적자(亂臣賊子)이니 그리 된 것이지만, 이들은 모두 아버지와 어머니가 같은 형제였으니 이 무슨 끔찍한 일일까.

당시의 사람들도 그런 부조리를 모르지는 않았다. 특히 왕의 눈치를 보고 출세를 하려는 사람이 아닌 그저 하루하루 먹고 사는 백성들에게 대의명분이 무슨 상관이고 왕권이니 신권이니 무슨 상관이 있었을까? 그러나 실록은 백성들이 어떻게 생각하고 어떻게 슬퍼했는지를 전혀 기록하고 있지 않다.

그나마 야사에는 단종을 불쌍히 여긴 이야기가 가득하다. 세조의 꿈에 단종의 어머니 현덕왕후가 나타나서 침을 뱉었다는 이야기, 그리고 말년의 세조가 죄책감에 못 이겨 불교에 귀의했다는 이야기 등이 있다. 또한 세조의 자식들이 일찍 죽은 것은 현덕왕후의 저주 때문이었다는 이야기도 허다하다. 이런 이야기들이 그저 야사이니 믿을 수 없다고 생각할지라도, 당시의 사람들이 얼마나 단종을 동정했는지, 그리고 한편으로 얼마나 세조를 달갑게 여기지 않았는지 조금이나마 엿볼 수 있다.

하지만 이때 죽은 사람들은 왕족뿐만이 아니었다. 유명한 사육신들은 반역죄라는 이유로 길거리에서 온몸이 갈기갈기 찢겨 죽었다. 그리고 그들 외에도 70여 명의 신하들이 이에 연루되었다는 이유로 처벌을 받거나 귀양을 갔다. 여기에는 양반이 아닌 이들도 많이 참여했다. 금성대군의 반란에 관여된 순흥부 사람들을 두고, 실록은 이렇게 기재하고 있다.

"이때 죄를 범한 자는 무지한 소민(小民)이 많았는데, 간사한 사람들이 속이고 미혹(迷惑)하여 정상이 의사(疑似)한 자도 또한 있었다."

즉 애매한 사람들이 가득 연루되었다는 말이다. 그러나 한편으로는 순흥의 사람들이 그만큼 많이 합세해서 금성대군과 단종에게 마음을 주었다는 의미도 있다. 그래서 반역자가 나온 고을이라고 하여 순흥부를 없애고 풍기군에 합쳤을 정도이니, 그곳에 살던 사람들이 가혹하게 처벌을 받은 것도 당연한 일이다. 사안이 나라의 임금(세조)에게 반역을 한 것이다 보니 처벌은 유난히 무겁게 매겨졌다. 이는 당연히 죽음을 말한다. 이때 세조실록에 따르면, 신숙주가 이 문제를 놓고 이렇게 말했다고 한다.

"성상의 뜻이 어찌 많이 사람을 죽이겠는가? 마땅히 정상을 살펴 죄를 정해야 한다."

그래서 생명을 온전히 한 사람, 즉 살아난 사람이 많았다고 적고 있다. 그런데 실상은 다르다. 지금의 순흥 지역에서 전하는 이야기에 따르면, 단종 복위운동에 관련된 순흥의 사람들을 선비고 백성이고 상관없이 죽임을 당해 청다리 밑으로 던졌다고 한다. 이렇게 죽은 사람들이 얼마나 많았는지, 사람 몸에서 나온 피가 흐르는 물에 섞여 마침내 붉은 물이 되었고, 그것이 흘러 4리나 갔다고 한다. 얼마나 많은 사람이 죽었으면 맑은 물이 그리 되었을까. 이 일대는 핏물이 끝나는 곳이라 하여 피끝(또는 피끈)마을이라 불리게 되었으니, 지금의 안정면 동촌동이다.

이때 희생된 사람에는 채 자라지 못한 아이들도 많았다고 한다. 개중에 사람들이 숨이 붙어 있는 아이들 몇을 주워서 살려간 일도 있어 '다리 밑에서 주워왔다'는 말의 어원이 되었다는 이야기도 있다.

이 사건은 죽은 이들뿐만 아니라 살아 있는 사람들의 마음에도 커다란 멍이 되었다. 대표적인 예로 생원과, 진사과, 문과에 모두 장원 급제해서 삼장원(三壯元)이라고 불린 조선 초기의 천재 이석형은 죽은 친구들의 일을 슬퍼하는 시를 썼다가 죽을 고비를 넘기기도 했다.

세조는 그를 총애해서 늘 궁궐로 불러들여 궁녀에게 〈삼장원사(三壯元詞)〉를 부르게 하며 술도 내렸지만, 이석형은 젊은 날의 재능을 발휘하지 못하고 지방의 한직들을 돌아다니다가 생을 마쳤다.

마찬가지로 세종이 눈여겨보았을 정도로 신동이었던 김시습은 갈기갈기 찢겨 죽은 대역죄인 사육신들을 위해 초혼제를 치른 후(시신을 수습해서 묻어준 장본인이었다는 소문도 있다), 가난과 고생을 자처하면서 초야에 묻혀 살았다.

그 외에도 우리가 알고 있는 생육신 여섯보다도 훨씬 더 많은 사람들이 마찬가지의 이유 때문에 세상을 등졌다. 자신이 가진 능력을 나라를 위해 쓰지 않고 초야에 묻힌 이들 중 일부는 사림(士林)이 되었다. 나라와 왕을 위해서 한 몸 바쳐 일해야 할 인재들이 고작 그런 이유로 세상을 버렸다니 답답하기도 하지만, 죽은 어린 왕과 친구들, 선배들을 생각하면 그런 사람을 왕으로 섬길 수 없었던 게 아닐까.

한편으로 이때 배신하거나 혹은 침묵을 지켜 살아남은 이들은 공신이 되었고, 자신들의 기득권을 바탕으로 관직과 권력을 독점한 훈구대신으로 발전하기도 했다.

하지만 살아남은 사람들도 그렇게까지 속이 편하진 않았다.

집현전 출신의 사람들은 본디 함께 놀며 수없이 시를 지은 이들이었다. 그런데 대부분이 세조 시기 피의 폭풍이 몰아칠 때는 시를 짓지 않았고, 이때의 일에 대해서는 조개처럼 입을 다물고 아무 기록도 남기지 않았다.

배신자의 대표격으로 알려진 신숙주는 이후로도 오래 오래 살아 정승 자리에 오르고 갖은 부귀영화를 누리기는 했지만, 때로 젊은 날의 패기를 잃고 인생의 허무함을 노래하거나, 옛 친구들을 그리는 시를 쓰기도 했다. 대표적인 것이 세조 6년 무렵에 지은 시였다. 윤지(尹志)는 집현전에서 신숙주와 함께 일한 적이 있는 학자였는데, 세조가 즉위한 이래 몇 번이나 부름을 받았지만 끝내 벼슬길에 나아가지 않았다. 그런데 어느 날 윤지가 술 한 병 들고 신숙주를 찾아왔다. 두 사람이 밤늦게 옛날이야기를 하다가 슬픈 마음이 들어 지은 시가 이것이다.

　　세상과 인연을 끊어 적막한데 누구와 술을 주고받을 것인가.
　　때가 돌아와 속세에 찌든 얼굴을 노려보니
　　문 앞에 수레와 말이 있으니 손님이 없는 것은 아니지만
　　오로지 그대가 오늘밤 찾아온 것을 기뻐하네.

　　집현전에서 10년 동안 함께 술 마시며 취했었는데
　　오늘 오직 그대가 그리운 얼굴이라
　　벼슬살이의 부침이 참으로 허무하여
　　속세를 떠나 놀 때를 꿈속에서 보고 기뻐하네.

　　공과 명성은 세상을 속이고 벼슬자리를 더럽히네.
　　성급하게 빨리 달려 때때로 속된 얼굴을 지어내고
　　세상 물정이 이리저리 뒤집히는 것을 질리듯이 보았으니
　　어떻게 하면 다시 옛 친구들과 함께 즐길 수 있을 것인가.

이 시에서 그는 가슴에 깊이 박힌 외로움을 토로하고 있다. 그 외 최항, 서거정 등 집현전 출신의 생존자이자 조정에 여전히 남은 사람들도 마음에 응어리를 하나 지고 살았다. 최항은 훗날 영의정의 자리에까지 올랐지만, 늘그막에는 '늙어서까지 은혜를 받았으나 함께 날수 있는 날개가 없어 술에 취해 노래 부르며 홀로 서 있다'는 내용의 시를 짓기도 했다.

이 비극은 세종이 갖은 애를 써서 만들어냈던 왕권의 정통성이 무너졌다는 것에 그치지 않는다. 세종의 피를 진정으로 이어받은 육체적인 자식들과 세종의 시대를 살아오며 많은 아낌을 받았던 정신적인 자식들이 서로를 죽고 죽이는, 조선 최대의 근친학살이었다는 것이 진정 슬픈 일이다.

몸으로 낳은 아들이 문종이자 세조이고, 또 안평대군과 금성대군을 비롯한 다른 군들이었다면, 세종의 정신이 낳은 아들들은 정인지를 비롯하여 집현전의 주요 인물들이었던 성삼문과 신숙주, 서거정, 최항, 이석형들이었다. 세종 시대에 젊었던 이들은 성장하여 서로를 죽고 죽이고, 살아남은 쪽은 죽은 쪽의 피를 뒤집어 쓴 채 다음의 시대를 이어갔다. 이들이 모두 아버지 세종의 품안에서 지식을 배우고, 시를 지으며 서로 놀고, 돈독한 정을 쌓아온 친구이자 친동기간이었다.

그러나 원인이 없는 결과란 없다. 세종이 죽은 뒤의 골육상쟁은 이미 세종 시대 때부터 뿌려졌던 재난의 씨앗이 자라난 결과였다. 이들은 세종이 온전하던 때에는 좋은 라이벌이자 형제였고, 친구들이었다. 그런데 그것이 모든 갈등의 골을 숨기고 있던 가식에 불과했던 것일까? 세종의 시대는 바로 다음의 시대에 드러날 모든 악업과 골을 덮어둔 것에 불과했던 것일까?

　세조가 무능한 왕은 아니었을지언정 준비된 왕도 아니었다. 그리고 오래 기다리고 천천히 납득시키는 세종에 비하면, 일단 제 성질을 못 이겨 화를 내고 고함을 지르는 것이 세조였다. 그 결과 세종이 죽은 이후 다시는 문화와 정치가 화단의 꽃처럼 흐드러지게 피어나 서로의 아름다움을 다투는 듯한 백가쟁명(百家爭鳴)의 시대는 나타나지 못했다. 어째서 이후의 조선이 내리막길을 걷게 되고, 넘쳐나던 인재의 씨가 말라버렸는지 이유를 생각해봄 직하다.

세종은 조선이다
후세의 사람들, 세종의 시대를 논하다

훌륭한 임금과 뛰어난 재상, 그리고 잘난 신하들이 무엇 하나 빠지지 않고 훌륭하게 기능했던 세종의 시대는 조선 시대부터 최고의 전성기로 평가되었다. 조선 시대에도 세종은 일찌감치 우상화되었다. 치세 당시부터 많은 존경을 받았던 임금이었으니, 죽어서는 오죽했겠는가. 하지만 이 전성기는 너무도 빨리 찾아왔고, 후세의 사람들은 다시는 이때의 영광을 되살려내지 못했다.

세종을 가장 적극적으로 벤치마킹한 것은 바로 성종이다. 성종은 즉위 초부터 나라 제도의 정비를 세종 때의 것으로 고증하라고 명을 내리는 한편, 가뭄이 들자 반찬을 줄이고 물에 만 밥[水飯]을 먹었다. 신하들(마침 여기에 참여한 것은 집현전의 생존자인 최항, 김질, 그리고 신숙주였다)이 몸이 상한다며 반대를 하자, 성종은 세종 때에는 풍년이 들었어도 물 만 밥을 먹었으니 무엇이 해롭겠냐고 답하기도 했다.

성종은 세종처럼 공부에도 열심이었다. 경연도 자주 가지고, 때로 밤에 공부하는 야대(夜對)를 벌이기도 했다. 또한 신하들에게 자신의 잘못이 있다면 말해달라고 진솔하게 부탁하기도 했다. 이런 노력이

다행히 열매를 맺어 성종의 시대는 이후 세종의 시대와 나란히 조선의 중흥기로 거론되었다. 그러나 이후 연산군이 즉위하면서 이는 무위로 돌아갔다.

그 다음으로 세종을 본받으려 노력했던 것이 바로 중종 때의 조광조였다. 조광조는 자신의 곧잘 세종 시대의 일, 그리고 인물들을 들어 자신의 의견을 설파했다. 이때 주로 거론된 것은 황희와 허조였다. 두 정승은 세종이 잘못을 하면 사간원이 상소를 올리기를 기다릴 것도 없이 직접 간하고, 만약 듣지 않는다면 들을 때까지 버텼다고 말하며, 중종에게 신하들의 의견에 귀를 기울일 것을 권했다. 이는 어느정도 성과를 거두기도 했지만. 이후 조광조는 말도 안 되는 반역죄를 쓰고 사약을 받았다.

다음의 시대에 또 세종조를 논한 이가 있다면 율곡 이이였다. 이이는 불세출의 학자이자 정치가였다. 그러나 그를 도와줄 강력한 후원자, 혹은 파벌이 없었다. 이이는 한때 불교에 귀의했다고 하여 당대의 신하들에게 따돌림도 당했다. 이에 이이는 제 뜻을 미처 펴지 못하고 벼슬을 버리고 초야에 갔다가 다시 조정에 돌아오기를 여러 번 반복했다.

선조 6년 10월 12일자에 실려 있는 이이와 선조의 토론은 많은 것을 생각하게 한다. 선조는 이이가 자주 조정에서 물러가는 것을 한스러워하며 다시 떠나지 말라고 말했다. 하지만 이이가 선조에게 정치의 잘못을 지적하자, 선조는 자신의 성품이 불민해서 큰일을 할 수 없다며 냉큼 볼멘소리를 했다. 여기에 대한 이이의 대답은 이렇다.

"성질이 영명하지 못하신다면 신도 절망하겠으나, 이제 성질이 영명하셔도 다스려지기를 바라는 큰 뜻을 분발(奮發)하지 못하시니, 이것은 신이 알 수 없는 것입니다."

이후로도 선조와 이이의 대화는 계속 이어진다. 다른 사람들이 말하니 어쩔 수 없이 한 것이다, 우리나라는 폐단이 너무 많아 문제다, 고집스러운 사람이 자기 말을 듣지 않고 제멋대로 행한다 등등. 끝끝내 자기 탓은 안하고 남 탓만을 하는 선조에게 이이는 세종 시대를 예로 들어 이야기했다.

"신의 뜻은 초 장왕과 제 위왕을 본받으라는 것이 아닙니다. 다만 초 장왕, 제 위왕도 분발하여 큰일을 할 수 있었는데, 성명(聖明)께서 어찌하여 하지 않으시느냐는 것이었습니다. … 우리나라가 다스려지지 않은 지 오래되었습니다. 오직 세종대왕(世宗大王)의 정치가 참으로 본받을 만한데, 그때에는 사람을 쓸 적에 상례(常例)에 얽매이지 않고 어진 사람에게 맡기고 재능 있는 사람을 부려서 각각 그 재기에 맞게 했으므로 어진 사람과 불초한 사람의 분수가 정해졌습니다. 오늘날에도 반드시 사람을 가려서 벼슬을 주고 책임을 맡겨 성취를 요구해야 모든 공적이 빛날 수 있을 것입니다."

그러면서 이이는 선조가 일이 지나칠 것만 걱정하고 전혀 하지 않으니 "아무것도 안 하는 것보다 나을 것이다."라며 대놓고 지적했다. 아무래도 그런 탓인지, 선조는 이이가 진강(進講)하면서 학문과 정치에 대해 의견을 말했지만, 한마디 대꾸도 없이 보릿자루 흉내를 내며 묵묵부답으로 있었다고 한다.

이후 효종 시대에도 세종의 이야기가 언급된다. 효종은 성격이 강해서 무슨 일이든 자기 뜻대로 하려고 하고, 화를 벌컥 내어 사람들을 위협하는 경향이 있었다. 재상이라고 해도 거침없이 화를 냈고, 왕의 뜻에 거슬려서 사판에서 삭제되고 귀양 간 사람도 허다했다. 효종 4년 1월에는 대사간 김익희(金益熙)는 상소를 올려, 지난 경연에서 효종이 "지금의 대간은 개돼지만도 못하다."라는 폭언을 했던 것을 지적하였다. 그리고는 동방의 성주였던 세종대왕은 설령 일을 잘못하는 사람이 있더라도 화를 내거나 야단치는 대신 측은하게 여겼다며, 효종에게 이를 본받을 것을 권했다. 사실 효종도 세종의 뛰어남을 본받고 싶어 했다. 효종 스스로가 가장 훌륭한 치적을 남긴 조정으로 세종, 성종 두 왕을 뽑고, 이야말로 후세의 모범이라고 하였다. 그리고 사관에게 명령하여 당시의 좋은 법과 제도를 베껴서 올리게 했고, 효종은 이것을 늘 가지고 다니며 아침저녁으로 읽고 반성했다. 하지만 제대로 실천하지는 않았다.

보는 것만으로도 암울해지지만, 이후의 시대에 어째서 세종과 같은 발전이 나타나지 않았는지를 알 수 있다. 사실 언제나 노력하고 또 공부하는 세종과 같은 왕이 되기는 굉장히 힘들다. 하지만 이보다는 이후의 왕들이 타성에 젖어버린 것이 더 문제였다. 이이가 지적한 대로 힘들 테니까 아예 시작도 하지 않은 채 지레 포기해버리기 일쑤였던 것이다.

한편 다른 의미에서 세종의 시대는 조선의 황금 시대이자, 동시에 사라지지 않는 족쇄가 되었다. 많은 왕들이 제도를 개편하거나 정책을 시행할 때 가장 먼저 근거로 든 것이 세종 시대였다. 세종 시대에 이러했으니 그대로 하자고 말한 것이었다. 발전된 시대를 따라하는 게 나쁜 일은 아니겠으나, 후손들 중 누구도 세종을 뛰어넘고자 한 이는 없었다. 세종이라는 유산, 혹은 오래전의 껍데기를 되살리려고 애쓸 뿐이었다.

새로 만드는 것보다는 있던 것을 변통해서 쓰는 게 편하다. 남들이 가는 길을 그대로 따라가는 것이 훨씬 쉽다. 하지만 발전은 기대할 수 없다. 세종의 후손들은 과거의 발전을 존경하며, 혹은 그대로 따라 하려고만 했다. 결과적으로 세종의 다음을 잇지도 못하고 그렇다고 극복하지도 못했다는 것은 진정한 문제였다.

세종 시대는 조선의 노성(老盛)함을 단적으로 보여준다. 일거에 커다란 나무가 자라나 열매를 맺었지만, 그 나무가 수백 년이 지나 속이 텅텅 비어버린 껍데기가 된 이후로도 오히려 버리지를 못했다. 이것은 세종의 시대가 특별했다기보다는, 후손들이 그에 미치지 못한 것이라고 할 수 있다.

세종 시대에는 있는 것보다 없는 것이 많았지만, 없는 것은 만들어냈다. 하지만 이후의 시대에는 있는 것도 제대로 알지 못하고 사용하지 못했던 것이니 안타깝기 그지없다.

게다가 세종 시대 때 업적이 많아서인지, 제대로 된 조사도 없이 일단 세종을 들먹이고 보는 일도 있었다. 선조 39년, 당시 예조에서는 선조의 즉위 40주년을 기념하자는 주청을 올렸다. 그런데 이때 전례로 든 것이 세종의 일이었다. 나중에 조선 중기의 문신이자 문장가였던 신흠(申欽)은 그의 문집 《상촌선생집(象村先生集)》에서 사람들이 원래 세종 때 있지도 않았던 일을 말했다며 비판했다. 제대로 조사도 안 하고 일단 세종 때의 일이라고 말한 것이다.

세종은 빛나는 시대가 되었지만, 한편으로 모든 것이 그렇지는 못했다. 대표적인 것이 사육신을 두고 벌어진 공방이다. 우리가 생각하기엔 사육신이야 충의와 절의의 상징이고, 혹은 현실에 굽히지 않는 꽉 막힌 선비의 전형이다. 그런데 이후 시대의 왕들에게는 한 가지 문제가 생겼는데, 사육신은 세종과 단종에게는 충신이되, 자신들의 조상인 세조에게는 반역자였기 때문이다. 그래서 사육신은 상식적으로는 충신이되 공식적으로는 반역자라는 묘한 처지에 놓이고 말았다. 이후 성종 때 성삼문의 외손자 박호가 벼슬에 나가게 되자, 어느 조씨 성 가진 사람(이름이 정확하게 전하지 않는다)이 "반역자의 외손자를 관리로 삼을 수 없다."라고 말해서 좌절되었다. 이 소식을 들은 당대 선비들이 만고의 충신을 두고 역신이라 감히 말했다며 면박을 놓아, 오히려 토를 달았던 사람이 벼슬을 그만두었다는 일화마저 전한다.

《석담일기(石潭日記)》에 따르면, 조선 초 대표적인 사림이었던 김종직은 성종에게 이리 말하기도 했다.

"성삼문은 충신입니다."

그러자 성종은 안색이 변했다. 그도 그럴 듯이 성삼문을 비롯한 사육신을 무참하게 죽인 세조는 바로 성종의 할아버지였다. 하지만 이때 김종직은 한마디를 덧붙였다.

"만약 변란이 있다면, 신은 마땅히 성삼문이 되겠습니다."

그러자 성종은 다시 안색이 밝아졌다고 한다. 위에서 말했듯이 사육신은 세종과 단종의 충신이되, 직계조상인 세조의 반역자였다. 그러니 조상을 위해서라면 사육신을 배척해야 하건만, 왕의 입장으로서는 사육신같이 충성심도 뛰어나고 재주도 있는 신하를 두고 싶었을 것이다.

이보다 더 재미난 이야기도 있다. 같은 책에 실린 이야기로, 선조 때 있었던 사육신 관련 논란 중 가장 치열했던 것이다. 실록에서는 선조 9년 6월 24일의 일로 기록되어 있다.

선조는 남효온이 썼던 사육신의 전기인 《육신전(六臣傳)》을 읽고 나서 불같이 화를 내며 정승들을 불러놓고 말했다.

"이제 《육신전》을 보니 매우 놀랍다. 내가 처음에는 이와 같을 줄은 생각지도 못하고 아랫사람이 잘못한 것이려니 여겼었는데, 직접 그 글을 보니 춥지 않은데도 떨린다. 지난날 우리 광묘(光廟)께서 천명을 받아 중흥(中興)하신 것은 진실로 인력(人力)으로 할 수 있는 것이 아니었는데, 저 남효온이란 자는 어떤 자길래 감히 문묵(文墨)을 희롱하여 국가의 일을 드러내어 기록하였단 말인가? 이는 바로 아조(我朝)의 죄인이다. … 이 사람이 살아 있다면 내가 끝까지 추국하여 죄를 다스릴 것이다."

여기에서 광묘란 바로 세조를 일컫는 말이다. 그러니까 세조가 찬탈, 아니 계승한 것은 하늘의 뜻인데 감히 사육신을 칭찬하며 세조를 깎아내리니, 후손인 선조로서는 몸이 덜덜 떨릴 정도로 화가 났다는 것이다. 그래서 나라의 죄인이라고까지 남효온을 비판하고 있다.

"또 한 가지 논할 것이 있다. 저 육신(六臣)이 충신인가?"

여기에서 선조의 본심이 나온다. 선조는 사육신이 정말로 충신이었다면 애초에 단종이 양위를 하는 날 자결하거나 벼슬을 버려야 했다고 성토했다. 그런데 이미 세조를 왕으로 섬겼으면서 자객(刺客)의 술책을 부려 만에 하나 요행을 바랐고, 그 일이 실패한 뒤에는 이에 의사(義士)로 자처하였으니, 마음과 행동이 어긋난 것이라고 할 것인데 어찌 열장부(烈丈夫)라고 할 수 있겠느냐는 것이다.

"이들은 아조(我朝)의 불공대천(不共戴天)의 역적이니 이들은 오늘날 신하로서는 차마 볼 것이 아니다. 내가 이 글을 모두 거두어 불태우고 누구든 이에 대해 서로 이야기하는 자가 있으면 그도 중하게 죄를 다스리려 하는데 어떠한가?"

민간에 퍼져 있는 《육신전》을 모아 불태우고 그들을 말하는 것조차 엄금하겠다는 것이니, 세상에 유래가 없는 역사 탄압이라 할 수 있다. 신하들이 크게 놀란 것도 당연하지 않을까. 더군다나 앞서 말했듯이 공식적으로는 역적이되 상식적으로는 충신인 사육신이다 보니, 상황은 더욱 심각했다. 신하들은 일단 선조의 비위를 맞춰주었다.

"지금 상의 분부가 애통하고 간측한 것은 진실로 천리(天理)에 합당한 일입니다."

신하들은 《육신전》에 잘못된 게 참으로 많지만, 어차피 그리 많지도 않은 책이고 점점 잊혀 가는 책인데다, 만약 이 책을 엄금했다간 요 근래 풍속이 각박하니 서로 일러바치거나 하는 폐단이 생기고, 또 왕이 이 문제로 화를 냈다는 사실이 알려지면 저절로 없어질 것이라며 달랬다.

선조는 신하들이 그렇게 말하니 일단 따르겠다며 대답은 했지만, 불쾌한 투를 여실히 내비쳤다. 결국 민가에 퍼져 있던 책을 모아들여 불태우고, 사육신이 금지어가 되는 일은 벌어지지 않았지만, 과연 이를 두고 뭐라고 해야 할까. 과연 임진왜란 때 도성과 백성들을 버리고 도망간 사람다운 말이라고 해야 할까. 물론 나중에 있었던 잘못으로 그 사람의 일생 모든 것을 평가하는 것은 잘못된 일이다. 하지만 피난을 갈 때, 신하들은 선조의 곁을 지키지 않고 제 목숨 하나 부지하겠다며 달아났다. 만약 세종 시대 때 왜적이 쳐들어왔다면, 그래서 만약 도성이 함락되거나 했다면, 사육신들은 세종을 버리고 달아났을까.

그러니 선조는 선조이지 세종이 될 수 없는 것이다.

　　그냥 정치를 잘하거나, 혹은 문화를 발전시킨 업적만으로 위대한 왕이 될 수 있는 것이 아니다. 무작정 착하다고 좋은 왕이 되는 것도 아니다. 단언하건대 세종이 당대의 정치나 다스림만을 잘 해냈다면, 이렇게까지 오래도록 존경받지 않았을 것이다.

　　기실 세종이 시행했던 많은 일들은 현실에 당장 필요한 것보다 그렇지 않은 것이 훨씬 더 많았다. 뿐만 아니라 완성이 되기까지 오랜 시간과 비용을 지불해야 하는 것이었다. 그럼에도 세종이 추구했던 많은 일들, 제도, 법률, 예제, 시간, 음악, 그리고 민본의 이념까지, 그 많은 것들은 조선이라는 나라의 정체성을 이루기 위해 꼭 필요한 것들이었다. 흔히 세종을 수성(守成)의 군주라고는 하지만, 조선의 정체성을 만들었다는 점에서 창업(創業)의 군주라고 할 만하다.

　　그래서 세종 이후의 여러 왕들은 세종조의 전성기를 되살리려 했고, 그 같은 왕이 되어보고자 했다. 그러나 어느 누구도 성공하지 못했다. 그들은 세종 시대의 것들을 흉내 내려고만 했으며, 혹은 그럴 마음만을 가졌을 뿐이다. 그래도 조선왕조에서 가장 발전했던 세종 시대의 기억이 몇 번이나 반추된 것은, 그만큼 그 시대로 돌아가기를 바랐던 것 아닐까, 그리고 어쩌면 지금까지도, 그 영광스러웠던 시대를 그리워하고 있다.

　　하지만 위대한 역사란 언제나 양날의 검으로 작용한다. 그리운 추억이자 자랑거리가 될 수는 있지만, 한편으로 어째서 과거는 그토록 훌륭한데 현재는 그렇지 못하냐는 자괴감으로 이어지기도 한다. 세종의 후손들은 몇 번이고 왜 이 시대는 세종 시대만 못하냐는 같은 질문을 반복했다. 때로 모든 것을 운명의 탓으로 돌려버리기까지 했다. 그리고 바로 이것이야말로 현재에 안주해 한탄만 하던 후대의 왕들과 끊임없이 새로운 목표에 도전한 세종의 결정적인 차이다.

세종은 나라가 자라나고, 문화가 자라나고, 사람이 자라날 수 있는 때를 마련했다. 그의 안목은 현재에만 머물러 있지 않았으며, 수백 년, 혹은 그 훨씬 너머까지도 뻗어 있었다. 이렇게 만들어낸 많은 결과들은 시간이 흘러 지금에 이르러서도 그 가치를 잃어버리지 않고 있다. 그렇기에 세종은 과거의 왕이되 동시에 미래의 왕이었으며, 그리고 조선, 그 자체이다.

| 참고문헌 |

■ 사료

국조보감(國朝寶鑑)

동문선(東文選)

보한재집(保閑齋集)

석담일기(石潭日記)

성근보집(成謹甫集)

속동문선(續東文選)

연려실기술(練藜室記述)

용천담적기(龍泉談寂記)

조선왕조실록(朝鮮王朝實錄)

필원잡기(筆苑雜記)

■ 논문

강문식, 〈집현전 출신 관인의 학문관과 정치관〉, 한국사론, 1998

구완회, 〈세종조(世宗朝)의 수령 육기법(守令六期法)〉, 경북사학, 1988

김순남, 〈조선 세종대 말엽의 정치적 추이(推移) – 세자의 대리청정(代理聽政)과 국왕,
　　　　언관간(言官間)의 갈등〉, 사총, 2005

김중권, 〈조선 태조, 세종연간 경연에서의 독서토론 고찰〉, 서지학연구, 2005

김형동, 〈세종조의 아악 정비의 역사적 배경 연구 – 여말선초 정치 사회 사상을 중심으로
　　　　–〉, 한국음악학논집, 1990

남지대, 〈조선 초기의 경연제도 – 세종 , 문종년간을 중심으로 –〉, 한국사론, 1980

박현모, 〈"성주(聖主)"와 "독부(獨夫)" 사이: 척불(斥佛)논쟁과 정치가 세종의 고뇌〉,
　　　　정치사상연구, 2005

배병삼, 〈정치가 세종의 한 면모: "수령 육기제" 도입과 제도화 과정을 중심으로〉, 정치
　　　　사상연구, 2005

안병희, 〈세종(世宗)의 훈민정음(訓民正音) 창제(創制)와 그 협찬자(協贊者)〉, 국어
　　　　학 44, 2002

유재리, 〈세종초(世宗初) 양상통치기(兩上統治期)의 국정운영〉, 조선 시대사학보, 2006

정달영, 〈세종 시대의 어문정책과 훈민정음 창제 목적〉, 한민족문화연구, 2007

이한수, 〈조선의 정치사상: 조선 초기 가와 국가에 관한 논쟁 양녕대군 폐세자와 세종의 즉위과정을 중심으로, 역사와 사회〉, 2002

정윤재, 〈세종의 정치리더십 과정 연구: 성장과정과 상왕기 정치체험을 중심으로〉, 동양 정치사상사, 2007

천혜봉, 〈이천과 세종조의 주자인쇄 (鑄字印刷)〉, 동방학지, 1985

최승희, 〈세종조(世宗朝) 정치지배층의 대민의식(對民意識)과 대민정치(對民政治)〉, 진단학보, 1993

최승희, 〈세종기의 왕권과 국정운영체제〉, 한국사연구 126, 2004

한형주, 〈조선 세종대의 고제연구에 대한 고찰〉, 역사학보, 1992

■ 단행본

김남이, 《집현전 학사의 삶과 문학세계》, 태학사, 2004

박시백, 《박시백의 조선왕조실록 4 - 세종 문종 실록 : 황금시대를 열다》, 휴머니스트, 2005

박영규, 《세종대왕과 그의 인재들》, 들녘, 2002

박현모, 《세종, 실록 밖으로 행차하다》, 푸른역사, 2007

이한우, 《세종 - 조선의 표준을 세우다》, 해냄출판사, 2006

정윤재, 정재훈 등저, 《세종의 국가경영》, 지식산업사, 2006

한국정신문화연구원 엮음, 《세종 시대의 문화》, 태학사, 2001

世宗